2010年度中央财政支持地方高校发展专项资金
——陇右文化学科建设项目成果
2005年国家社科基金艺术学项目
“武山水帘洞石窟壁画艺术研究”（项目编号：05IF43）成果

陇右文化研究丛书

主　编　雍际春　副主编　霍志军

W U S H A N S H U I L I A N D O N G S H I K U Y I S H U Y A N J I U

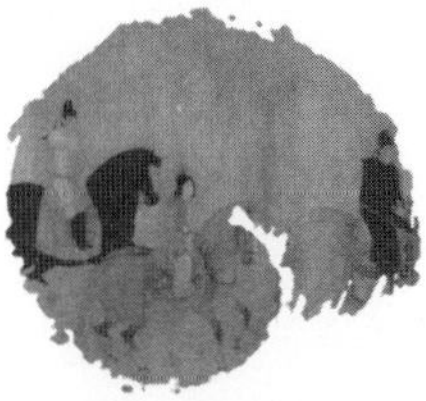

武山水帘洞石窟艺术研究

张玉璧等◆著

中国社会科学出版社

图书在版编目（CIP）数据

武山水帘洞石窟艺术研究／张玉璧等著．—北京：中国社会科学出版社，2014.5

ISBN 978-7-5161-4206-6

Ⅰ.①武…　Ⅱ.①张…　Ⅲ.①石窟—壁画—美术考古—武山县　Ⅳ.①K879.41

中国版本图书馆 CIP 数据核字（2014）第 078189 号

出 版 人　赵剑英
责任编辑　张　林
特约编辑　金　沛
责任校对　董晓月
责任印制　戴　宽

出　　版　中国社会科学出版社
社　　址　北京鼓楼西大街甲 158 号（邮编 100720）
网　　址　http://www.csspw.cn
　　　　　中文域名:中国社科网　　010-64070619
发 行 部　010-84083685
门 市 部　010-84029450
经　　销　新华书店及其他书店

印　　刷　北京市大兴区新魏印刷厂
装　　订　廊坊市广阳区广增装订厂
版　　次　2014 年 5 月第 1 版
印　　次　2014 年 5 月第 1 次印刷

开　　本　710×1000　1/16
印　　张　20
插　　页　2
字　　数　329 千字
定　　价　59.00 元

陇右文化研究丛书编委会
及主编名单

总　序

大千世界，万象竞呈。因区域自然和人文社会环境的差异性，在中国广袤无垠的土地上孕育了丰富多彩的地域文化，彰显着各地人们的文化气质。燕赵、齐鲁、巴蜀、三秦、荆楚、吴越等文化已广为人知。这其中，陇右文化更是因其所处的农牧交错、华戎交汇与南北过渡的区位优势，成为我国地域文化百花园中绽放的一朵奇葩，具有迷人的风采，散发着瑰丽的芬芳。

陇右文化源远流长。若从原始人类遗迹来看，从陇东华池县赵家岔、辛家沟和泾川大岭上发现的旧石器时代早期石器，到旧石器时代晚期距今3.8万年前的“武山人”遗迹的发现，已昭示着陇右远古文化的曙光即将来临。进入新石器时代，以天水地区大地湾、西山坪、师赵村等遗址为代表的新石器早期遗存，翻开了陇右文化源头的第一页。继之而起的仰韶文化、马家窑文化、齐家文化等文化类型，在多样化农业起源与牧业起源，中国最早的彩陶与地画、文字刻画符号、宫殿式建筑、水泥的发现，最早的冶金术和铜刀、铜镜与金器的出土，礼仪中心的出现，表明等级身份的特殊器具玉器的发现，贫富分化与金字塔式的社会等级的出现等，这一系列与文明起源相关的物质与精神文化成就，既为中华文明起源与形成提供了佐证、增添了异彩，也是黄河上游地区开始迈入文明时代的重要标志。在齐家文化之后的夏商之际，西戎氐羌部族广泛活动于陇右地区，并与中原农耕文化保持频繁的接触与交流，开创了农耕与草原文化相互介入、渗透和交融创新的文明模式。与此同时，周人起于陇东，秦人西迁并兴起于天水，陇右成为周秦早期文化的诞生地，并奠定了陇右以华戎交汇、农牧结合为特征的第一抹文化底色。自秦汉至于明清，陇右地区民族交融不断，中西交流不绝，在悠久的历史积淀中形成了兼容并蓄、多元互补、尚武刚毅、生生不息的地域文化特质。这种独具特色的地域文化元素，成为华夏文化中最具活力的基因和重要组成部分，在华夏文明的传承中发挥了不可估量的作用。

然而，在国内各地域文化研究如火如荼、成果层出不穷，地域文化与旅游开发日益升温的形势下，陇右文化的研究却相对冷寂，只是在近年来才引起人们的重视。这其中，天水师范学院陇右文化研究中心的同仁们做了不少有益的工作。2001 年，在学校领导的支持和学校陇右文化研究爱好者共同的努力下，国内唯一的陇右地域文化研究学术机构——陇右文化研究中心成立。中心以开放的管理方式，以学校内部的学术力量为基础，广泛联系省内外的科研院所和相关文博专家，同气相求，共同承担起陇右文化学术研究和文化旅游资源开发的重任。以期中心的研究成果庶几能为甘肃区域经济社会和文化事业的发展提供智力支持和决策参考。

中心成立至今，已经走过了 12 个春秋。12 年里，我校的陇右文化研究与学科建设取得长足的进步。一是通过理论研究和实践探索，初步构建了陇右文化的学科体系和课程体系，为陇右文化研究和知识普及奠定了坚实的基础。二是催生和形成了一个省级重点学科，将科研团队建设与人才培养有机结合，使陇右文化研究工作迈上可持续发展有了基础保障。三是 2010 年中心被确定为甘肃省人文社科重点研究基地，为陇右文化学科建设与科学研究搭建了平台。四是汇聚和成长起一支富有既充满活力又富有潜力的学术研究队伍。五是通过在《天水师范学院学报》长期开办“陇右文化研究”名牌栏目，编印《陇右文化论丛》连续出版物和出版天水师范学院“陇右文化研究丛书”，为研究和宣传陇右文化营造了一块探索交流的学术阵地。在此基础上，产生一批高质量的科研成果，在推进学科建设，服务甘肃文化大省建设，促进区域经济社会文化事业的发展等方面发挥了积极作用。

在 2010 年，学校为了进一步加大对陇右文化学科建设与科学研究的扶持力度，将陇右文化重点学科建设作为重大项目，申报中央财政支持地方高校专项经费，并得到资助，这为陇右文化研究基地的建设与发展提供了坚实的经费保障。由此我们研究条件大为改善，先后启动了项目研究、著作出版和资料购置等计划。现在展现在读者面前的这套“陇右文化研究丛书”，即是著作出版计划的一部分。我们深知，陇右文化内涵丰富，博大精深，但许多领域的研究几近空白，基础研究工作亟待加强。所以，对于“丛书”的编写，我们秉持创新的理念，科学的精神，求实的态度，提倡作者以陇右地域文化为研究范围，立足各自的研究领域和学术特长，自拟选题自由探讨。只要有所创新，成一家之言，不限题材和篇幅，经申报评审获得立项后，即可入编“丛书”。

经过各位作者一年多的辛勤努力和创造性劳动，“丛书”按计划已基本完成。入编“丛书”的著作，涉及陇右文化研究的各方面，主要包括始祖文化、关陇文化、陇右文学、杜甫陇右诗、陇右旅游文化、陇右石窟艺术、陇右史地、陇右方言和放马滩木板地图等主题。各书的作者均是我校从事陇右文化研究和学科建设的骨干，其中既有多年从事陇右文化研究的知名学者，也有近年来成长起来的中青年才俊。因此，“丛书”的出版，无疑是我校陇右文化研究与学科建设最新进展与成果的一次整体亮相；也必将对深化陇右文化的研究产生积极的影响。我们深知学海无涯，探索永无止境，“丛书”所展示的成果也只是作者在陇右文化研究探索道路上的阶段性总结，可能还有这样那样的不足与欠缺。作为引玉之砖，我们希望并欢迎学界同仁和读者多提批评指导意见，激励我们做得更好，以推动陇右文化研究不断走向深入。

“丛书”出版之际，正值甘肃省华夏文明传承创新区建设启动实施之时。这一发展战略确定了围绕“一带”，建设“三区”，打造“十三板块”（简称“1313 工程”）的工作布局。“一带”就是丝绸之路文化发展带；“三区”为以始祖文化为核心的陇东南文化历史区、以敦煌文化为核心的河西走廊文化生态区和以黄河文化为核心的兰州都市圈文化产业区；“十三板块”即十三类文化发展与资源保护开发工作，分别为文物保护、大遗址保护、非物质文化遗产保护传承、历史文化名城名镇名村保护利用、民族文化传承、古籍整理出版、红色文化弘扬、城乡文化一体化发展、文化与旅游深度融合、文化产业发展、文化品牌打造、文化人才队伍建设、节庆赛事会展举办等。这一战略以华夏文明传承创新区为平台，对加快甘肃文化大省建设，探索一条在经济欠发达但文化资源富集的地区实现科学发展的新路子，都具有重要的现实意义。

由此可见，甘肃省华夏文明传承创新区建设战略及其实施重点，也就是我们陇右文化研究与学科建设的主旨所在。人才培养、科学研究、文化传承与服务社会是高校所肩负的神圣职责。甘肃省华夏文明传承创新区建设战略的实施，为高校与地方经济社会文化发展的深度融合提供了契机，也为我院陇右文化研究学科提供了前所未有的发展机遇。我们将以此为新的起点，充分利用陇右文化研究基地这一平台，发挥人才和学术优势，积极参与华夏文明传承创新区建设，为甘肃省文化大省建设和文化产业的发展建言献策、奉献智慧。我们相信，我校的陇右文化研究与学科建设，无疑将在这一战略实施中大显身手，发挥排头兵的作用；也必将在华夏文明传承创新区建设战略的实施中进一步深化合作，不断提升服务社会的能力，并开拓新的发展空间和学科生长点。

祝愿本套丛书的出版为甘肃省华夏文明传承创新区建设增光添彩！

雍际春

2013 年春于天水师范学院陇右文化研究中心

目　　录

第一章

武山水帘洞石窟艺术研究的回顾与旨趣

佛教石窟作为宗教文化的一种物化体现，它是人类精神追求、宗教活动和民间艺术的集中反映。作为一种历史形成和不断发展的文化遗存，佛教石窟承载着一个国家、一个民族、一个区域在一定时期内的历史的、民族的、文化的、艺术的种种记忆和信息。一座座石窟犹如一个个艺术殿堂和文化宝库，为我们留下了从宗教和艺术角度借以认识本民族、本地区历史发展与文化演替的珍贵资料，堪称艺术瑰宝。

武山水帘洞石窟群是国家重点文物保护单位，也是我国“丝绸之路”申遗备选点之一。在陇右乃至中国众多的石窟中，武山水帘洞石窟以其绘塑结合、宏伟巨大的大型壁画精品，多元荟萃、独具特色的文化和艺术风格而独树一帜，在中国佛教石窟艺术和宗教文化发展史上具有不可替代的作用。然而，由于种种原因，时至今日，水帘洞石窟群仍是一个藏在深山人未识，亟待宣传、研究和开发的艺术宝藏，不仅不为社会大众所熟知，即使在学术界和美术圈，也少有知之者，研究工作则更显薄弱。这种现状与水帘洞石窟艺术应有的价值和地位极不相称。

第一节　武山水帘洞石窟群的发现与研究

武山水帘洞石窟群自重新发现五十多年来，对其进行勘察、登记、建档、摄像、测绘、修复保护等工作，曾几起几落有过多次。直到改革开放以来，石窟群的调查和保护才逐渐走上正轨，特别是在武山水帘洞石窟群成为全国重点文物保护单位之后，系统地勘察、修复保护和研究工作才逐步展开。

一 武山水帘洞石窟群的发现与勘察

武山水帘洞石窟群位于甘肃省武山县城东北25公里的鲁班峡谷中，石窟始建于十六国后秦，经北魏、北周、隋唐、五代至宋、元、明、清增建和重修，曾形成“五台七寺”的规模，但由于自然和人为的毁坏现仅存水帘洞、拉梢寺、千佛洞、显圣池四个单元。水帘洞石窟群是一座将浮雕、窟龛、悬塑、壁画相结合，融历代佛教艺术于一体的露天石窟寺，在全国石窟艺术群中极为少见。现存历代造像百余尊，壁画两千多平方米，建筑物十余座，题记碑刻10通。拉梢寺北周摩崖题记为研究石窟分期断代及美术史的渊源与发展提供了重要的物质资料。遗留至今的这些壁画、彩塑是我们不可多得的宝贵财富，应该珍惜。①

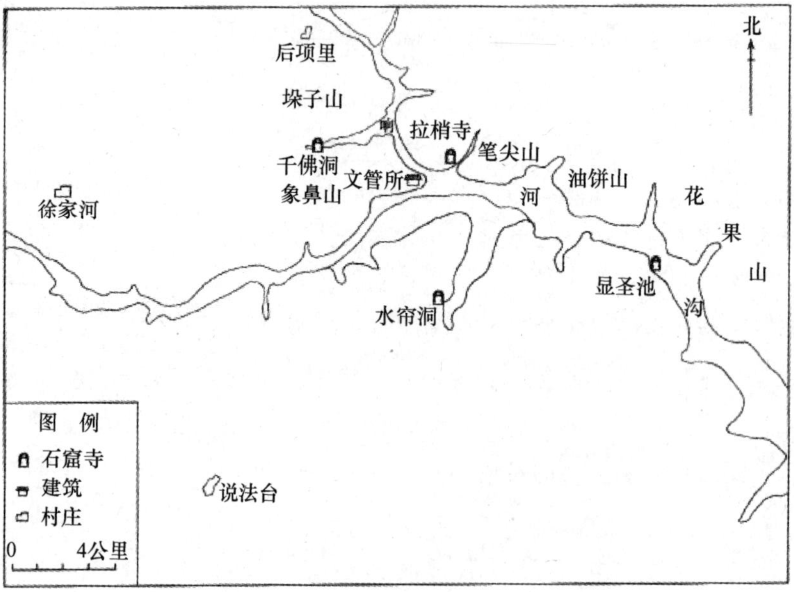

图1.1 水帘洞研究群分布示意图

资料来源：引自甘肃省文物考古研究所、麦积山石窟艺术研究所、水帘洞石窟文物保护研究所编著《水帘洞研究群》，科学出版社2009年版，第3页。

① 胡同庆、安忠义：《佛教艺术》，敦煌文艺出版社2004年版，第224页。

水帘洞石窟艺术群重新发现于 1957 年，当时，在甘肃省文物管理委员会组织的全省文物普查过程中，经当地群众提供线索，参加文物普查的张仲生等人对石窟群进行了首次考察。深藏于崇山峻岭的水帘洞、拉梢寺、千佛洞和显圣池等主要石窟重新为人所识。当年《文物》第 10 期刊登了《武山县发现古代石窟》的报道；第 11 期又刊登了武山县文化馆巨顽石口述、甘肃省博物馆乔今同记录的《武山洛门镇的古代石窟》一文。由于当时道路难行，栈道年久失修无法登攀和人们对石窟具体内容知之甚少等原因，报道和文章只是对石窟和个别洞窟作了简单、客观地描述与介绍，大致推断一些造像和壁画的年代为魏、隋之际。这些介绍过于简单概括，故没有引起社会和学界的重视，但这毕竟使水帘洞石窟第一次被推介出来。

经历 1958 年“反封建运动”，水帘洞石窟群的一些佛教建筑、庙宇曾遭到拆除和毁坏，但主要造像和壁画却幸存下来。1963 年 2 月水帘洞石窟群被武山县人民政府公布为县级文物保护单位，接着甘肃省人民委员会又列其为省级文物保护单位，石窟及其文物托常驻其中的道士、僧尼代管。

对水帘洞石窟群系统的考察开始于 1981 年。当年甘肃省文物工作队董玉祥等人重新考察和复核水帘洞文物，认为石窟造像和壁画大多为北周、宋元时期所作，具有重要研究价值。遂报请上级文物主管部门重新审定核准。同年 9 月 10 日甘肃省人民政府将其公布为省级重点文物保护单位。1983 年，甘肃省文物工作队再次派董玉祥前往水帘洞，协助文管所对洞窟进行进一步勘察。这次勘察，对各洞窟的造像、壁画进行了文字记录和拍摄，重点调查了拉梢寺对面半山崖的天书洞，并对石窟群各单元窟龛进行了编号，除对悬崖峭壁上无法登临的窟龛未予登记外，计千佛洞有 28 龛，拉梢寺八窟，水帘洞壁画六组，显圣池壁画三组。这次勘察结果，由董玉祥、臧志军写成《甘肃武山水帘洞石窟群》一文，刊于《文物》1985 年第 5 期。文中对石窟群内容、现状、开创年代、石窟分期、造像与壁画的艺术风格、石窟在甘肃石窟研究中的价值与地位等，都进行了初步研究和探讨。[①]

① 甘肃省文物考古研究所、麦积山石窟艺术研究所、水帘洞石窟文物保护研究所编著：《水帘洞石窟群》，科学出版社 2009 年版，第 5 页。

1984 年武山县政府批准成立了水帘洞文物保管所，对石窟进行日常维护和管理；与此同时，省文化厅和当地政府、民间组织多次拨款、筹资进行栈道和建筑的维修。栈道修复后，文管所所长臧志军等人在拉梢寺大佛左侧下方发现摩崖铭文一方，始知其开凿年代为“大周明皇帝三年”即公元 559 年，主要功德主为显宦尉迟迥。拉梢寺北周造像铭文的发现和造像壁画的存在，为确定石窟创建年代和整个石窟群各单元开创年代提供了重要依据。

1995 年甘肃省文物考古研究所会同武山县文化局、水帘洞文管所、武山县博物馆，由董玉祥、魏文斌、吴荭、陈建平、臧全红等人组成考察组，共同对石窟群进行了进一步考察。这次考察在以前考察的基础上，重新进行了洞窟编号、文字记录、全面摄影和石窟立面及各重点石窟的平、剖面图的测绘等工作。这次勘察收获颇丰，经纠错补充和全面清查，石窟群计有现存窟龛 105 个，其中千佛洞 51 个，拉梢寺 24 个，水帘洞 16 个，显圣池 14 个。造像现存（含水帘洞内的道教造像）大小百余尊，壁画七百余平方米，其中，水帘洞壁画约 88 平方米，拉梢寺约 365 平方米，千佛洞约 150 平方米，显圣池约 100 平方米；碑刻题铭 18 通，石胎泥塑舍利塔 12 座。[①] 通过考察整理，水帘洞石窟群的选址特点、石窟的功能作用、造像壁画的手段技法以及历代修复重绘等问题都基本查清。2001 年 6 月 25 日被国务院正式批准公布为第五批全国重点文物保护单位。

2004 年 4 月，麦积山石窟艺术研究所在进行甘肃省中小石窟的调查中，协助水帘洞石窟保护研究所完成水帘洞石窟群的档案记录、文物拍摄、测量、整理与编制工作。2005 年 5 月，经过十年的积累和准备，由甘肃省文物考古研究所、麦积山石窟研究所和水帘洞石窟保护所几位多次参加考察的董玉祥、吴荭、魏文斌、孙晓峰、孙永刚、陈建平、臧全红等人开始了对石窟群调查报告的编写。他们拟定提纲，分工合作，历时两年经两次核实，完成《水帘洞石窟群》考察报告的编写，并于 2009 年由科学出版社出版发行。调查报告的公布，为社会了解和学术界研究石窟群奠定了资料基础。

① 甘肃省文物考古研究所、麦积山石窟艺术研究所、水帘洞石窟文物保护研究所编著：《水帘洞石窟群》，科学出版社 2009 年版，第 5 页。

作为丝绸之路甘肃段境内的重要文化遗产，2006 年水帘洞石窟群被列入丝绸之路整体申报世界文化遗产备选点。为了让水帘洞石窟群发生风化、脱落、起甲等多种病害的壁画、彩塑、浮雕等得到保护，国家文物局拨付专项经费，于 2009 年启动了保护修复工程。通过全面的保护修复，因长期风吹日晒雨淋已经病害缠身的水帘洞石窟群的壁画、彩塑、浮雕，将得到有效的修复和保护。目前，此项工程已接近尾声。

二　武山水帘洞石窟群艺术研究概况

在陇右大中型石窟中，水帘洞石窟群由于种种原因，是最晚被人关注而学术研究明显滞后的一个石窟。诚如彭岚嘉教授所指出的："千百年来，由于自然环境的恶化与社会经济的发展的滞后，因此，对于这些资源的开发，应当有一个明晰而清醒的思路。我们习以为常的'有效保护，合理利用'的提法，缺漏了一个非常关键的环节，就是科学研究。"① 水帘洞石窟艺术群中现存的部分精美壁画，除作为甘肃省主要石窟寺介绍载入《中国美术全集·壁画卷》等少数图录外，长期以来，国内对水帘洞壁画尚无专门研究，其研究现状，甚至可以说是一片空白。所以，对水帘洞石窟群的学术研究，实际上是近十年才刚刚起步的。迄今包括介绍性文章尚不足 20 篇，其中，主要研究成果有美国学者罗杰伟《北周拉梢寺艺术中的中亚主题》，② 魏文斌、吴荭《甘肃武山水帘洞北周供养题记反映的历史与民族问题》，③ 张玉璧《甘肃武山水帘洞石窟壁画艺术研究前瞻》、④ 徐越《水帘洞石窟群造像风格》⑤ 等文章。这些研究，分别认为拉梢寺大佛座浮雕狮、鹿、象等动物与中亚、新疆地区的动物形象在艺术因素上有亲缘关系，拉梢寺大佛不仅发挥着宗教作用，也发挥着政治功能；石窟题

---

① 彭岚嘉、陈占彪：《中国西部文化战略研究》，中国社会科学出版社 2002 年版，第 179 页。

② ［美］罗杰伟：《北周拉梢寺艺术中的中亚主题》，载巫鸿主编《汉唐之间文化艺术的互动与交流》，文物出版社 2001 年版。

③ 魏文斌、吴荭：《甘肃武山水帘洞北周供养题记反映的历史与民族问题》，载《2006 年云冈石窟国际学术研讨会论文集》，文物出版社 2006 年版。

④ 张玉璧：《甘肃武山水帘洞石窟壁画艺术研究前瞻》，《天水师范学院学报》2007 年第 1 期。

⑤ 徐越：《水帘洞石窟群造像风格》，《文化月刊》2010 年第 1 期。

记供养人焦、梁、权、莫折等大姓以及秦州氐羌等少数民族是北周时期水帘洞石窟开凿与兴起的主要社会力量；水帘洞石窟群在甘肃石窟中具有重要地位，其造型特别是壁画艺术与敦煌莫高窟、麦积山石窟、炳灵寺等石窟相比较独具价值意义；水帘洞造像是在兼容佛道儒三家文化背景下幸存的石窟造像艺术之一，其独特的造像风格和表现技巧为同类遗存中所罕见。这些研究，可以说，标志着学术界对水帘洞石窟群造像壁画艺术及其历史文化价值科学研究的真正开始。

概括而言，对于水帘洞石窟艺术的研究，目前的问题一是资料整理工作尚不完善，需要在《水帘洞石窟群》一书基础上，再做进一步的深入搜集、整理和补充完善工作。二是对于水帘洞石窟壁画艺术的系统研究至今空白，研究基础相对欠缺。三是水帘洞石窟群宗教文化与艺术文化的内涵与价值至今的研究几乎尚未涉及。四是水帘洞石窟群及其艺术在陇右石窟群特别是在中国佛教文化和艺术史上地位与作用尚无人深入探讨。这些主要问题对于提升水帘洞石窟群的知名度和影响力，对于强化石窟艺术的研究，对于拓展、完善陇右以及中国佛教壁画艺术的内涵与内容，对于加强石窟的保护和开发，都是至关重要的。

可以这样说，对水帘洞石窟艺术群的保护工作，早已走在了研究之前，也早已为研究者提供了宝贵的研究条件。保护是为了研究，研究也是为了更好地保护，所以，我们应该抓住历史机遇，适应时代呼唤，大力发展水帘洞石窟艺术的研究。

因此，对水帘洞石窟群佛教壁画艺术的考察与研究，不仅有利于进一步加强对现存石窟造像、壁画的抢救性保护；也对于研究我国古代“丝绸之路”宗教艺术的传播、古代壁画艺术的风格演变以及地域民族文化交流等方面都具有重要的历史意义。对于推动当地的文化旅游事业，促进地方经济的发展具有深远的现实意义。

第二节 武山水帘洞石窟群艺术研究旨趣

武山水帘洞石窟群东邻麦积山石窟，西望炳灵寺、敦煌莫高窟，是佛教沿“丝绸之路”传入中国后，东西方思想文化大交流、大融合、大碰撞的产物，也是东西方各国人民长期交往、互相学习、共同创造的一种文化现象和实物见证。作为“丝绸之路”这个重要的文化链条中的一个环节，它既有着与敦煌莫高窟、天水麦积山的共同之处，也有着自己的鲜明个性。所以，对甘肃石窟乃至中国石窟艺术与文化的研究，水帘洞石窟都是不可或缺的。

一　石窟壁画艺术的比较研究

武山水帘洞石窟与敦煌莫高窟、天水麦积山石窟、永靖炳灵寺石窟都是甘肃境内几座规模较大的著名石窟，且皆处于“丝绸之路”中西交通要道的沿线，其宗教文化、石窟艺术的发展，既密切联系又各有特点。在它们之间展开比较研究，既是可行的，也是有意义的。

敦煌为丝路之咽喉，中西交通之枢纽，是东西方文化交流的见证者。因而，敦煌壁画艺术与东西方艺术尤其是与武山水帘洞石窟壁画艺术的关系也就成为探讨的焦点之一。敦煌壁画从十六国时期经北魏、西魏、北周、隋、唐、五代、宋朝、西夏而至元，经历了十个朝代，可以划分为成长、极盛、衰落三大阶段，其风格的差别是非常明显的。即使相邻的时代，哪怕是为时很短的小王朝，也各自具有不同的时代特点。同时，敦煌石窟中，除了以石窟为主体保存有大量的壁画、雕塑外，藏经洞还出土了一批木版画、绢画、麻布画、粉本、丝织品、剪纸等美术品，这样大量的文化遗存、遗物，是研究佛教艺术及其反映的各种文化影响的重要依据，成为人们探讨中古时期东西方物质文化和精神文化的形象资料。

百年来，经过几代敦煌学学者的不断努力，经历了资料登录整理、画面解读、内容考证、专题探讨、综合研究等，出版了一大批学术论著，不仅使敦煌学成为具有世界影响的专门学问，无疑也为我们从事武山水帘洞壁画艺术研究提供了一个重要的参照坐标，为进一步深入研究奠定了良好基础。

与武山水帘洞石窟相对距离最近，有“东方雕塑馆”之誉的麦积山石窟，是公元384—417年十六国时期开始创建的。经北魏、西魏、北周、隋、唐五代到宋的开窟造像，以及元、明、清的重修和装銮，石窟现存洞窟221个，共保存历代泥塑、石雕七千二百余尊，壁画一千三百多平方米。虽因当地阴湿多雨，地震频繁，原有的壁画大多已剥蚀殆尽，但就仅存的一定数量的壁画来看，其生动优美的艺术形象，精细巧妙的构图布局，以及纯熟洗练的制作技法，在我国现存南北朝同期作品中，也是非常突出的。其艺术风格符合华夏民族的审美习惯，颇富生活气息，不少洞窟的结构形式与装饰等，融入了很多中国汉地建筑的特色。石窟内现有的佛教壁画内容有尊像画、经变画、本生故事画、装饰图案画，还有一些史迹故事、供养人像等。其中蕴含着深邃的人生哲理和鲜明的劝善人心、扶世济世的道德伦理教化色彩。麦积山石窟壁画艺术，对研究武山水帘洞石窟雕塑、壁画、建筑以及宗教等有关历史，提供了许多可资对比的形象而系统的实物资料。

因此，将水帘洞石窟群的壁画艺术与敦煌莫高窟以及毗邻的麦积山石窟壁画艺术进行比较研究。将武山水帘洞石窟壁画艺术放在中国历史和佛教、美术发展史的长河中进行系统地宏观考察，从佛教壁画艺术由“西域画风”向“中原画风”的纵向风格演变中，考察水帘洞壁画的年代、内容、形式等诸方面与毗邻石窟壁画艺术之间的关系，是武山水帘洞石窟壁画艺术研究的主要内容之一。

二　石窟壁画艺术的内在特征研究

水帘洞石窟群规模大、窟龛多，造像、壁画内容丰富，在整个陇右石窟中，它既是莫高窟与麦积山石窟之间不可缺少的一环，而且它自身具有其他石窟不可替代的内容、风格和独特价值与地位。以拉梢寺北周大佛为例，它是世界上现存最大的摩崖浮雕造像，也是水帘洞石窟造像群中的主体，其造型绘塑结合，充分吸收了古代中亚和西亚地区在金属品和木雕等艺术作品上所采取的浅浮雕技法而又不同于它们。这种造像形式及其规模是其他各石窟造像群中所少有的。

水帘洞石窟群壁画，既有佛教壁画法相庄严、震慑人心的特点，又具有立足现实和世俗而富有生活气息。这种亦雅亦俗、亦庄亦谐，既是宗教的、又是世俗的造型特征和艺术特点，与麦积山石窟等风格相类似而不失个性风格。在壁画人物、造型、线描、设色、装饰、图案、花纹等细节的处理和技法上，同样与周边石窟或同时期的国内石窟既相联系又相区别。作为一个延续千年以上的石窟群，水帘洞石窟群的壁画不同程度地留存了北周到元代的佛教壁画风格体系，还留存了一些金代壁画及元代的喇嘛教壁画。宋元时期大规模的重绘和补绘，主要采取中国传统的以线描为主、再施色平涂的手段，同时，画面施色浓淡相宜、极少晕染。创作者又能根据人物个性和物象的不同特点，灵活运用兰叶描、铁线描、游丝描等各种技法，使整幅壁画具有简洁流畅、主题突出，赋色艳而不俗的强烈时代气息。

水帘洞石窟群又充分利用自然天成的崖面，稍加雕琢而成，造像几乎全部为摩崖形式；而壁画也是大多直接绘于崖壁之上。如此广泛而充分地利用天然崖面开窟造像和创作壁画，既是少见的，也使整个水帘洞造像和壁画艺术独具特色。

除壁画以外，水帘洞石窟群的窟龛、造像、覆塔、建筑等也同壁画一样，具有宗教、艺术、文化等多方面内涵，是值得深入探讨的艺术宝藏。所以，人们认为："水帘洞石窟造像是以佛教经典为索引，经不同时期兼容儒道多家文化影响，在进行各种佛神形象创造时以现实生活为源泉，充分发挥想象力和创造力，运用各种具有韵律和节奏的线条色彩为造像的手段，以达到视觉上的真实美感和精神境界的震撼效果。同时，中国古代的造像先师们，在进行这些形象创作的过程中，总是在本民族固有的传统技艺的基础上，不断吸收和融合外来艺术的技巧，并及时进行改造和创新，从而使其更加适应当时社会的审美情趣和需要。上起北周，下至唐宋元明清各代，它历经一千多年的兴衰演变，在不同地域的不同文化层面上，演绎了我国古代石窟造像艺术的极高技艺。"① 由此可见，对武山水帘洞艺术丰富多彩、多元融合的艺术内在特征进行深入研究，无疑是本研究最重要的任务。

三 水帘洞石窟群环境与文化民俗研究

甘肃境内的石窟，由于各地历史条件、自然环境和风土人情都有所不同，反映在早期宗教绘画中，也形成了同一时期不同地区的风格多样性。

武山水帘洞石窟位于甘肃东南部，天水市西端，武山县城东北约25公里处的鲁班峡中，该地区远古时期就成为东西交通的要冲，古丝绸之路（南路）就通过这里，这里素有"秦陇咽喉，巴蜀锁钥，屯戍要塞"之谓。在漫长的地质变化中，沧桑交替，丰富的地层及众多褶皱和断层，经

① 徐越：《水帘洞石窟群造像风格》，《文化月刊》2010年第1期。

大自然的风化剥蚀，把方圆不过数百公里的窟群辖域雕刻成“雄、奇、险、秀、幽、旷”的自然景观。新编《武山县志》认为，公元 385 年，印度传教士“鸠摩罗什”到姑臧（今甘肃武威），途经武山县境内，于公元 401 年抵达长安。武山“千佛洞”、“水帘洞”就是在这一时期开窟建造的。[①] 就现有的部分洞窟来看，其中一些洞窟不同程度地保留了北周至明清的壁画。另外，据传当时水帘洞周围还有峰团寺、砖瓦寺、台观寺、金瓦寺和莲花台、清净台、说法台、钟鼓台等。

武山县境内古代是一个多民族聚居地区。据《武山县志》记载，武山境内商周时期土著居民主要是貘戎。春秋战国时期至汉代又有羌人居住，唐代县境被吐蕃占领，形成多民族杂居局面。宋、元以后汉民族从各种渠道流入，至今县境基本属于汉民族聚居地。武山水帘洞石窟群的壁画艺术无疑又是多民族文化持续不断交流、融合、发展的产物。

武山水帘洞石窟群始建于十六国后秦，现存造像、壁画主要为北周及唐、宋时期的早期作品。作为一种外来的宗教艺术形式，要在当地生根开花，必然会受到当地文化传统、风土人情和审美习惯的影响。据学术界考证，佛教传入中国汉地的路线与佛教石窟的分布，有着十分紧密的联系。随着佛教在汉地日益广泛深入地传播与发展，佛教石窟寺宇也日益具有浓厚的汉民族文化特点，变得更加符合汉地民众的审美情趣与道德伦理要求，为广大人民所喜闻乐见，自然也为弘扬佛教起了很大的推动作用。

因此，对水帘洞石窟壁画艺术所处的自然环境，形成的历史文化条件，以及当地的民情风俗进行综合考察，并对水帘洞石窟群壁画艺术本土化的程度作出理论上的梳理与艺术价值方面的判定，探究水帘洞壁画所具有的地域特色和独特艺术魅力是本研究的又一任务。

四 武山水帘洞石窟壁画艺术的价值与意义探讨

就武山水帘洞石窟群现存的壁画艺术来看，虽然面积并不很大，但它上起北周时期，下至唐、宋、元、明、清各代，先后延续了一千余年，它犹如一座纵不断线的佛教艺术宝库，展现了中西合璧又富有陇右地域特色的壁画艺术的嬗变轨迹，也足以反映我国古代壁画艺术的发展状况，在很

① 武山县地方志编纂委员会：《武山县志》，陕西人民出版社 2002 年版。

大程度上反映了我国古代绘画艺术中壁画的水平。这些壁画不仅填补了中国美术史上的空白，也在我国美术史和世界美术史上占有相当重要的地位。

武山水帘洞石窟艺术作为外来艺术，在汲取了汉文化丰富营养和精华的同时，在中国的大地上扎下了深厚的根基。周边大小不同，风格各异的石窟，门耀着佛教文化的瑰丽光芒，其丰富的内涵、高度的艺术成就、悠久的历史、优雅的造型、独特的审美视角，堪称举世瞩目。在今后的深入考察和研究中，画家、雕塑家、宗教家、建筑师、工艺家、考古学者、民俗学者、古文字学者、历史学者、地理学者等都可以在该石窟找到他们所需要的东西。

因此，在国内对水帘洞石窟群学术研究刚刚起步、成果不足和资料相对缺乏的今天，对武山水帘洞石窟群壁画艺术进行深入、系统的研究，具有多方面的意义和价值。首先，对该石窟壁画的全面调查与整理，是对现有文献记载不详和基础研究薄弱的重大补充。其次，对水帘洞石窟群壁画艺术的研究将在与省内其他石窟壁画艺术的综合比较分析中，依据其现有的造像、壁画遗存、题记等，完成对水帘洞壁画“绘塑结合”的艺术风格及个性特征的理论揭示和价值判断，由此可弥补在陇右石窟艺术史乃至中国石窟艺术发展史中水帘洞石窟群尚未纳入视野的缺憾，这不仅丰富和拓展了陇右和中国石窟艺术史的内容，也确立了其在陇右和我国佛教壁画艺术史上应有的地位。再次，对水帘洞石窟群壁画艺术的资料整理和研究，可以为开发和保护历史文化资源，为推进文化大省建设和西部开发战略决策提供深刻的历史文化背景，有助于推动学术界对该石窟艺术文化价值极其丰富内涵的进一步探讨；尤其对于现存文物的保护以及促进当地的文化旅游事业的发展都具有重要的意义和价值。

五　研究方法、手段和步骤

对武山水帘洞石窟群壁画艺术的研究，是一项以壁画艺术为主，兼及宗教、文化、历史、民俗等多方面内容的综合性研究，量大面宽、任务艰巨。特别是对武山水帘洞石窟群的科学研究才刚刚起步，现有学术研究成果不多，资料较为缺乏，甚至是在其窟龛、造像和壁画等基本内容尚未完全整理清楚，许多领域和题材至今没有涉足的条件下，无疑增添了研究的难度，也加大了研究的工作量。所以，这一研究，就具有梳理资料和进行学术研究的双重任务，既要从资料的搜集和整理等基础工作起步，再展开研究，也要以资料的分类、描述和壁画内容的准确判定和分析为中心环节，进而展开壁画艺术的实质性研究。只有这样，才有可能达到预期目标，获得比较理想的研究成果。

因此，本项目研究在方法上首先是田野调查的方法。就是在现有调查、档案和测量、摄像资料的基础上，运用田野调查方法对壁画乃至造像、窟龛、建筑等作进一步的实地勘察、核实、登记和拍照，以便查漏补缺、纠谬正源，以期资料的全面、准确和完整。这样既可增强对壁画资料的感性认识，亦可将错漏和缺失降至最低。

其次是比较研究的方法。作为佛教文化重要载体的石窟及其壁画艺术，由于宗教同一性的缘故，它们在人物、题材、内容、程式及其风格诸方面均有其共性特征。又由于各地自然条件、民族、民风、文化、习惯乃至审美情趣的差异，同一题材的内容却各具造型和风格，这一大同基础之上的小异，却致使不同民族、不同地域的文化和艺术由此分野，异彩纷呈。这种同一而又多元的宗教文化艺术凭借石窟和造像、壁画而得以物化的保留，也使今天人们据以探寻彼此间文化的传播和艺术的交流融通成为可能。就水帘洞石窟艺术而言，其丰富的内涵，鲜明的个性和传承的过渡性以及研究的滞后，都要求我们必须将水帘洞石窟艺术置于周边石窟艺术乃至全国石窟艺术的大视野下以比较研究，这既便于把握其同一性，也易于在参照和比较中理清其交流、传承和创新的脉络与轨迹，揭示其个性风格和特征。

再次是历史分析的方法。水帘洞石窟群自南北朝至今，跨越多个朝代，延续长达一千多年。历经历史沧桑和岁月洗礼，存留至今的石窟造像、壁画、窟龛、建筑，犹如一座佛教艺术博物馆和文化长廊，将不同时代的佛教艺术作品呈现于世人面前。不同的时代和历史时期，各有其时代特点、民风习尚、艺术风格、审美情趣和价值追求，这种文化的时代特点，既有传承，又有创新，形成既相联系又相区别的各时代文化风貌。它无疑会在各时代的艺术作品中有所反映，留下其演替轨迹，展现其时代特点。对武山水帘洞石窟群壁画艺术进行探讨，既需要微观的断代研究、分类研究和个案研究，也需要宏观的整体把握，从中国历史发展和艺术演进的宏阔视野中揭示其自身的进步、成就和时代特点，更需要在中国乃至世界文化、宗教与艺术发展的长河中探寻其渊源，钩沉其线索，揭示其内涵，概括其特点，确定其位置，判断其价值。这就要求我们在研究中必须坚持历史分析的方法，依据历史时代、文化发展的整体趋向和时代特点、地域特征，进行深入分析，作出科学的判断和评价。唯如此，才有可能对武山水帘洞石窟群壁画艺术在中外艺术史和陇右地域文化中的地位和作用作出科学的定位，否则，研究就会陷入只见树木、不见森林的泥沼。

最后是民俗研究的方法和文化圈理论。研究民俗对于社会科学的重要性，犹如研究细胞之于生物学。民俗具有随意性和因袭性，是一种无形的社会力量，在民间社会它对人的行为方式有极大的影响和约束。武山水帘洞石窟群壁画的题材和内容，除了佛教艺术所固有和通用的形式及要素之外，其壁画艺术无不与当地民俗和文化紧密相连，进而形成了与之相匹配的艺术特点和艺术风格。这就需要我们运用民俗研究的方法，在把握和调查当地民风民俗的历史演变、时代特征的基础上，将武山水帘洞石窟群壁画艺术的具体题材、要素、表现形式、艺术手段、风格特点与各时代、各时期的民俗特点结合起来进行综合考察。同时，结合文化圈理论，对影响当地壁画艺术特点的中外文化各要素及其作用进行分析和比较，以把握各文化、艺术要素的来源、构成、传承创新及其相互影响的关系；探寻本土文化、外来文化、地域文化因素在不同时代石窟壁画艺术发展中的相互作用，以揭示石窟壁画艺术在不同阶段的内在结构和时代特点。只有这样，我们才能比较全面系统地揭示其文化传播、文化演进和文化圈构成过程中对壁画艺术的具体影响及其作用。

水帘洞石窟群壁画艺术研究是一项综合性研究课题，上述方法将是研究中主要采用的方法，而且会根据具体研究内容和需要而交互使用，也不排除其他有用的研究方法。在研究手段上，我们将依据研究的需要，通过实地调查、现场观摩、文献考据、分类排列、分组比较、纵向和横向比较、数据分析、类型分析、多层要素聚合法等多种手段，力求研究的深入性、科学性和创新性。任何研究方法和手段只是我们实现研究目标，通向理想彼岸的工具，运用之妙，存乎一心，在研究中只有围绕中心和重点，从内容和研究的实际需要出发，多种方法和手段灵活运用，才能达到比较理想的效果，否则就像削足适履，结果只能适得其反。

基于本项研究资料欠缺，研究基础薄弱，在研究步骤上，我们将遵循先外围再核心、先基础再分类复原，由专题比较研究到理论概括，由表及里、由易到难的设想；通过实地调查和资料整理等基础工作先行，分类型、分组次依次进行壁画内容的复原描述并展开专题分析继后，以系统研究和理论概括完成书稿并结题，最终完成研究任务。

第二章

陇右石窟概况及其艺术特点

甘肃是中国的石窟之乡，全省从东到西绵延1500公里，古代著名的“丝绸之路”纵贯全省，在古“丝绸之路”沿线，分布着大量规模不等的石窟群。其中，地处甘肃省东半部的陇右地区就是一个石窟分布密集区，分布着大小数十处石窟或石窟群，如在天水市境内渭河两岸一带就有近十处石窟，号称“百里石窟走廊”，水帘洞石窟群就是其中之一。

历史上，每一个地区、每一座石窟，它的发生、发展必有其深刻的社会和文化原因，也与其所处历史阶段、社会民族和区域环境条件息息相关。因此，对单体石窟及其文化与艺术进行研究与探讨，就必须在宏观把握的基础上才能作出准确的判断和分析。陇右地区石窟众多，这是特定历史时期当地宗教文化发展和艺术文化追求的必然产物。我们欲对水帘洞石窟艺术进行深入研究，有必要首先就陇右地区佛教石窟的整体情况进行介绍，这是我们认识水帘洞石窟发生发展及其艺术特征的重要基础。

第一节　陇右石窟的形成与发展

“丝绸之路”这条古老的商贸之路，使东西方灿烂文明完成了彼此交融的伟大历程。具有完全意义上的“丝绸之路”的开辟，是以中国西汉王朝两次派遣张骞出使西域的成功为标志的。这条东西经济贸易交通之路横穿欧亚大陆，总长约七千公里。大约从公元前2世纪到公元15世纪，把古老的中原文化、印度的恒河文化、中亚的波斯文化、欧洲的希腊文化联系在一起。千百年来，无数使臣、商队、佛教徒与思想文化传播者们在这条商道上东来西往、络绎不绝，不同地域的商品、物产、文化经由他们而相互交流扩散。这条以商业往来为主的丝绸之路同样也是佛教传播的“黄金通道”。作为外来文化的佛教，于公元1世纪前后传入中原，并与中国原有的传统文化开始融合，我国境内大大小小的石窟及其石窟艺术就集中体现了这种文化交融下，建筑、雕塑、绘画、音乐、舞蹈等各个领域所取得的辉煌的成就。①

一 陇右石窟的发展

陇右位于我国大陆的几何地理中心，它东与古代的政治中心——关中相邻，西与多民族文化交汇的枢纽新疆接壤，并由此连通了中亚、西亚、南亚、欧洲与非洲，南临青海、四川，北通塞上，交通位置极为重要。正因为如此独特的区域位置，使陇右成为古“丝绸之路”的主干道，一直是东西方经济、文化交流的通道和交汇、集散之地。佛教由古老的印度经由西域传入中原，陇右则首当其冲。② 伴随着僧侣由印度而来的佛教经典与佛教艺术都在这里生根、发芽、交融、变化，再由此为基地传入中原；而最能代表佛教艺术的石窟就成为陇右文化的一个极其重要的组成部分。

佛教在陇右流传的历史悠久，佛教在陇右大地上的兴盛与衰落都与丝绸之路的畅通与否有着直接的关系。自秦汉至唐代中期，“丝绸之路”相对畅通，东西方交流频繁，陇右经济繁盛，人民生活富足。晚唐和宋、金时由于战乱不断，“丝绸之路”曾多次中断，但陇右佛教的发展还在继续，只是其规模已无法与之前相提并论了。随着元朝这个跨越欧亚大陆的庞大帝国的建立，“丝绸之路”又一度兴盛起来。因为元朝大力扶持佛教，尤其是喇嘛教的缘故，陇右的佛教在这一时期又有新的发展。到了明、清两朝，随着“丝绸之路”彻底的衰落，除了藏传佛教外，其余地处古丝路要道的各个佛教中心就此趋于衰败。

在“丝绸之路”畅通和佛教东传这一漫长的历史岁月中，出现了许多对中国佛教发展起到重要作用的高僧大德，如鸠摩罗什、法显、玄高、昙耀、玄奘等，他们都在陇右留下过足迹。正是这些在历史上留下名或没有留下名的传法高僧与一代代虔诚的信徒，加上无数默默无闻的工匠，为

---

① 郑炳林、魏文斌主编：《天水麦积山石窟研究文集》（下册），甘肃文化出版社 2008 年版，第 193 页。

② 胡同庆、安忠义：《佛教艺术》，敦煌文艺出版社 2004 年版，第 1 页。

陇右留下至今依然灿烂无比的石窟文化和石窟艺术。这些石窟不但是陇右珍贵的文化遗产，更是中华文化的重要组成部分。

陇右石窟在中国石窟中占有极其重要的地位，现在还保存着造像或壁画遗迹的石窟寺就有数十处。从分布位置上看，它们基本上遍布陇右地区的各个角落，这些石窟寺的共同特点是都位于在“丝绸之路”沿线各地的山谷沟壑之中。从时间上看陇右石窟大多数开凿于4世纪末到5世纪初的十六国时期，但当时它仅仅是作为僧人修行的禅窟开凿，所以并无创作佛教艺术品。直到公元5世纪初的后秦、西秦、北凉时期，才真正形成包含雕塑、壁画等内容的石窟艺术。这一时期包括麦积山、炳灵寺及河西地区的凉州诸石窟均是开凿于这一时间段。后来统治陇右的北朝诸政权，如北魏、西魏、北周都是在5世纪中叶至6世纪末期在已有的基础上大规模营建石窟。至此陇右石窟的分布格局基本形成。

之后的隋唐时期，由于中华民族大一统格局的重新形成，中国古代的经济、文化均走向巅峰，“丝绸之路”也进入了它最繁荣的时期。陇右的石窟开凿亦达到了高潮，如炳灵寺、北石窟等均以这段时期开凿的洞窟为主。各石窟现存的高20米以上的雄伟大佛，大部分修造于这一时期。虽然在后来的五代、宋、元、明、清各朝均在原有的石窟基础上营造洞窟，但其规模已无法与之前的朝代相提并论。在这长达一千五六百年的时间里，凡是统治过陇右的政权都曾在这里建造过石窟，正是各朝各代对于石窟内容的不断充实，才为我们留下了如此丰厚的文化遗产。

陇右石窟的分布，按由西向东的地理位置可分三个石窟群，分别是陇中石窟群、陇南石窟群和陇东石窟群。①

二　陇中石窟群

陇中石窟群即以今甘肃省中部永靖炳灵寺石窟为主体，包括靖远寺儿湾石窟、法泉寺石窟以及景泰五佛寺石窟组成的石窟群。

1. 炳灵寺石窟

位于甘肃中部永靖西偏北30公里的小积石山大寺沟西侧的崖壁上。炳灵寺最早叫“唐述窟”，是羌语“鬼窟”之意。在唐代称为龙兴寺，宋

① 胡同庆、安忠义：《佛教艺术》，敦煌文艺出版社2004年版，第2页。

代称为灵岩寺。明永乐年后，取“炳灵寺”或“冰灵寺”之名，即藏语“十万佛”之译音。

炳灵寺始建于西秦建弘元年（公元420年），历经北魏、北周、隋、唐、宋、元、明各代，已有一千六百多年的历史。石窟分上寺、洞沟、下寺三处。以下寺最为壮观，在大寺沟西岸的红砂岩上，洞窟层层叠叠，栈道曲折盘旋而上，它们分布在长200米，高60米的悬崖上。石窟现存窟龛196个，石雕像694身，泥塑82身，壁画九百多平方米。最大的唐代弥勒坐佛高达27米，最小的雕像高10厘米。其中，西秦开凿的有两窟一龛，北魏开凿的有八窟25龛，北周的有两窟，隋代的两窟，唐代的有20窟113龛。其中唐代作品艺术成就最高。石窟中存有西秦建弘元年（公元420年）的墨书题记，这是国内石窟中保留最早的纪年题记，对全国其他古老石窟的断代提供了标识，具有十分重要的历史价值。范文澜在《中国通史》一书中认为，炳灵寺石窟不仅以石刻雕像作品见长，其浮雕佛塔和密宗壁画同样可以与莫高窟和麦积山石窟齐名。炳灵寺壁画真实地反映出了十六国时代西北地区的社会风貌和音乐舞蹈以及装饰艺术所取得的成就。这对于早期佛教的认识和理解具有十分重要的研究价值。

2. 寺儿湾石窟

位于靖远县城西南20公里的北湾镇。石窟开凿于黄河北岸红岩崖上，古名红罗寺，因红罗山而得名。石窟坐东向西，背山面河，始建于唐代，窟内现存有唐、宋塑像62尊，其中壁间岩石成者为唐代造像，下面十八罗汉是后代所塑，保存基本完好。造像有释迦、迦叶、阿难、观音、天王等。此窟为砖卷拱结构，上有木结构小阁一座，门前左方残碑一块，题曰《古刹寺碑记》。红罗寺原有六窟，其中黄河北岸五个窟毁于炸山取石，仅存中间一窟。

3. 法泉寺

又名红山石崖禅寺，位于靖远县东湾乡杨梢沟口。石窟泉水依崖旋流，寺崖被群山环抱，素有“法泉地灵”之称。法泉寺始建于北魏，距今已有一千四百多年历史。历经隋、唐、五代及宋、元、明、清等十多个朝代凿修，现存有千佛洞、天王洞、达摩洞等36个洞窟，并有藏经楼、大佛殿、文昌宫、钟楼、木卧桥等建筑，以及清泉、唐榆等十多处。崖半山腰间又有“墨池”、“月牙”、“龙骨”三泓清泉，以“法门”和“清泉”立说，故名法泉寺。

4. 五佛沿寺石窟

位于景泰县东面的五佛乡，距景泰县城20公里。五佛沿寺石窟建于北魏时期，坐西面东，背山面河。石窟内尚存西夏等时期坐佛和千佛造像。整个石窟进深九米，宽七米，中有中心塔柱，直抵窟顶，塔柱呈方形，每座宽五米，四面开龛，龛内各塑佛像一尊，神态各异，神情自若。室内南北三角各塑泥像一尊，造型高大，体态端庄，南北两壁有模制影塑小佛像7—9排，计有千尊，故该寺又称千佛寺。

三　陇南石窟群

陇南石窟群位于今天甘肃省东南部，分布在渭河上游与西汉水上游沿岸。渭河上游沿岸主要包括天水的麦积山、仙人崖石窟，武山县水帘洞石窟群、木梯寺，甘谷县的大像山石窟和华盖寺石窟；西汉水上游主要有西和县的法镜寺和八峰崖石窟等。

1. 麦积山石窟

位于甘肃省天水市东南约35公里处，因其山体形状奇特，孤峰突起，犹如麦垛，被称之为麦积山。麦积山石窟与敦煌莫高窟、洛阳龙门石窟和大同云冈石窟并称为中国四大石窟。它的开凿年代，大部分学者认为始于后秦，其历经了北魏、西魏、北周、隋、唐、五代、宋、元、明、清历代的不断开凿和修缮，遂成为我国著名的大型石窟之一。现存编号窟龛221个，有从5世纪到19世纪以来的历代泥塑、石雕造像七千二百余件，造像以北朝原作居多，并有壁画一千三百多平方米。由于麦积山山体为第三纪沙砾岩，石质结构松散，不易精雕细镂，故以精美的泥塑著称于世，绝大部分泥塑彩妆，被雕塑家刘开渠誉为“东方雕塑陈列馆”。历史学家范文澜更是赞誉麦积山为“陈列塑像的大展览馆”。

麦积山周围风景秀丽，山峦上密布着翠柏苍松，野花茂草。攀上山顶，极目远望，四面全是郁郁葱葱的青山，只见千山万壑，重峦叠嶂，青松似海，云雾阵阵，远景近物交织在一起，构成了一幅美丽的图景。在我国的著名石窟中，自然景色以麦积山为最佳。麦积山石窟的另一个显著特点是洞窟所处位置极其惊险，大都开凿在悬崖峭壁之上，洞窟之间全靠架设在崖面上的凌空栈道通达。低处的窟龛有的距山基二三十米，最高处的第四窟距地面达八十多米。在如此陡峻的悬崖上开凿了众多洞窟，在我国的石窟中是罕见的。正如五代《玉堂闲话》所言："峭壁之间，镌石成佛，万龛千窟。虽自人力，疑是神功。"① 附近群众中还流传着"砍完南山柴，修起麦积崖"，"先有万丈柴，后有麦积崖"的谚语。可见当时开凿洞窟，修建栈道工程之艰巨、宏大。

2. 仙人崖石窟

位于天水市东南 65 公里处的朱家后川村，因有仙人点灯指路的传说，被认为是仙人集聚之地而得名。现为佛、道合一的石窟寺庙。仙人崖由三崖、六寺、五莲山组成，有明清殿宇 27 座，房屋 54 间，及北魏、宋、明、清各代塑像 197 尊，壁画 83 平方米，永乐年间的珍贵铜佛造像五尊。在仙人崖三崖中，以西崖面积和佛殿数量为最。

3. 武山水帘洞石窟群

位于天水市武山县洛门镇东北 25 公里处榆盘乡钟楼村的鲁班峡中，现有水帘洞、拉梢寺、千佛洞、显圣池四个单元，为丝绸之路东线上一处重要的石窟寺院。

显圣池为一天然崖窟，洞中有池常年滴水叮咚，有"滴珠鸣琴"之称。其中以壁画为主，共存有一百多平方米，并遗存有一佛二菩萨悬壁残像。

拉梢寺亦称大佛崖，共存有窟龛 27 个，造像 33 身，覆钵塔七座，其造像为北周、唐、元时期作品。在高约 60 米的崖壁上浮雕一坐佛二菩萨。佛高（含佛座）42.3 米，两旁是手持莲花躬身肃立的胁侍菩萨。佛像坐在莲台上，镌有狮、鹿、象三排，上层九狮，中层九鹿，下层九象。崖面三分之二为壁画，现存部分极其珍贵。崖面上部向前凸出，又加筑风檐以蔽风雨，檐端雕刻飞云走兽，悬挂铜铃。此组浮雕壁画为北周明帝宇文毓武成元年（公元 559 年）由秦州刺史尉迟迥初建，并有武成元年墨书题记。

水帘洞在试斧山东侧的峭石壁上，是一个约 30 米高，20 米深的拱形自然洞穴。因雨季山顶飞流直下如水帘，因有此名。洞内有四圣宫、观音

① （五代）王仁裕：《玉堂闲话·麦积山》，载《太平广记》卷 397，中华书局 1995 年版，第 3181 页。

寺、南殿、菩萨泉等殿阁。依自然岩洞有开有合，错落有致，工艺精巧。在水帘洞中尤以菩萨殿最为高大华丽，该殿上下两层，下层石壁洞中有一汪清池，清澈见底；上层横匾大书“西山暮雨”四字，内塑当地民间传说中的麻线娘娘。水帘洞的崖面上保存着北周、隋、唐、元各朝代的佛教大型壁画。

千佛洞位于水帘洞西北边的深沟之中。进此沟半公里，深山丛中拔起一峰，上悬下削。中间有一巨大天然洞穴，长 25 米、高 25 米、深 8 米，这就是千佛洞。现存造像三十余身，壁画数百平方米，皆分布于岩洞一侧崖面上，千佛洞以木桩栈道为界，分为上下两部分。上部佛龛较少，造像紧贴崖面，表现形式多高塑和影塑。

4. 木梯寺

位于武山县城西南约三十公里的马力乡阳坪村柏林山山腰，其山势险峻，茂林叠翠，石窟、寺庙宛如颗颗明珠，掩映在绿荫之中。石窟四周悬崖峭壁，仅有北侧一山门可入寺内。在山门口的绝壁之上，安置一木梯，人们攀梯入寺，故名“木梯寺”。寺内现存窟龛 18 个，殿堂四座，造像八十余尊，其中，宋代作品为全寺精华。壁画 234 幅共 2100 平方米。① 因其内容广，风格多样，所以具有相当高的艺术价值。

5. 大象山

位于天水市甘谷县城郊约三公里处。山中悬崖间峭壁上有大洞窟一个，因其洞内有一唐代石胎泥塑大佛而得名。甘谷大佛山石窟造像可远溯至北魏。现存窟龛 22 个，部分洞窟内凿有禅窟，现存的唐代弥勒大佛像为石胎泥塑，身高 23.3 米，腰阔 10.4 米，结跏趺坐于莲座之上，其坐于距地面 30.2 米高处的窟顶呈圆拱形石窟内。颐面丰满，肉髻高突，两耳下垂，颈短并饰三道弦纹，短须作蝌蚪状，施拔济众生印，足踩丰莲，为唐代大佛像中的精品。

6. 华盖寺石窟

位于甘谷县城西十里，渭河南岸的二十村东侧。最早开凿于元代，现存洞窟 19 个。有佛、道、儒三教及祖先崇拜四个方面的内容，其造像、壁画以明、清时期的遗存为主。

① 孙晓斌、臧全红：《甘肃武山木梯寺石窟调查简报》，《敦煌研究》2008 年第 1 期。

7. 法镜寺石窟

位于西和县城北12公里的石堡乡石堡村五台山支脉崖壁上。石窟开凿于北魏时期，现存大小窟龛24个，造像11身。1962年改建西（和）徐（家店）公路时，将南侧山崖拦腰劈开，部分洞窟遭到破坏。[①]

8. 八峰崖石窟

又称八府崖或吉祥寺。位于西和县石峡镇南约三公里的群山之中，石窟开凿在一处崖面中部的内凹处长约四十米、高约五米的岩隙中。石窟开凿于唐代，现存各类大小殿堂14个，造像九十余尊及部分壁画。

四 陇东石窟群

在甘肃陇山以东的平凉地区和庆阳地区，有大小石窟四十多处，主要分布在泾河两岸及陇山和子午岭之间。其中最重要的是西峰市西南的北石窟寺和泾川县东北的南石窟寺。两窟相距45公里，南北对应。此外，有泾川王母宫石窟和罗汉洞石窟、合水保全寺石窟、张家沟门石窟、莲花寺石窟、镇原石空寺石窟、华亭石拱寺石窟、庄浪云崖寺石窟、主林寺石窟等。

1. 北石窟寺

位于西峰市西南的茹河和蒲河交汇处的东岸覆钟山石岩上，距市区25公里。北石窟寺是陇东地区规模最大，内容最丰富，创建年代较早和延续时间较长的石窟，也是丝路北道上的重要石窟。

北石窟寺背靠青山，面对碧流，在长120米、高20米的赭红色石崖之上，开凿着自北魏、西魏、北周、隋、唐、宋、清各代窟龛295个[②]，共有大小雕像2125尊，窟龛密集，形如蜂房。石窟共分为上中下三层，其中以北魏永平五年（公元512年）泾州刺史奚康生创建的第165号窟规模最大，它是以七佛为内容的大型窟。七佛造像宏大精湛，庄严肃穆，不失北魏造像的光彩和魅力。围绕七佛雕造而成的弥勒菩萨、骑象菩萨、手持日月的阿修罗等造像都是富有艺术感染力的作品。除此而外，还有第240窟的北周造像，显示出了敦朴厚重的风度。北石窟寺以唐代窟最多，

---

① 孙晓斌：《甘肃陇南几处中小石窟调查简报》，《敦煌研究》2008年第2期。

② 雍际春主编：《陇右文化概论》，甘肃人民出版社2005年版，第304页。

最有代表性的是建于武则天如意元年（公元692年）的第32窟。窟内的大小雕像面容丰腴，秀目含情，飘然欲动，姿态动人，堪称盛唐艺术精品。窟内还保存着隋、唐、宋、金、西夏、元等各代的题记一百五十多则，是研究历史、书法的珍品。题记确切记载了石窟的开凿年代，为研究历代社会生活和发展变化，提供了很有价值的文字资料。

2. 南石窟寺俗称“东方洞”

位于泾川县城东泾河北岸的蓄家村。据南石窟寺碑记载，北魏永平三年（公元510年），为泾州刺史奚康生所造。石窟开凿在泾河北岸红砂岩上，现存五窟，一号东大窟和二号西小窟保存较为完整。东大窟为南石窟寺的主窟，高达13米、宽约17米、深14米，面积五百余平方米，石窟结构独特，造型宏伟。窟中保存有高达两米多的北魏风格佛像七尊，胁侍菩萨造像13尊，形态各异，栩栩如生，窟顶布满浮雕。其余的四个窟规模较小，剥落处露出早期壁画。窟外崖壁上有小龛十余个，均系北魏、中晚唐开凿。因为南石窟风格与北石窟相似，故称姊妹窟。

3. 王母宫石窟

位于泾川县城外一公里的泾、汭两河汇流之处的王母山东北面，依山开凿，石窟始建于北魏太和末期。王母宫石窟呈长方形，高度达到12米。窟内造像共分三层，中有方体塔柱，直连窟顶，中心柱及三面窟壁均有石雕佛像，其内容为千佛、力士、菩萨以及驮宝塔的白象，多为北魏作品。顶部建造物脱落殆尽，现存造像百余尊，主佛像居中，其他依次排列两旁。窟外为清代重修的依山楼阁。经重修后的王母宫大殿，及通往大殿的台阶和盘山公路，成为道教信徒朝圣的重要场所。

4. 罗汉洞石窟寺

石窟在泾川县罗汉洞乡罗汉洞村的红砂岩壁上，分为上下两层，在长约两公里的地段上存有上百个窟龛。主窟清霄洞，是一座平顶四柱式方形窟，面积近一百平方米，在洞口外面，还肃立着一座高约六米的大佛，洞内东面墙壁上残存的壁画浮雕（初步考证为宋代），生活场景、人物形态都很鲜活，四个方形柱上有彩绘浮雕佛像。在入口处，有清朝光绪年间重修的记载。

5. 保全寺石窟

位于合水县太白乡葫芦河支流平定川。这里是子午岭林区深处，山清水秀，林木叠翠，自然环境幽雅秀丽。

石窟建造在平定川西岸十余米高处的红砂岩石崖上，坐西面东，南北绵延约四十米，共开龛三十余处，现保留下来的北魏、西魏窟龛25个。除窟中心部分的3、4、6号等窟较大外，其余皆为圆券形小龛，龛高多为一米左右。雕凿的题材亦多为一佛二菩萨、一交脚菩萨、两胁侍菩萨、释迦多宝并坐说法以及千佛等。[1] 整个窟大致可分两层：下层窟龛较大而排列疏松；上层窟龛均较小，排列紧密。由于红砂岩结构疏松，经千百年的风雨剥蚀和人为破坏，目前大部分造像漫漶模糊，完整的已不多。

6. 张家沟门石窟

位于合水县太白乡平定川中段西岸，石窟分布在长约十二米、高三米的红砂岩崖壁上。石窟开凿于北魏太和十五年（公元491年），是目前陇东地区已知的最早石窟。现存九个拱形窟龛，石雕造像31尊，均为一佛二菩萨。造像面部方圆，两颊丰满，肩宽耳大，颈项短粗，下颌肥厚，高鼻深目。佛像右袒袈裟，裙摆绕膝搭于平台，手做禅定印，结跏趺坐。菩萨均戴花蔓冠，宽肩细腰，披天衣，袒胸，佩戴璎珞串珠，衣裙平行密集，跣足而立。所雕供养人均着长袍，腰系宽带，足穿长筒皮靴，袖手恭立。服装完全是北魏孝文帝改革前鲜卑族的普遍着装，与云冈石窟太和年间所造的供养人相同。2号、3号佛龛之间，阴刻造像铭文一方："太和十五年太岁在未癸巳朔三月十五日佛弟子程弘庆供养佛时造石龛像一躯。"这是陇东地区迄今为止所发现的最早的有明确纪年的北魏石窟造像题记。

7. 莲花寺石窟

位于合水县太白乡平定川口。窟龛依山势开凿，分布于长19米、高6.4米的崖壁上，始凿于唐，宋代重修。现存窟龛25个、造像一百多尊。唐代窟龛均为圆拱形浅龛，高、宽在0.4—0.8米之间，内容有宋代造像阿弥陀佛、一佛二菩萨、一佛二弟子。唐代造像以阿弥陀佛为主，龛型具有明显的时代特征。宋代造像题材丰富，以涅槃像和罗汉像为主体，兼有阿弥陀、观音、地藏以及部分释、道题材造像，显然受到

---

① 郑国穆、魏文斌：《甘肃合水保全寺石窟调查简报》，《石窟寺研究》2011年第1期。

了陕北地区同期造像的影响，反映出特定历史条件下陕北及陇东地区石窟造像的时代风貌。①

8. 石空寺石窟

位于镇原县城东南三公里处的茹河南岸，开凿在高约十米，长达300米的峻峭崖壁之上。现有八个主要窟龛，内供石雕佛像13尊，泥塑25尊，壁间绘有壁画数十幅。该石窟开凿于宋，建成于明，延及清末，已有一千多年的历史。石空寺被当地群众称为“石佛湾”，它是古代佛教在镇原的一处主要遗迹。

9. 石拱寺石窟

位于华亭县上关镇南三公里处。现存窟龛14个，造像皆为石雕。最大的洞窟是第二窟和第六窟，规模相当宏伟，窟内均造三佛及胁侍菩萨，前壁门两侧雕天王。第六窟高八米，佛高六米。两窟的造像在清同治年间（公元1862—1874年）被破坏，唯有第六窟壁门侧浮雕供养人尚存数排，均着袍服，是北魏改胡服以后供养人的形象。该窟开凿造像的时代大体相当于北魏中、晚期到西魏。多数窟龛已破坏，现存较好的有第九窟和第十一窟。

10. 云崖寺石窟

位于庄浪县韩店乡东南，距离庄浪县城28公里的关山自然森林峡谷深处。据《增修华亭县志》记载：宋代僧人法印辟白云洞，“其洞朝夕多云，而云多白”，四时“洞中出云，洞上盘云，洞前云驻，洞底云擎”因而得名。云崖寺始建于北魏后期，经过数朝修缮到明朝时进入鼎盛时期，从清末开始逐渐归于沉寂，渐渐衰落。现存洞龛三层，石窟分布在云崖主峰长约三百米、高约八十米的西崖峭壁之上。共有编号窟龛19个，其中北魏一个、西魏—北周三个、北周一个，另外14个属于元—明时期。内有石像18尊、泥塑55尊、壁画14平方米，明碑两通。

11. 主林寺石窟

又名竹林寺石窟、朱林寺石窟或林寺石窟，位于庄浪县韩店镇石桥村云崖寺石窟西北约四公里的云崖河与店峡河交汇处，在长100米、高80米的崖壁上，分布有五层洞窟。由于近现代人为的破坏，窟龛保存情况较

① 孙晓峰、臧全红：《甘肃合水莲花寺石窟调查简报》，《敦煌研究》2011年第3期。

差，大多数窟龛内空无一物。仅有五个窟龛内还保存有造像和壁画，但总共也仅存造像五尊、壁画约 1.5 平方米。1 号窟是主林寺石窟中保存情况最好者，开凿于唐代中晚期，窟内现存石胎泥塑造像四尊，组合为“一佛二菩萨二弟子”，可惜右侧菩萨已毁不存，根据造像风格判断这四尊造像为元代重造。

第二节　陇右石窟艺术的基本特点

陇右石窟由于山川形势、交通道路与方向、区域位置等因素的影响，在分布结构上和艺术上都有自身鲜明的特点。这些特点，对于我们认识水帘洞石窟群的形成和发展，提供了重要的文化背景和认知参照。

一　陇右石窟的分布与结构特点

从以上石窟分布的介绍中，我们可以看到佛教石窟遍及整个陇右地区，而且都分布在城镇周围的幽静山谷中。陇右石窟大多始凿于北朝时期，西部比东部出现早，有由西向东的发展趋势。各地区石窟群中都有一个较大的主洞窟，再围绕这个主石窟分布着一些中小型洞窟，最终形成的是一种类似母子关系的石窟分布。在两个石窟群之间的地带都会出现一些具有鲜明特点的过渡型石窟。

1. 石窟分布广泛

陇右地区位于今甘肃省东半部，包括今兰州市、白银市、临夏回族自治州、甘南藏族自治州、定西市、天水市、武都市、平凉市和庆阳市等九个州市，总面积约十八万平方千米，占全省面积的 40%。[①] 在这广阔而地形复杂多变的土地上，遍布着大大小小的石窟寺遗址。这使得石窟艺术成为陇右文化重要的组成部分。

2. 自然环境幽雅

要了解陇右石窟艺术就必须先了解与其相关的空间环境。石窟寺这一种佛教建筑形式起源于印度，都选择在偏僻的山野之中修建，这主要是为了方便僧侣们的修行。最早的阿旃陀石窟就临水开凿在高七十多米的玄武

---

① 雍际春主编:《陇右文化概论》，甘肃人民出版社 2005 年版，第 32 页。

岩断壁之间。

陇右石窟最大的一个特点就是都建在远离城镇的偏僻山谷之中。如炳灵寺石窟就修建在据永靖西偏北30公里的小积石山大寺河西侧的崖壁上；麦积山石窟则位于天水市东南约四十五公里处的群山之中。这种幽静偏僻的环境非常便于僧侣们修行。其次在这些地方开凿石窟都与此地灵异事迹有关，如：炳灵寺石窟“岩堂之内，每时见神人往还矣”；麦积山石窟亦曾是“神人”名僧玄高“隐居”讲学之所。①

3. 石窟由西向东发展

在开凿时间上看炳灵寺和麦积山都开凿于十六国时期，而炳灵寺石窟的营建略早于麦积山石窟，现存于炳灵寺的西秦建弘元年（公元420年）造像题记是目前已知的全国最早的佛教造像题记。而陇东的南石窟中发现的《南石窟寺之碑》更是明确注明了南石窟是在北魏宣武帝永平三年（公元510年）由泾州刺史奚康生主持开凿的。而据相关的记载与考古发现均证明北石窟的开凿是永平二年（公元509年），仅比南石窟早一年。由此可以看出陇右大型石窟开凿的顺序：首先是炳灵寺，紧接着是麦积山，最后则是北石窟和南石窟。

4. 中小型石窟围绕着的“主石窟”

在陇右的三个石窟群中都存在以一个大型石窟为主，周边围绕一些中小型石窟的分布特征，犹如一种“母子关系”。而这些子石窟的艺术特点都有着直接受到母石窟影响的痕迹，比如在炳灵寺石窟周边就有寺儿湾石窟和法泉寺石窟等。而在麦积山石窟附近则有仙人崖石窟、大象山石窟、水帘洞石窟等，譬如大象山、水帘洞这类稍大一些的石窟寺周围又围绕着若干小型石窟。

二　陇右石窟的艺术特色

1. 造像艺术的基本特点

陇右石窟的造像艺术的特色主要表现在造像时间早，经历朝代多，绵延时间长，反映了鲜明的佛教艺术中原化的过程，而且表现形式多样，开放与兼容并举，体现人性，弘扬人文精神。

---

① 胡同庆、安忠义：《佛教艺术》，敦煌文艺出版社2004年版，第5页。

（1）造像时间早，经历朝代多，绵延时间长

因为陇右特殊的地理位置，使得这里成为佛教最早的传播区域之一，而造像艺术也很早就在这里出现。虽然新疆克孜尔石窟最早的洞窟可能开凿于三四世纪，但是没有相关的文字题记，塑像遗存也很缺乏。而后来的莫高窟始建于前秦建元二年，但是其早期开凿的洞窟主要是僧人修行的禅窟，其中并无造像。炳灵寺保存着西秦建弘元年（公元420年）的造像题记，这是目前全国发现的最早的佛教石窟造像题记，这就说明早在公元5世纪陇右石窟中就已经开始营造佛像。而山西大同的云冈石窟和河南洛阳的龙门石窟均开凿于北魏，河北的南北响堂山石窟更是始建于北齐，四川大足石窟则始凿于晚唐。这就证明了陇右不但是全国最早开凿石窟的区域之一，更是最早在石窟中造像的地区。①

陇右石窟自公元5世纪起就开始开窟造像，至今还保存着大量精美的早期佛像，这在国内是绝无仅有的。在十六国之后不断的朝代更迭中，陇右的石窟艺术更是发展繁荣，几乎每个朝代都要在石窟中营造佛像。一直到清代，陇右石窟的造像运动持续了一千五百多年。经历了漫长的时光，这些保存至今的石窟造像都是历史为我们留下的丰厚遗产。

（2）佛教艺术中原化的体现

佛教沿着漫长的“丝绸之路”，自印度首先到达西域，再以敦煌为中转站，通过河西走廊，进入陇右，再翻过陇山到达中原。这条线路也是佛教的传播之路，在自西向东的漫漫长路上，佛教也一步一步与汉文化相融合。在这一过程中陇右则是其中原化最重要的区域。

这一特点在陇右石窟艺术中反映的尤为突出。在陇右众多的石窟中很难见到具有明显犍陀罗样式的造像作品，而大量出现的则是具有强烈“魏晋风度”的中原化的雕塑形象，如魏晋士大夫褒衣博带、学神仙的潇洒形象的精美造像却比比皆是。② 这正是石窟艺术风格转型的反映。

（3）表现形式多样

因为地质条件的因素，形成了陇东石窟群以石雕为主，陇南石窟群以泥塑为主，陇中石窟群石雕、泥塑并举的形式。其中造像水平最高的麦积

---

① 胡同庆、安忠义：《佛教艺术》，敦煌文艺出版社2004年版，第69页。

② 李泽厚：《美的历程》，安徽文艺出版社1999年版，第183页。

山石窟以泥雕闻名于世，同时也有部分石胎泥塑和石雕。

陇右石窟的雕塑艺术中，有圆雕和浮雕，浮雕中“高浮雕”和“浅浮雕”同时存在，同时还有数量巨大的影塑和悬雕。而造像艺术也是陇右石窟艺术的一大特色。在陇右的石窟艺术中雕塑的主要表现形式为绘塑结合。而“塑绘结合”又分为两种模式：一种是以造像作为主角，在窟室四周的墙壁上以壁画陪衬之；另一种是塑像的头部，躯干等主要部分为泥塑或石刻，而头巾、飘带等衣饰则用绘画表现出来。关于这些艺术表现手法还会在后面具体讨论。

（4）开放与兼容并举

佛教艺术本来就是一种外来宗教的艺术形式，它能在中华大地上生根、发芽，并结出硕果，这本身就代表着中华民族的开放性。陇右石窟在这一点上表现得更为突出。首先在这里盛行于印度的毗珂罗窟和支提窟等仅仅强调僧人封闭式修行的石窟已非常罕见，西来的佛教艺术在这里彻底地走向开放，雕像艺术也由原先那种犍陀罗与西域的样式，逐步演变为西域风貌与中原风格相结合的模式，这是一种东西文化相兼容的面貌。

在中国佛教发展史上，出现过很多宗派。宗派之间曾经发生过很多激烈的论战，这类记载在史书中屡见不鲜。不同的宗派、不同的学说都对佛教发展产生过较大的影响。但是在陇右石窟中你会发现，这些学说间激烈的不同声音，都兼容地体现在了石窟当中。没有一个宗派把另一宗派的造像毁掉的现象，反而是相互并存于同一地区的石窟中，甚至并存于同一洞窟之中，这一切都显得那么顺其自然。这是中华民族开放与兼容的心态的体现。

（5）体现人文主义精神

慈祥的佛陀、优雅的菩萨、含情脉脉的弟子、气宇轩昂的天王、力士，这些都是陇右石窟中精美的雕塑形象。与其说这些雕塑是在反映佛国世界，还不如说是人世间的客观反映。它们都在讴歌完美的人性，崇拜人的力量。这本身就是一种对人性的肯定。又因为佛像的功能就是抚慰民众的心灵，它们用优雅与崇高的美感给人以生活的信心。这本身就是一种人文的关怀。

2. 壁画艺术的基本特点

陇右石窟壁画艺术的特点主要体现绘制时间早、保存年代久远，是

"丝绸之路"文明的具体反映，为研究中国早期绘画提供了重要依据。壁画具有强烈的民族特色，表现手法多样，绘塑高度结合，壁画与环境高度结合，并且包含大量的中国元素。

(1) 绘制时间早，保存年代久远

陇右石窟中的壁画最早出现在十六国时期，而壁画艺术的高峰则首先出现在北魏时期，现存麦积山石窟的"西方净土变"，"维摩诘变"不但是我国最早的同类型经变画，同时也是全国早期壁画艺术中的精品。而拉梢寺石窟的大型浮雕壁画和麦积山第四窟的"薄肉塑飞天"都是全国为数不多的北周时期的壁画精品。这些壁画绘制年代久远，保存至今已经历了一千多年的时间。

(2) 是"丝绸之路"文明的具体反映

"丝绸之路"曾经的繁荣深远地影响着陇右大地。无论是经济、文化都与其有着密切的联系。现在我们只有走进这大大小小的石窟，在残存的壁画中才能寻找到当年丝路繁荣的痕迹。

在壁画中体现出东西交流的内容，出现不少由西方传来的植物、动物等题材，如众多壁画中就有"忍冬花"这种生长在印度的植物，而狮子、白象等生活在热带地区的动物形象更是在壁画中频频出现。

在文化层次的东西方交流上，壁画中出现的文人士大夫的生活方式、精神追求等内容不少。到北周时期造像有"复古"倾向，佛像多低平肉髻，而躯体显得浑厚健壮，袈裟则多穿圆领通肩，晚期衣饰轻薄，这些都明显是受到了来自印度等多个国家的造型艺术的影响。

(3) 为研究中国早期绘画提供了重要依据

中国古代绘画以纸本、绢本为主。因为纸、绢本身的性能决定了其不易保存，又加上一些人为因素，使得我们现在能见到的晚唐以前的绘画作品非常稀少。但是魏晋南北朝又是中国绘画及其绘画理论形成的重要时期，研究这一时期的绘画作品就显得非常重要。所幸的是在古代石窟中还保存着大量壁画。陇右地处中原王朝的西端，是"丝绸之路"西出长安后的第一站，这里保存下的古代石窟壁画就成了研究早期绘画的重要依据。

魏晋南北朝时期的画坛先后由陆探微、张僧繇的艺术风格引领。他们的绘画风格影响到了与美术相关的方方面面。但是他们的作品却没有一件能够流传到今天，只有走进陇右石窟中才能看到其艺术风采。麦积山石窟北魏中晚期的壁画中基本上每个形象都是陆探微的“秀骨清像”，这是一种对于当时士大夫阶层的客观反映，更是一种对于精神超脱的追求。而之后盛行画坛的张僧繇的“面短而艳”的艺术风格几乎影响到了北周时期的陇右石窟中的所有壁画，在这种造型洗练、身躯丰腴、面容饱满的形象中已经能窥见。中国古代艺术正以一种雄强的姿态向它的巅峰迈进。虽然北周持续时间比较短，但是之后的隋唐艺术都是在它已取得成就的基础上发展而来的，因此北周也被一些学者形象地比喻为隋唐盛世的“胎动期”。研究北周艺术成就的重要意义就可见一斑。现存陇右的麦积山北周壁画和水帘洞石窟群北周壁画都是这一时期的代表，不但数量巨大而且艺术水平高超。这都为考证中国早期绘画史提供了重要的依据。

（4）具有强烈的民族特色

陇右石窟壁画是“中原风格”的代表。陇右石窟壁画最大的特点就是具有强烈的民族特色，尤其是麦积山石窟中的北魏壁画，几乎完全是以“中原风格”（南朝风格）的“秀骨清像”出现的，在第 127、133、135 等窟的壁画中佛陀都是以南朝士大夫的形象出现。这种大冠高履、褒衣博带的名士形象，都与当时民族服饰一致。这使得佛像造型形象逐渐世俗化，创造了一些窈窕优雅、仪态飘逸、韵味无穷、具有中国传统审美形象的人物。稍晚于麦积山石窟的北石窟和南石窟中的七佛及菩萨造像也都具有强烈的中原风格的特征。而炳灵寺的 126、128、132 等窟中的人物形象更是将“秀骨清像”夸张到了几乎畸形的程度。

陇右壁画强调中国化的审美追求。在陇右石窟壁画中具有民族特色的不仅仅是人物的形象，在艺术形式上更加突出绘画的平面性，而色彩也是以中国故有的追求素雅为重要标准。在这些壁画已没有了“西域风格”、“敦煌风格”与“河西风格”的那种浓烈、刺激的色彩，有的全是素雅、静穆的色调。这都是外来的佛教与中原汉文化结合后在艺术中的具体体现。

（5）表现手法多样，绘塑高度结合

在陇右石窟壁画中另一个显著特点就是技法丰富多样，壁画和雕塑手法的高度结合统一。因为陇右石窟所在区域的地形地貌的多样性，使得造型手法在表现上不拘一格，形成了一幅壁画上多种表现手法并存的现象。

在这里中国化的抒情的线条在墙面上舞动，西域色彩的魅力在这里得到展现。这使得壁画在视觉上表现力更强。在多种手法的综合塑造下，人们通过视觉进入了一个个充满想象的佛国世界。

陇右石窟另一个重要的特征就是绘画语言与雕塑手法的高度结合，在这里主要是分为三种类型：一是一幅壁画中多种绘画技法综合使用；二是壁画与影塑的结合表现；三是壁画中浮雕手法的应用与表现。在浮雕手法中，一种是以浮雕手法表现人物主体，以绘画手法表现服饰、装饰物、道具；另一种则是以绘画手法表现人物主体，以浮雕手法表现头巾、装饰物等。拉梢寺一号龛的《释迦牟尼说法图》就是塑绘高度结合的典范。

（6）壁画与环境高度的结合

陇右石窟壁画还有一个显著的特点就是壁画界面与环境的高度结合。这个结合可以分为两种结合方式：

一种是壁画与石窟内部环境的结合。石窟是为宣扬佛教教义而营建的，在石窟内部的空间中造像无疑是这里的主角，而壁画是作为从属，为突出造像而存在，所以石窟艺术的价值在于造像与壁画高度的统一。而陇右石窟的艺术价值很大程度反映在这一点上。

另一种是壁画与外部自然环境的结合。在陇右石窟中“龛”的形式占很大比重，其中有石龛与摩崖龛。这两种龛由于直接面对外界，呈“开放”状态，所以与环境结合非常紧密。换言之石龛与外部自然环境是结合为一体的，不能分割开研究。人们只需要在龛外就可以欣赏到其中的壁画，在一定程度上说摩崖上的壁画是一种“环境艺术”。

（7）包含大量的中国元素

佛教作为一种外来文化，在发展过程中与中国传统文化相结合。在佛教艺术中留下了明显的汉文化的痕迹。这一点在陇右石窟壁画中得到了体现。

在壁画绘制过程中一些中国人所熟识的，热爱的传统题材被有意地融入了画面中。比如“龙”这一最能代表中国文化的标志性元素，就被应用到了壁画创作之中，如麦积山石窟壁画中就大量出现龙的形象。而“西王母”和“东王公”这些中国上古神话传说中的主神，甚至成了壁画的主角。这都极大地充实和丰富了佛教艺术的内容。

第三章

武山水帘洞石窟形成因素研究

佛教石窟的产生和形成，既需要一定的自然条件，也要有充分的人文环境。武山所在的陇右天水地区，具有适宜佛教文化发展的有利条件，因此，魏晋南北朝时期当地一系列佛教寺院的兴建和石窟的开凿，自有其历史的必然性。武山水帘洞石窟的开凿和兴盛，正是在自然、人文等多种因素的多重聚合下而创建和发展起来的。

第一节　武山水帘洞石窟群形成的自然环境因素

素有“陇上江南”美誉的天水，是中国历史文化名城之一，这里历史悠久，文化底蕴丰厚。古代天水地区是“丝绸之路”西出关中后的第一站。丝绸古道曾经的繁荣孕育出了璀璨的佛教石窟艺术，也在这里大放异彩并兴盛与发展，直到现在石窟寺遗址依然星罗棋布地点缀在天水大地上，沿渭水形成百里石窟走廊，构成天水文化中一道耀眼的风景线。古代丝绸之路陇右南道的几条支线都要在天水市武山县的洛门交汇，再经临洮进入河西走廊。[①] 而洛门在这一时期的驿运、路运、河运相兼，是名副其实的丝路重镇。水帘洞石窟群就位于洛门镇正北10公里处的榆盘乡钟楼湾村鲁班峡中。

水帘洞石窟群的形成与武山县特有的自然环境有着密不可分的关系。文化的发展与演进是人类、社会、环境、资源相互作用，相互依存的结果，这是文化发展的生态基础。而石窟艺术的形成与发展更是依托于地域位置、地形地貌、气候、河流水文、植被物产这些基础自然条件。因为它是石窟文化的生态基础，对该地域形成石窟的基本特点和地域特征具有规

---

① 天水市政协文史资料委员会编：《文化天水》，甘肃文化出版社2006年版，第2页。

定性作用。所以了解影响水帘洞石窟群形成的自然环境因素就成了认识水帘洞石窟群文化价值的前提和基础。

武山县具有悠久的历史和富有地域特色的文化，这是与它特殊的区域位置和自然环境分不开的，独特和优越的自然条件成为水帘洞石窟群形成的良好基础。大自然神奇的造化和深厚的人文积淀共同孕育和成就了水帘洞石窟群独特而灿烂的艺术。

一 区域位置与地形地貌

武山县地处甘肃省东南部，天水市西端的渭河上游，西距省会兰州市274公里，东距天水市政府驻地秦州区109公里，介于东经104°34′25″至05°8′30″，北纬34°25′10″至34°57′16″，县境东西51.5公里，南北宽59.5公里，面积2011平方公里（合301.65万亩），其中山区1700.956平方公里，辖两镇18乡，人口36.04万，耕地65.2万亩。早在3.8万年前这里就有人类繁衍生息，出土于县西鸳鸯镇被命名为“武山人”的人头骨化石就证明了这一点。[①] 现武山县于公元188年建县，初名新兴，中为宁远，后改武山。[②] 古代，因民族杂居，本地居民多好习弓马、尚争战，且性格强悍、刚烈。民间习武之风世代相沿，20世纪90年代初，发展成为全国“武术之乡”。

武山县地处渭河之滨，南河之畔，四周群山屏障，地形险要。它东连甘谷，南下岷县，西通漳县，北达陇西、通渭二县，自古是兵家凭险据守的战略要隘，更是古代丝绸之路重镇所在。现有我国铁路大动脉陇海线自东向西贯穿武山全境，全长46.25公里和316国道公路南北并列。

武山处于西秦岭土石山地与陇中黄土高原过渡地带，以渭河河谷为轴，南部属于西秦岭山系，北部属于陇山山系。县内地形的基本轮廓是西高东低，渭河河谷自西向东贯穿，形成中部葫芦状峡谷盆地，两岸山地，南高于北，均向渭河河谷倾斜。北山坡降较大，南山较缓，渭河较大支流均从南岸汇入。海拔1365米至3120.4米之间，最高峰为高耸于滩歌乡南

---

① 《六盘山以西发现早期人类化石》，《新华文摘》1987年第4期。

② 武山县志编纂委员会编：《武山县志》，陕西人民出版社2002年版，第2页。

部，西与漳县接壤的天爷梁海拔 3120.4 米。最低点在东部洛门盆地下游海拔 1365 米。①

渭河以北诸山，属陇山山系。山势莽浑，呈黄土梁状丘陵地貌，但也有多处为砂砾岩，经构造侵蚀作用而形成的四壁陡立的馒头状石质山体。如鲁班沟、马河沟、大佛峡两侧多呈此景观，建军山—盘龙山和七家梁分别从陇西、通渭绵延而入，自西向东。其中建军山处武山、陇西之交。进入武山后，沿渭水东，由西向东，延伸至鸳鸯渭水北岸后，折沿渭水自西向东而下，经榆盘南部，山丹、城关、东顺乡北部，终止于鲁班沟，绵延五十余华里，山势雄伟，状若游龙，为城北屏障。七家梁从通渭华家岭延伸而来，自西向东横贯榆盘乡全境，进入甘谷山体为黄土梁状丘陵，冲沟发育，侵蚀强烈，沟壑多呈树枝状和羽毛状排列于梁脊南北两侧，呈现出沟壑纵横、沟梁相间的地貌景观。全梁横卧于武山、甘谷之间，自古据秦、陇要隘。洮天公路从东至西横穿全梁，其中鲁班山就是其主峰之一，而水帘洞石窟群就坐落于山下的鲁班峡之中。鲁班峡在地质构造上属第三纪红砂岩，系经冰川运动后，风蚀而成的丹霞地貌。

由于县内南北地质构造和地形地貌差异甚大，因而成土母质也很复杂。从整体看，成土母质以黄土母质为主，分布于渭河南北黄土梁峁沟壑中，大片低山地区；河谷川区为冲积和洪积母质；南部秦岭山地多为花岗岩，灰色板岩，砂砾岩风化物的残积堆母质，其上覆盖有少量黄土，黄土母质由北向南逐渐减少。

二　气候与河流水文

武山县位于中纬地带，属于温带大陆性半湿润季风气候区。全年平均气温 9.6℃，最高气温 7 月 21.4℃，最低 1 月 -3.4℃，年日照时数 2198 小时，无霜期 185 天，年降水量 481 毫米。

武山县最大特点是冬冷而无寒冷，夏热而无酷暑，冬长而夏短，春秋相当，四季分明。冬季，处在强大的西伯利亚冷气团的控制下气候干冷，雨雪稀少。春季，受东南季风的影响，温暖空气开始北进，但势力较弱，春雨仍然不多，且冷暖多变，常有倒春寒发生。夏季，受西太平洋副热带

① 武山县志编纂委员会编：《武山县志》，陕西人民出版社 2002 年版，第 78 页。

高压影响，气温高升，降水增多，雨热同季。秋季，暖湿气团与干冷气团交替，冷暖空气交会，阴雨较多，常出现连阴雨天气；晚秋，暖湿空气逐渐南移，天多晴朗，气温速降，渐入干冷冬季。在大气候背景和特殊地形条件的综合影响下，构成了全县独特的农业气候特征；光能充足日照长，热能稍欠差异大，雨水不均旱灾多。

武山县属于黄河主要支流之一的渭水水系。黄河最大支流渭河自西向东横贯全境，流域面积为 2011 平方公里，多年平均流量 20.16 立方米/秒,平均净流量 1.86 亿立方米。较大的支流有榜沙河、漳河、山丹河、大南河、聂河、五河，上游植被较好，雨量充沛，河床比降大，有丰富的水利和水力资源。渭河流域川谷开阔、自然资源丰富、经济条件优越，盛产水稻、小麦、大麻及瓜果蔬菜。

全县地下水总量为 1.447 亿立方米/年。其中渭北黄土丘陵沟壑区地下水资源贫乏，且储存量小而分散，主要供人畜饮用。南部山区虽有一定储量，但绝大部分排泄到支流沟谷，最后汇入河谷盆地。富水区集中在渭河河谷及南部各较大支流谷地。地下水呈泉溢出或泻出的泉水，全县有五百多处。其中较大的有龙泉、百泉、泉坡、碧波潭、蛤蟆泉、暖水泉、古灵泉、何家沟泉，温泉有武山矿泉，俗称汤池，有“温泉水治百病”之说。

三　生物资源

武山县自然带又界于北亚热带北缘向暖温带，半湿润区向半干旱区，森林向草原过渡，为植物、动物生存提供了得天独厚的优越条件，因而动植物资源丰富。县内植被多样，自南向北由森林向草原过渡。植物由高大茂密向低矮稀疏变化，大体可分四个植被区：针叶与落叶、阔叶混交林植被带，分布于南部秦岭山区，气候温凉湿润，有大片天然次生林分布，其中有温带夏绿阔叶落叶林，针叶林及针、阔叶混交林，郁闭密度达 95%左右。山地草甸植被带，分布于林间、谷底、林线后移后的平缓山地，生草密集，但草丛不高，一般 10—30 厘米。草原植被带，分布于渭河南北森林退后的大片山岳草地以及大片耕地间上万小块草地。干草原植被带，分布于渭河河谷及其两岸黄土低山丘陵地区。[1] 历史上，渭河两岸及山地

① 武山县志编纂委员会编：《武山县志》，陕西人民出版社 2002 年版，第 96 页。

丘陵地带，曾是林木茂盛、草原广布之地，直至北宋时期，大、小洛门聚一度为国家重要的伐木场和茶马互市所在。所以，这里长期是一个既宜农耕，又可畜牧的半农半牧之地。

武山县植物种类丰富，其中粮食作物有四科 20 种；经济作物有四类九种；蔬菜有九类五十多种；瓜类有三十多个品种；中草药有 218 种。野生牧草有 31 科 150 种；果树有六科 11 属 19 种 67 个品种；树种有 42 科 60 属 157 个品种。植物资源丰富为鸟兽鱼虫提供了栖息地，家养动物有 15 种 45 个品种，以牛、驴、马、骡、羊、猪、鸡、鸭、兔、蜂、鱼、狗、猫为主。野生动物有五纲 18 目 31 科 65 种。

综上所述，天水市武山县地处陇右东南部，具有地居南北，贯通东西的区位特点，是西秦岭土石山地与陇中黄土高原的过渡地带，地形南高于北，气候干燥，光能充足，在自然带上也处于东西更替，南北过渡的位置。这些共同构成了武山的过渡性地理特点，赋予武山县历史文化发展得天独厚的自然条件和独特的地理因素，这都成为水帘洞石窟群形成的基础。

第二节　武山水帘洞石窟形成的人文因素分析

天水为古雍州之地，是中华文明重要的起源地之一，中华民族的人文始祖伏羲、女娲、黄帝均诞生于此。位于天水市西端的武山县，同样具有悠久的历史，出土于县西鸳鸯镇被定名为“武山人”的人头骨化石就证明了县境内在 3.8 万年前，已经有人类在此繁衍生息。现武山县于公元 188 年建县，至今经历了 1812 年的历史，初名新兴，中为宁远，后改武山。汉属安南郡，隋归陇西县，唐陷吐蕃，明、清隶属巩昌府，现属天水市。

古代天水的繁荣是与其特殊的地理位置分不开的，因其东联关中，北靠朔方，西接河湟，南抵巴蜀的区位优势，一直是东西南北各民族角逐的战场，也是东西方经济、文化交汇集散之地。由西域传入中国的佛教就在这里与汉文化发生接触并互相影响，再进入中原。古代武山县因其重要的区域与地理特征，成为重要的军事要冲，更是丝绸古道西出陇山后进入河西走廊的咽喉。这里西依广吴山，北濒渭水，四周群山屏障，三川一统，形势险要，自古就是兵家凭险据守的战略要地。由于武山县地处中原与西北，汉族政权与少数民族政权的过渡地带，又因为这里是古丝绸之路要隘，故历史上长期处于民族聚居、杂处的中心地带。各民族间的文化交流和民族融合在这里展开。武山县也随着“丝绸之路”的昌盛而经济繁荣、文化发达。东来西往的商贾在此进行贸易；由西而来的僧侣在这里弘扬佛法，其中如鸠摩罗什、玄高、释道成等高僧均在这里留下了足迹。这些都是形成水帘洞石窟群的重要因素。

水帘洞石窟群的形成与武山县特有的人文环境密不可分。当地石窟艺术的产生与演进是政治、军事、民族与宗教、文化相互促进的结果，而“丝绸之路”又在很大程度上成了这些因素的纽带，这都是石窟艺术的人文基础。[①] 这些因素对该地域石窟艺术的特点和地域特征具有规定性作用。所以，了解影响水帘洞石窟群形成的人文因素就成了认识水帘洞石窟群艺术价值的前提和基础。

一　政治、军事因素与水帘洞石窟群的形成

东汉末年黄巾军起义失败后，地方封建势力相互混战长达五十多年。公元 196 年曹操劫持了汉献帝迁都许昌，并在官渡之战中战胜了袁绍从而统一了黄河中下游流域，并大力推行屯田制度，兴修水利工程，使黄河流域的社会经济有了较快的恢复与发展。公元 265 年司马炎废掉魏帝建立晋朝定都洛阳，史称西晋。自此结束了东汉末年以来几十年的分裂局面，使中国出现了短期的统一。晋武帝在位的二十五年（公元 265—290 年）采取了一些积极措施使国家户籍人口很快增长了起来，北方人口数量增加了一倍以上。边地的少数民族匈奴、鲜卑、氐、羌也大量内迁。但是安定只是短暂的，晋武帝死后不久就爆发了“八王之乱”，这使得社会经济遭受了严重的破坏。随后各地爆发了大规模的农民起义；内迁的少数民族也纷纷武装反晋。在后来的一段历史发展中，战争成为了主旋律。在反叛的少数民族中匈奴贵族刘渊称帝，并攻占了洛阳与长安，西晋王朝也就此灭亡。同时期在北方还出现了后赵、前凉、前燕、前秦等割据政权。其中由氐族人苻坚建立的前秦定都长安后吞并了后赵、前凉、前燕所占据的

① 天水市政协文史资料委员会编：《文化天水》，甘肃文化出版社 2006 年版，第 2 页。

土地，统一了北方大部分地区。公元383年苻坚率大军讨伐东晋，最后兵败淝水，这就是著名的“淝水之战”。由于前秦的失败，使得北方政治格局发生了很大的变化。羌族人姚苌建立了后秦，鲜卑人慕容垂建立了后燕，乞伏国仁建立了西秦，氐族人吕光建立了后凉。而苻坚本人也于公元385年被姚苌伏杀。公元397—409年从后凉中又分裂出北凉、南凉和西凉，从后燕中分裂出南燕和北燕，从后秦中分裂出夏。以上十个国家加上之前出现的六个国家，史称“十六国”。在这段时期长江以南的刘裕废掉晋帝建立宋朝，东晋就此灭亡。中国进入了政治最混乱、战争最频繁的历史时期。

公元386年，鲜卑族拓跋珪建立北魏，公元398年定都平城（今山西大同），同年称帝，史称北魏道武帝。公元423年北魏明元帝渡过黄河攻陷洛阳，占据黄河以南不少地区。公元439年北魏太武帝拓跋焘灭了北凉，统一了北方。十六国时代宣告结束，历史进入南北朝时期。公元471年北魏孝文帝即位推行鲜卑人汉化政策，并从平城迁都洛阳。公元523年北魏多处地方发生叛乱，之后分裂为东魏和西魏。公元550年东魏大将高欢之子高洋自立为帝，以北齐取代东魏。公元557年宇文泰之子宇文觉废掉西魏皇帝建立北周。在此期间南朝经历了梁、陈两个朝代之后周武帝灭了北齐，北方又归于一统。公元581年杨坚废周静帝改国号为“隋”，随着杨坚灭掉南方的陈朝，南北朝时期也宣告结束，中国又一次形成了统一的局面。①

在十六国时代甘肃区域内曾有过三秦（前秦、后秦、西秦）和五凉（前凉、后凉、南凉、西凉、北凉）的统治。因为无论“三秦”还是“五凉”的统治者大都提倡信仰佛教②，又加上陇右在“丝绸之路”上的重要区域位置，使得甘肃地区具备了十分深厚的佛教基础。

就是在连年征伐、兵戈不断的十六国时代，“石窟”这一产生于印度的佛教活动场所的建造开始在甘肃的各个重要地区兴起。十六国至南北朝时期也是我国古代石窟修建的初期阶段。其中敦煌莫高窟、武威天梯山石窟、永靖炳灵寺、武山水帘洞石窟群、天水麦积山石窟均开凿于这一

① 白寿彝主编：《中国通史纲要》，上海人民出版社1980年版，第175页。

② 胡同庆、安忠义：《佛教艺术》，敦煌文艺出版社2004年版，第100页。

时期。

武山县，位于甘肃省东南部，是天水的西大门，公元188年建县。在“十六国”时期和“南北朝”时期，曾先后为后秦、前凉、前赵、后赵、夏、北魏、西魏、北周等政权占据，后来一直在隋、唐帝国的版图之中，直到中唐广德元年（公元763年）吐蕃政权又攻陷了武山，并占据长达一百多年。北宋末年武山县又陷于金，自元朝“破金”之后①，武山县又经历了元、明、清三个历史时期。在这漫长的历史变迁中武山县因其独特的地理位置，一直是各个政权反复角逐、争夺的战场。

武山县早在后秦统治时期就是佛教活动的重要区域，而水帘洞所在的鲁班峡更是佛教活动的中心区域，直到北周统治期间拉梢寺和千佛洞的营建完成，标志着水帘洞石窟群的形成，使得武山地区成为严格意义上的佛教中心。自北周起水帘洞石窟群又历经隋、唐、五代、宋、元、明、清各代的增建重修，现存有拉梢寺、水帘洞、千佛洞、显圣池四处古迹。自后秦至清每一个封建政权都在这里留下了深刻的印记。

天水地区的早期佛教发展一直是与政治、军事有着密切关系的。据记载：“东晋永和九年，凉州张重华遣将代前秦，兵败，秦以符愿为秦州刺史，镇上邽，五日，重华复使王曜代上邽，秦州郡县多应之，符愿战败，奔长安。”② 前凉政权也就占据了天水一带。前凉是一个十分崇佛的政权，它的统治对于佛教在天水的进一步发展有一定的积极意义。后来的前秦执政者也是虔诚的佛教徒，而建立前秦政权的正是世居陇右的氐族人。苻坚执政期间，在攻占襄阳之后，得到佛教大师释道安。释道安是佛图澄的大弟子，并且很好地继承和弘扬了佛图澄的佛教哲学思想。③ 当他率弟子数百人到达长安后，得到了苻坚的礼遇。释道安本人在戒、定、慧三学方面，均有极高的道行，他在长安率众数千，宣讲佛法，传译佛经，并专业制定了僧尼规范，这一系列举措为后来佛教的弘扬打下了坚实的基础。由此可以推知，作为苻秦的后方基地的天水地区，在这一时期佛教也得到了很大的发展。

① 武山县志编纂委员会编：《武山县志》，陕西人民出版社2002年版，第557页。

② （宋）司马光：《资治通鉴》（第七册），中华书局1956年版，第3132页。

③ 郑炳林、魏文斌主编：《天水麦积山石窟研究文集》（上册），甘肃文化出版社2008年版，第346页。

羌族姚氏是十六国时期崛起于陇西的少数民族部落，姚苌在苻坚“淝水之战”惨败之后利用机会攻占长安，即皇帝位建立了后秦。后来，姚兴继位之后在政治、军事之上都有很大的作为。不但如此，他还对佛教非常重视，这主要是出于巩固统治的需要。他大力提倡开凿石窟，在执政期间天水麦积山石窟、武山水帘洞石窟群等均开始“凿山而修”。著名的佛学大师鸠摩罗什就是在这一时期活跃于河西、天水、长安一线。姚兴弟姚嵩镇守上邽（今天水）期间对于佛教在天水地区的传播，尤其是石窟营建起到极大的作用。姚嵩本人更是一个狂热的佛教信徒，在《十六国春秋·姚嵩传》中对他的记载基本上都与佛教有关。他在镇守天水期间与姚兴经常有表诏往还，主要是研究佛教义理。在他的记传中载有他们所谈佛教义理的内容就多达2300余言。[①] 当姚兴将已故皇后所遗佛珠、佛像赐给姚嵩后，在姚嵩的谢恩表中说：“先承陛下亲营像事……此像既功室并重；且于制作之理，拟若神造。”又说“瞻奉踊跃，实在无量”。这些史料都充分证明了天水地区在此时期的开凿石窟规模之大，是与统治者的重视分不开的。姚兴死后，后秦政权仅维持了一年半，后来的西秦占据了秦陇一带。公元416年，上邽遭夏军屠城，西秦将当地百姓迁移至新都枹罕。在这期间秦陇一直处于战乱之中，而佛教中心也暂时转至枹罕附近的炳灵寺石窟。直到公元445年北魏灭西秦之后才“分徙其民还于陇右”。但是半年后就迎来了北魏太武帝的灭佛运动。在这40年的时间里秦陇兵戈不断，民生凋敝，而后又逢“太武帝灭佛”，使本来在秦州蓬勃发展的石窟艺术处于停滞状态。

北魏太武帝的灭佛运动虽然在一定程度上中断了此时的佛教发展，但是从十六国后期佛教就已经成了几乎整个北方人民的精神支柱，在北魏太武帝征服北凉的过程中，就有无数佛教信徒拿起了武器，投入了抗魏斗争之中。可见当时西北地区佛教信仰及宗教情绪已达到了一种相当坚固的程度。在太武帝死后，其孙文成帝表现出了非凡的胆略。[②] 他不但下诏复法，又以帝王之尊奉佛，这都在充分地肯定了佛教地位的同时，极大地促

---

① 郑炳林、魏文斌主编：《天水麦积山石窟研究文集》（上册），甘肃文化出版社2008年版，第280页。

② 同上。

进了石窟艺术的发展。云冈石窟的昙曜五窟就是在这一背景下修建的。随着皇家声势浩大的官方倡导，各地石窟的修复与兴建也在全面地开展。北魏是佛教石窟发展的重要时期，其最高潮出现在孝文帝“太和改制”之后。而陇右的石窟艺术也进入了辉煌时期。李泽厚先生在《美的历程》一书中盛赞麦积山石窟这一阶段的造像艺术代表了中国古代对于“理想美”追求的最高峰。而同处于天水地区的武山水帘洞石窟群受到的影响也就不言而喻了。

西魏时期，宇文导镇守秦州，在他的治理下，天水地区处于安定的环境下。在此期间天水地区的石窟艺术依然处于良好的发展时期。在麦积山石窟遗存下来的壁画与造像均能代表这一历史时期全国的石窟艺术所达到的高度。宇文导死后两年，公元 557 年宇文觉登基，改国号为周，封宇文导长子宇文广为天水郡公，秦州刺史。宇文导曾先后三次出任秦州刺史，死后归葬秦州。麦积山石窟第四窟就是其故吏李充信为亡父所开凿的功德窟。尉迟迥是在公元 558 年出任陇右大都督、秦州刺史的，在他上任的第二年便在武山水帘洞石窟群的拉梢寺主持修建了规模空前的摩崖大佛。而水帘洞石窟群也因一号龛的摩崖大佛的绘制完成而正式形成。后经隋、唐、宋、元的不断营建和重修最终形成了现在我们所见到的面貌。

二　民族交融与水帘洞石窟群的形成

陇右地区地理位置独特，自古就是各民族角逐的战场。同时各个民族也聚居在这片土地上繁衍生息，交流融汇。陇右的这种多民族特点对石窟艺术的形成产生了直接影响。尤其是在魏晋南北朝期间，民族间的相互攻伐非常频繁，“就连显赫一时的门阀贵族也经常是刹那之间就灰飞烟灭，或变为死尸或沦为奴隶。各民族的下层百姓更是苦不堪言”。[①] 佛教也就是在这个时期成为了在乱世中挣扎的各民族共同的精神信仰。这都为陇右石窟的发展“提供了肥沃的土壤”。水帘洞石窟群正是这一时期民族交融的产物。

公元前 221 年，崛起于陇东南的秦人扫灭六合，建立了中国历史上第

① 李泽厚：《美的历程》，安徽文艺出版社 1999 年版，第 180 页。

一个统一的封建王朝，它的建立标志着中国大统一的局面形成。这不仅仅是地域上的统一，更深层次的含义则是华夏民族开始形成。世居天水地区的戎人除一部分与当地秦人融合外，其余均向西迁移。一部分衍化成后来的羌族和氐族，另一部分则归附了匈奴。在汉朝建立之后，汉族基本形成。在汉朝初期实行的休生养息的政策下，雄居中原的汉族逐渐强大起来。汉武帝时代在河西地区多次对匈奴进行征讨，并取得了一系列重大军事胜利后，部分匈奴与羌族归附汉朝。在这之后的东汉期间又有过多次的少数民族内迁。直到三国时期天水地区才基本上形成了以汉族为主体与羌族、氐族杂居的民族结构。[①] 其后又有冀州（今河北）农民迁至上邽和鲜卑人迁于雍州（时天水属雍州）。至此鲜卑人也开始与汉、羌、氐等族杂居于此。从秦朝建立一直到三国时期，天水地区的各民族人口数量都有较大幅度的增长。

自西晋“八王之乱”以后，陇右陷入战乱之中，再加上连年的灾荒，造成了人口的大量流失。在之后的十六国时期，天水地区的人口依然不断外迁，但同时又有大量的少数民族迁入。此时的人口迁徙基本上都与伴随着战争而产生的政权更替有关。氐、羌、匈奴、鲜卑、休官[②]等族就是在这一时期迁入的。就此天水地区进入了多民族大杂居的时代。各个民族开始在这片土地上流动、碰撞最后走向交融。

鲜卑人在统一北方之后建立了北魏政权，历史随之进入了南北朝时期。鲜卑族的部落首领转化成了军事贵族并占有大量的土地和奴婢；汉族地主门阀也以“宗主督护”的名义控制着很多农民。这在一定程度上有效地控制了人口的流动。魏孝文帝在“太和改制”期间又推行了一系列改革措施，如“均田制”的推行使得流亡的农民在得到土地之后可以安定下来；下令鲜卑人改穿汉服，学说汉语；提倡鲜卑人与汉人通婚。[③] 这一系列措施不但促进了人口增长，更推动了民族之间的相互融合。从这个时期一直到北周末年虽然整个北方依然是战乱不断，但是已不存在严重的民族矛盾，各少数民族已基本完成封建化过程，在经济、文化上也与汉族

① 天水市政协文史资料委员会编：《文化天水》，甘肃文化出版社 2006 年版，第 114 页。

② 天津师范学院历史系《中国简史》编写组编：《中国简史》，人民教育出版社 1979 年版，第 155 页。

③ 同上。

有了更为密切的联系[①]，多民族的大融合基本完成。

从东汉帝国瓦解一直到到隋、唐的大一统，四百余年间陇右尽管有短暂的和平，但是基本上还是处于战乱之中。无论是门阀贵胄还是平民百姓，都迫切需要思想上的慰藉与精神上的麻醉。宣扬“来世思想”的佛教就是在这一历史背景下走向兴盛，在当时极端残酷野蛮的战争、动乱下僧侣与信众怀着美好的理想、无尽的悲伤，以狂热而又复杂的感受与情绪在石窟中进行灵魂的洗礼，祈求来世的安宁。[②] 佛教石窟也因此成为人们逃离俗世间苦难的圣地。

这一时期天水地区的石窟开凿也进入了高潮，水帘洞石窟群正营建于这一时期。由于其民族杂居和人口流动量大的特点，决定了它以“摩崖龛”为主体的特色。这种石窟形式的具体表现是在崖体壁面上直接通过悬塑、浮雕和绘画来表现佛教内容。我们可以从“摩崖龛”的特点来分析它与民族、人口之间的关系：首先从“摩崖龛”的本质上看，“龛”这种石窟形式比“窟”更具有开放性与宗教性。第一“龛”不像“窟”被少数的僧侣与贵族拥有，它能以最大的容量使普通百姓对佛像顶礼膜拜。第二“龛”不需要进入，在有意无意之间民众就可以受到宗教的影响。第三“龛”比“窟”的修造成本低，它可以使更多的阶层特别是普通百姓也能参与到建石窟的活动中来“积功德”。[③] 这些特点都促进了当地各民族、各阶层的民众积极参与到开窟礼佛中来。在水帘洞石窟群早期壁画的供养人题名中就有莫折、权、梁、焦、姚等姓氏。据相关史料记载，这些姓氏基本上都是当时秦州地区的大姓和活跃于这一区域内的少数民族。其中的“莫折氏”则是在十六国以后活跃于秦州，并多次领导起义的羌族首领。在拉梢寺第一龛的造像铭文中明确记载了北周柱国大将军、陇右大都督尉迟迥主持建造了这座“功德龛”，除了现存的文字记载外，我们对壁画进行分析就会发现，其人物形象都具有明显的少数民族特征。比如佛陀、菩萨均面相丰圆，高鼻梁直通额头而身躯则比较健硕，四肢、手、脚等部位均表现得比较粗壮有力。以此可以看出，绘制

① 天津师范学院历史系《中国简史》编写组编：《中国简史》，人民教育出版社 1979 年版，第 159 页。

② 李泽厚：《美的历程》，安徽文艺出版社 1999 年版，第 180 页。

③ 胡同庆、安忠义：《佛教艺术》，敦煌文艺出版社 2004 年版，第 11 页。

壁画时是以少数民族的生理特点来作为审美标准的。这些都成为多民族共同兴建水帘洞石窟群的确凿证据。所以，我们可以说水帘洞石窟群的形成是民族交流过程中多民族共同的智慧结晶，它更是南北朝时期多民族大融合的见证。

三　佛教东传与水帘洞石窟群的形成

古代天水是“丝绸之路”西出长安后的第一站，同时也成为西域佛教传入内地的中转站。“丝绸之路”陇右道南道的四条线路都要在武山县的洛门交会，再经临洮进入河西走廊。而经由西域进入内地的僧侣携带着佛经、佛像都要从这里经过，再进入关中，最后抵达长安或洛阳。正因为这种特殊的地理位置，使得古代武山地区成为陇右重要的佛教重地。坐落于洛门西南 20 里处鲁班峡内的水帘洞石窟群更成为当时陇东南地区的佛教中心之一。

早在公元前 6 世纪至公元前 4 世纪后期的古代印度，就由释迦牟尼和他的一些信徒创立了佛教。成道之始的释迦牟尼在印度北部的鹿野苑讲法，史称“初转法轮”。从此佛教思想开始向四面八方传播。首先是由印度北部扩展到中部恒河流域，又以恒河流域为中心传播到古印度的各个角落并进一步向周边国家传播。

汉武帝时代的中国伴随着国家的强盛，汉王朝终于有了充足的实力向匈奴发动大规模的战争，伴随着一系列的军事胜利，中原王朝终于牢牢地掌握了河西走廊。与此同时，张骞的两次出使西域正式打通并开辟了“丝绸之路”。从此东方与西方，中原与西域的接触和交流全面展开。此时距离释迦牟尼创立佛教已经过去了六百余年，在这六百余年间佛教的影响已经不断地扩大与增强。就在“丝绸之路”开通后不久，西汉哀帝元年，即公元前 2 年，就有来自大月氏的僧侣在洛阳口授佛经的记载。到了东汉明帝时的“永平求法”则是由天竺僧人从大月氏用白马驮着经卷与佛像，穿过茫茫河西戈壁，跨过陇山抵达中原。从此佛教就在这片古老的土地上生根、发芽。佛教在两汉之际传入中国之后，到东汉末年传播的速度明显加快。这种现象主要是由于东汉末年剧烈的社会动荡以及连年灾荒的实际情况决定的，在这种社会现状下佛教所宣扬的“来世思想”就成了很多人的精神寄托。据《三国志・吴志》等文献的记载，三国时代我国就已经具有一定规模的建寺和佛像铸造活动。自黄巾起义之后中国大地上混乱的军阀割据的局面与连年不断的灾荒、瘟疫，为佛教的传播提供了“肥沃的土壤”。

佛教经由西域传往内地的过程中，陇右成为最早接触佛教影响的区域之一。甘肃早期的佛寺是来河西地区传教的西域梵僧建立的精舍，他们在那里进行佛教译传。其后是中国僧人兴建的石窟塔寺。传说印度孔雀王朝阿育王时代，凉州就曾建有佛舍利塔。甘谷县新兴镇头甲村的汉墓中就出土了为佛教圣树扶桑的传教信物，这就证明了早在东汉末年天水就受到了佛教的影响。[①] 见于文字记载最早的甘肃佛寺是东汉明帝永平十二年（公元 69 年）在成州（今甘肃成县）建立的崖摩佛殿。接着，十六国时期各地佛教石窟的兴建进入了高潮。

在佛教传入中国伊始的汉朝，一直到西晋时期，都只是允许少数民族修建寺院，出家为僧，供奉佛祖，汉人则不得出家。[②] 这也使得陇右这一汉夷杂居地区在一开始就拥有了广泛的佛教传播基础，据《出三藏记集》卷七的记载，早在西晋初期天水已经有了天水寺。尽管在甘肃地方志中对境内早期佛教寺院的明确记载不多，但是对于陇右在这一时期内建造佛塔的记载却屡见不鲜。而最初的佛寺都是以佛塔为中心展开的，所以说“有塔必有寺”，这一推断就弥补了史料中记载的不足。在近些年大量发现的敦煌文书中，对于陇右早期佛寺的分布和数量的记载更是有力地证实了以上推断。可以说早在东汉和三国时期陇右就已经拥有了相当数量的寺庙。

到了西晋随着越来越多的汉人信佛，佛教进入大发展时期。佛典的汉译也不断地兴盛起来，此时翻译佛经的已经不仅仅是最初的“西域僧人”，更多参与进来的则是熟悉中国传统文化的汉人。他们在自觉不自觉地把中原本土文化又注入汉译后的佛经之中。自此中国传统文化与来自印度的外来宗教开始相互影响，相互融合。汉文化赋予了佛教更丰富的生命意义，使它以一种新的形态开始传播。受到汉族文化熏陶后的佛教教义更

---

① 天水市政协文史资料委员会编：《文化天水》，甘肃文化出版社 2006 年版，第 107 页。

② 胡同庆、安忠义：《佛教艺术》，敦煌文艺出版社 2004 年版，第 4 页。

加容易被中国人所接受，这就使得它以后的普遍传播成为可能。[1]

佛教在中华大地上被普遍认可、接受的同时，佛教艺术也迎来了它的萌芽时期。十六国时期在甘肃大地上多所石窟寺开始营建。敦煌莫高窟、永靖炳灵寺石窟、天水麦积山石窟等均开凿于这一时期。大大小小的石窟寺星罗棋布，形成了一条长约一千五百公里的石窟长廊。当我们面对这宏伟的“石窟长廊”时，不难想象当年这里佛教活动的繁盛；东来西往的使节面对星罗棋布的石窟默默祈祷国泰民安；远道而来的商贾每到一处驻地就纷纷进入石窟面对佛祖祈求保佑；寻求真理的传法僧在这大大小小的石窟间一个接一个地顶礼膜拜。这里曾经寄托了多少崇高、美好的愿望呀！坐落于“丝绸之路”重镇武山县的水帘洞石窟群，在这条石窟长廊中起到的是连接麦积山石窟与炳灵寺石窟的枢纽作用。曾经奔波于丝路的传法僧们都要在这里或是参拜，或是修行。

在这一时期活跃于麦积山与炳灵寺之间的传法僧中很多都为中国佛教的发展做出过突出的不可磨灭的贡献，他们都与水帘洞石窟群有着千丝万缕的联系。在众多传法僧中对于陇右佛教发展、石窟营建贡献最直接的莫过于鸠摩罗什、玄高了。

鸠摩罗什是佛教东传史上最杰出的人物。他于公元 343 年出生在龟兹，早在 7 岁的时候就随母亲一同出家，在龟兹他先学习小乘佛教而后又学习了大乘佛法。二十多岁的鸠摩罗什就已经成为名满西域的高僧了。后来他怀着普度众生的愿望向东进发，希望到达中原弘扬佛法。当经过凉州时，被后凉的吕光强行留在凉州长达 16 年之久，他停留的这段时间正是炳灵寺石窟的形成时期。他曾在这里翻译佛典，设坛讲经并间接参与开窟造像。姚苌建立后秦伊始就欲请鸠摩罗什赴长安弘法，这一愿望直到其子姚兴继位并西伐后凉胜利之后才得以实现。当 58 岁的鸠摩罗什到达长安的时侯姚兴尊其为国师，从此鸠摩罗什一直到生命结束都在这里译经、弘法，300 卷浩瀚的经文在他的笔下化作精湛的汉语由长安传向各处，仅跟随他从事翻译的助手就达到了五千多人。这极大地促进了佛教的发展与石窟寺的营造。据《方舆胜览》记载开凿麦积山石窟的姚崇正是姚兴的弟弟，这位姚崇更是鸠摩罗什佛教学说的拥护者。《武山县志》中关于鸠摩

---

① 姚卫群：《佛教入门》，中国人民大学出版社 2006 年版，第 35 页。

罗什曾在水帘洞建造梵宫僧舍和他运用“鬼斧神工”修凿拉梢寺石窟的记载，正是天水地区的僧侣和信众对于鸠摩罗什尊崇的反映。[①]

玄高是北魏早期的佛教领袖，对于秦陇地区的佛教传播与石窟形成的影响比鸠摩罗什更加直接与深远。根据《高僧传·玄高传》的记载，他的一生极其传奇。玄高早年持锡杖来到秦州并隐居于麦积山，在这里开坛讲经从学者百余人，同时结识了早于他隐居于此的另一位高僧释昙弘。这使得麦积山区域的佛教活动十分活跃。玄高后来赴西秦向高僧昙摩毗学习禅法，并在炳灵寺的唐述山（今小积石山）修行。这都极大地促进了佛教在麦积山至炳灵寺一线的传播，并且对这一时期的石窟开凿有很大的促进。如麦积山石窟西崖就在这一时期基本形成，而在炳灵寺现存的这一时期的题记中就有“□国大禅师昙摩毗之像”和“侍生天水梁伯熙之像”等都能证明与玄高有关的传法僧对于陇右石窟发展的影响。[②]

佛教石窟源于印度，从最早的阿旃陀石窟到后来陇右开凿的众多石窟，都有一个共同的规律，就是都建在离城较远的偏僻山谷间。这主要是适宜于僧侣修行。而往往是僧侣在这些区域修行在先，当达到一定规模之后再在这些地方开窟造像。鲁班峡正符合这一要求，在北周对拉梢寺、千佛洞大规模修龛之前，这里可能已经是僧侣的讲坛道场了。

从鸠摩罗什至玄高再到释道成，水帘洞石窟群所在区域的佛教建筑也由开始的小规模建造佛堂僧舍到高规格、大规模的修建石窟。这些都是和几代传法高僧分不开的。他们中有些人昭炳史册，而更多的人并未留下记载，但是至今依然矗立在陇右大地上的石窟，却见证了他们曾经为了弘扬佛法做出的贡献。

四　文化交流与水帘洞石窟群的形成

魏晋南北朝是中国文化史上一个重大的变革时期。包括哲学、文学、艺术在内的整个意识形态都经历了转折，成为自先秦之后中国历史上又一个文化繁荣时期。虽然从东汉末年至隋朝的统一，中国经历了三百多年的

---

① 郑炳林、魏文斌主编：《天水麦积山石窟研究文集》（上册），甘肃文化出版社2008年版，第257页。

② 同上书，第339页。

战乱，但是在中华民族的精神层面却取得了巨大的丰收。佛教、道教、儒教、玄学、法家以及其他学派争奇斗艳，百花齐放。文学流派五彩纷呈，宗教艺术大放奇葩。绘画、书法、雕塑、舞蹈、音乐均达到一种前所未有的高度。总之，魏晋南北朝是一个哲学解放、思想活跃、艺术繁荣的历史时期。这些文化成果都保留在了石窟艺术之中。

早在先秦时期，由于氏族公社基本结构的解体，中国进入第一个意识形态领域的高峰。这是一个开拓与创造的时代，百家争鸣，诸子蜂起。以儒家思想和道家学说为代表的中国哲学体系就此形成。西汉武帝时期随着对于儒学的推崇，使得两汉时期以儒家思想的经学占据了统治地位。直到东汉灭亡之后的魏晋南北朝时期中国迎来了第二个哲学活跃、思想解放的繁盛时期。

魏晋南北朝是中国文化盛世的胎动时期。在长达三个多世纪的时间里，除西晋有过短短 37 年的统一外，其余时间中华大地一直处于分裂状态之中，共出现过三十多个大大小小的割据政权。数百万少数民族民众随着战争的原因涌入中原，无数北方汉族人口因为战乱流寓江淮以南。各种阶级关系、民族关系在这一时期反复的重组，中华民族的血肉交融进入高潮。

各个政权在中华大地上你方唱罢我登场，无休无止的互相征伐成了主旋律。自汉代“罢黜百家，独尊儒术”之后，被压抑了数百年的先秦名、法、道诸家，现在又重新为人们所推崇。在没有过多统治束缚的情况下，当时的文化思想领域非常自由开放。随着各民族政权建立，少数民族的迁徙，在这个民族大融合的时期，少数民族新鲜的文化和尚武的精神，为中华文化增添了勃勃的生机。

两汉经学崩溃之后，作为门阀士族理论形态的魏晋玄学开始引导文化的发展，中国绘画也在这一背景下走向成熟。这一时期的美术发展对后世有着深远的影响。在魏晋以前，虽然不乏精深的艺术见解，但都是附属于其他学问，并非独立的艺术理论。早在三国时期吴国人陆机首先将绘画提到了与“雅、颂”同等的高度。这种理论已经接近了绘画的本质，南北朝时期的刘勰更是文学艺术专论的创始人，他的《文心雕龙》标志着艺术成为专门的研究对象。再后来同是南朝宋人的宗炳在《画山水序》中明确提出了“以形写形”和“以色貌色”的艺术标准。这就总结出了一套造型与赋色的原则，即绘画的造型与色彩要以客观对象为主要参照。之后谢赫提出的“六法”在中国美术史上更是影响深远。所谓六法：一是气韵生动，二是骨法用笔，三是应物象形，四是随类赋彩，五是经营位置，六是传移摹写。他从绘画的气韵、用笔、造型、色彩、构图、摹写等方面全方位地给中国绘画从审美到创作技法总结出了明确的标准。其中的“骨法用笔”更是自觉地总结了中国造型艺术中线的功能和传统，第一次明确地把中国画中线条的应用在理论上提到相应的高度。中国绘画艺术理论的成熟与发展，为佛教石窟艺术的兴起和发展奠定了基础。

自两汉“丝绸之路”开辟以来，西方的文化形态开始向中原传播，佛教艺术就是其中最重要的代表。印度文化虽然具有很强的本土民族主义传统，但是它自古以来就在不断地汲取外来文化的滋养。在印度西北部的犍陀罗地区，诞生的犍陀罗艺术正是印度文化与波斯、希腊、罗马文化长期混合交流的结果。犍陀罗地区是古印度十六列国之一，是印度次大陆的西北门户，也是印度与中亚、西亚和地中海区域的枢纽，更是“丝绸之路”的中转站，是名副其实的东西文明交流的十字路口。公元 330 年马其顿的亚历山大灭亡了波斯帝国之后，又侵占了犍陀罗地区，直接打开了希腊文化进入印度的门户。在之后的印度贵霜时代（公元 78—241 年）犍陀罗艺术发育成熟并加强了对希腊、罗马艺术的吸纳，并且在犍陀罗地区营造了大批佛教寺院。仿照希腊、罗马神像雕塑的大量佛像、菩萨像开始出现，这是佛教艺术在印度成熟起来的标志。笈多王朝时代（公元 320—550 年）是印度古典文化全面繁荣的时代，佛教艺术也进入了鼎盛时期。[①] 在此阶段佛教哲学趋于内向，向着追求深入心灵与宇宙奥秘的精神领域发展。而佛像也文质并重，既朴素又华丽，既庄严又优美。佛像低垂了眼帘，专注于内心世界，进入了玄奥的沉思冥想。笈多式佛像确立了佛教艺术的审美标准，即表现沉思冥想的宁静精神。精神美成了肉体美的内在灵魂，肉体美则是精神美的直接体现。推崇精神与肉体的平衡、统一、和谐，也就成了印度古典主义艺术的最高准则。

佛教沿丝绸之路进入西域之后，就在这里扎根，再通过河西走廊，经由陇右传入内地。这一过程中是佛教艺术不断地与当地的文化相融合的过

① 王镛：《印度美术史》，人民美术出版社 2004 年版，第 86 页。

程，最终形成了一种彻底汉化的艺术形式。创始于印度的佛教艺术，在进入西域后就带有强烈的西域少数民族风采，传到敦煌后开始染上了汉文化的色彩。而在凉州诸石窟中，虽然胡汉相互交融，但是依然是西域佛教艺术体系。麦积山石窟地处关中西缘，南朝的风范在这里与西来的佛教艺术大幅度地融合，再由这里进入中原地区后形成一种彻底的中国面貌。当时的中原地区特别是在北魏孝文帝“太和改制”之后，在国都洛阳，西来的佛教与玄学、儒学还有道家进行着激烈的思想碰撞与交融，最后形成了中国式的佛教思想。在这种完整的思想体系指导下进行的宗教艺术创作已经在内涵上融入了中国传统文化的精髓。在此基础上又大量吸收南朝佛教思想后彻底形成了“中原风格”。这种风格又沿“丝绸之路”向西传播，对陇右地区的佛教和石窟无疑会产生影响。

当佛教在中原广为传播之际，寺院与石窟的修建也就非常兴盛。不仅是普通画工，就连上层名流都热衷于绘制壁画并以此为荣。如吴国的曹不兴，晋的顾恺之，宋的陆探微，梁的张僧繇，北齐的郑法士等都是著名的佛像画家。他们在不同程度上都受到印度艺术的影响。① 其中笈多时期出现的“湿衣佛像”对于中国佛像创作影响最为直接。北齐著名画家曹仲璞原系西域曹国人，画史称赞他“善画外国佛像，之竞于时”。② 这种艺术风格被后代称为“曹衣出水”，“曹之笔，其体稠叠，而衣服紧窄，故后辈曰：曹衣出水。雕塑铸像，亦本曹吴”。这里所说的“曹衣出水”就是典型的印度笈多时代的“湿衣佛像”。现存陇右的麦积山石窟，早期造像与壁画大多属于这一类型。

在北魏孝文帝改制之前，北方石窟多以“湿衣佛像”为主，并在这一基础上融入鲜卑人的特征，如圆脸、直鼻、脖颈粗壮、体态健硕。直到“太和改制”之后提倡汉装，禁穿胡服，南朝士大夫那种大冠高履、褒衣博带的装束就流行开来。陆探微的“秀骨清像”也开始风靡北方诸石窟。“秀骨清像”始于顾恺之、戴逵，成于陆探微。这种形象正是南朝士大夫饮酒赋诗、学神仙的风采神情的反映。③ 这种风格在中原地区逐渐蔚然成

① 王伯敏：《中国绘画史》，上海人民美术出版社 1982 年版，第 84 页。

② （唐）张彦远：《历代名画记》卷八，人民美术出版社 1963 年版，第 260 页。

③ 李泽厚：《美的历程》，安徽文艺出版社 1999 年版，第 183 页。

风之后，就成为具有中国特色的时代风格。这种风格以洛阳为中心沿“丝绸之路”向西传播，很快这种中原风格（南朝风格）成为麦积山石窟造像、壁画艺术风格的主体，麦积山石窟也就成为西传南朝风格的中转站。

除了“湿衣佛像”在中国对绘画艺术产生了巨大影响外，另一种明显带有古希腊艺术风貌的印度绘画技法也深远地影响了中国美术创作的方向，这种技法被称为“天竺染法”。现存于新疆克孜尔石窟与敦煌莫高窟的早期壁画，有很多地方都明显地采用了“天竺染法”。[①] 而在大乘佛教论著《楞伽经》中把印度传统绘画分为两种，平面画法和凹凸画法。其中平面法，要求平面装饰性；而凹凸法则追求浮雕式的立体感。代表东方审美中崇尚幽玄、冥思、浪漫的平面画法，与代表西方艺术中追求逼真再现的立体画法在古印度的佛教艺术中共同出现。这本身就说明了佛教艺术的开放性。在古印度的《画经》中对凹凸法有着详细地描述；其主要是在轮廓内边缘部分施以比较深的色彩，逐渐向内晕染变成较浅的颜色，呈现圆浑的凸起幻觉。这一技法主要用于表现人体裸露部分的肌肤，而服装仍然是勾线平涂。中国梁朝的张僧繇是使用“凹凸画法”影响最大的画家，他在梁武帝大同三年（公元 537 年）的建康（今南京）一乘寺采用“天竺”传来的凹凸法绘制壁画。这是画史中最早对“凹凸画法”的记载。“凹凸画法”这一张僧繇本人的绘画风格在北周时期中原地区极为流行，他除了擅长的凹凸法外，对于形象中追求的“面短而艳”的审美取向更是风靡画坛。[②] 这一派新风格与绘制于这一时期的麦积山第四窟的“薄肉塑飞天”和水帘洞石窟群中的拉梢寺壁画上的“凹凸法”有着密不可分的关系。

从拉梢寺第一龛的《说法图》中就明显可以看出张僧繇艺术风格对其的影响。画面中的主佛与胁侍菩萨都是以浅浮雕的形式塑造人体裸露部分，再在这些已经塑好的浮雕上涂颜色。而服饰部分则以凸显的线条、平涂填色的方法绘制。这种壁画形式与麦积山石窟第四窟的“薄肉塑飞天”的绘画技法是一致的。说到这里就必须要提到“凹凸法”在艺术表现上

① 王伯敏：《中国绘画史》，上海人民美术出版社 1982 年版，第 84 页。

② 同上。

的实质追求，也就是追求肌肤部分具有浮雕感的立体效果。所以《说法图》中直接把浅浮雕的方法应用到大型壁画的表现中，就是对张僧繇的艺术成果的很好继承，而且是进一步的发展，因为在具体的创作中画面所占的尺寸会在很大程度上约束绘画技法的使用。而在高达三十多米的佛像绘制过程中直接应用浅浮雕的手法，可以说是最好的手段。

从北周一直到唐代都是张僧繇的艺术风格“统治”着画坛，当时的画论就评价他的绘画作品为“鼓起奇伟，师模宏远，唯六法精备，实亦万类皆妙”①。又加上他是生活在南朝的江东士族，所以用他的风格为蓝本的水帘洞石窟群的早期壁画，也是把“六法”和“士大夫风度”作为重要参考的。

随着“以色貌色”理论的确立，色彩学在此时期也达到了一定高度。在魏晋南北朝时期中国绘画以“骨法用笔”为准则的，以线造型为主的面貌已基本形成。但是在这一时期线描的表现力依然有限，在壁画创作中更多的是以颜色为主要手段进行塑造。所以说石窟壁画在这一时期更多的是色彩的艺术。在“以色貌色”这一理论确立之前的秦汉时代，中国人对色彩只是从“玄理”去玄谈，其思路仍不离“五行”、“五色”、“阴阳”等观念。② 在魏晋时期画论成熟的同时，色彩也从哲学命题中走了出来，开始以赋色实践为准则。但是这一时期，不同的色彩观念和色彩习俗是并存的。而自印度传入中国的佛教关于色彩的实用性是建立在佛教经理之中，更是异于中国。其将色彩分为五类，而且也有正色、间色之分。佛教中的五色就是五智、五法的象征。以色喻智，以色显法是佛教的基本用色依据。这些用色法则与中原“以色貌色”理论相融合后，在水帘洞石窟群的色彩艺术中显现出了缤纷绚丽的色彩魅力。

在水帘洞开凿阶段，石窟多选择摩崖石龛的形式，以浅浮雕与平面壁画相结合的手法直接在崖壁上创作。这种石窟形制的一大特点就是使壁画在石窟中的功能更加凸显，这在全国石窟寺遗址中是少见的。这也就使水帘洞石窟群成为全国少有的以壁画为主体的古代佛教遗址。其中的造型手段，色彩形式，都能直接反映当时绘画发展趋势。这对于研究北朝文化交

① 王伯敏：《中国绘画史》，上海人民美术出版社 1982 年版，第 85 页。
② 姜澄清：《中国色彩论》，甘肃人民美术出版社 2008 年版，第 65 页。

流，艺术发展都有着重要的参考价值。

地处中原与西域过渡地区的水帘洞石窟群，其中大大小小的壁画，都是东西方文化交流的产物。因为其艺术水平高，数量巨大，信息涵盖量大等特点，可以称得上是北周艺术的集中体现。而北周作为从魏晋南北朝的分裂，走向隋、唐大一统这一漫长过程中的最后一个政权，它的文化意识形态影响深远，之后建立的隋朝更是直接在它的基础上完成了中华民族的统一。魏晋南北朝多种哲学思想、艺术流派在这一时期得到总结，那种开拓创新的精神，海纳百川的胸襟，由隋、唐传承并达到中国古代文化的最高峰。而北周时期则是隋唐时期中国文化全面达到巅峰的前奏，难怪很多学者称北周为“隋、唐盛世的胎动期”。形成于北周的水帘洞石窟群是全国少有的此时期的具有国家职能的佛教石窟。这在一定程度上反映出北周这个“文化巅峰的前奏”时期的文化面貌。

五 “丝绸之路”与水帘洞石窟群的形成

“丝绸之路”是一条已经存在了两千多年的古代商道的通用名称，实际上丝绸之路是对远古以来连接亚洲、非洲、欧洲的东西交通道路的总称。它不仅是世界上最长的一条通商之路，更是东西方文化交流之路和人类民族迁徙之路。在地理上它只是跨越亚欧大陆的一条通道，然而它对于世界文化的意义却远非如此，它的东西两端分别是中国、埃及、印度和希腊。四大文明古国的伟大文化在这里交织在一起，深深影响着后来世界文明的进程。“在通信、交通都不发达的古代对于丝路两端的民族来说，它就意味着通往两岸的船舶；意味着充满想象而又神秘的世界本身。”①

公元前2世纪末西汉王朝派遣张骞两次出使西域，古代中国同当时的西域诸国以及中西亚乃至欧洲国家之间的交往正式开始。从此以后“丝绸之路”一直作为连接东西方文明的重要通道发挥着巨大的作用。② 19世纪德国学者李希霍芬将它命名为“丝绸之路”并取代了原来的“商贸之路”、“玉石之路”、“佛教之路”。从此“丝绸之路”这个浪漫的名称为世人普遍认可，成为东西方交流的代名词。

---

① 中央电视台录制《新丝绸之路》纪录片序言，2006年10月CCTV一台播出。

② 雍际春主编：《陇右文化概论》，甘肃人民出版社2005年版，第335页。

在现代关于“丝绸之路”的认识中，对它的含义分为广义与狭义两种。广义上的丝绸之路泛指古代中外经济、文化的所有途径的交流，包括草原丝绸之路和海上丝绸之路等。一般来说古代中外经济文化交流的道路主要有四种：一是由内地至陇右，经河西走廊，出阳关，经塔里木盆地，越葱岭至域外之国的河西路，这是陆上丝路的主要干道；二是由内地经四川、云南到达南亚次大陆与东南亚各国的西南丝路；三是从中原出发，经过北中国草原，再经中亚到西方的草原丝路；四是指唐宋之后繁荣起来的由我国东南沿海走海路而形成的海上丝绸之路。在这里所述的丝绸之路主要指狭义上的陆路主干道——河西丝路。

关于“丝绸之路”的正式形成，其标志是张骞出使西域的成功，但是，随着近些年来在甘肃大量的考古发现证明，早在这之前陇右地区已经通过河西走廊与西方进行着频繁的商贸往来。早在距今五千年的秦安大地湾仰韶文化晚期的遗址中，就出现了用绿松石这种罕见的玉石加工成的半圆形饰片，而马家窑文化的墓葬和遗址中更发现了多种绿松石饰品。这些绿松石与秦岭出产的质地较细的不同，均纹理较粗，这与伊朗出产的绿松石基本上是一致的。而甘肃西北方位叶尼赛河中游和阿尔泰地区出土的铜器均早于中原地区铜器的出现，在时间上接近西亚。在河西走廊西段的四坝文化中出现的西亚特征的手杖杖头引发了人们对其与埃及、西亚之间关系的联想。在礼县圆顶山的先秦墓葬中出土了青铜四轮车，当时的四轮车在中国十分罕见而它却早已流行于中亚地区。[①] 2007 年的中国十大考古发现中，天水张家川发掘出土的战国时期的西域风格墓室和其中的西亚玻璃用具与货币更是轰动全国。这些发现都越来越多地引起了当代考古界对于“丝绸之路”的重新认知。而公元 139 年张骞的拓通“丝绸之路”只能说是自远古以来古代东西方交往扩大的结果。

“丝绸之路”开辟之后，东西方经济、文化开始了长时间、全方位的交流与融合，而文化的交流对于东西方的影响则更为深远。这里的西方与现代理解的有很大区别。在古代中国将中原王朝统治区域以西统称西方，即现在的中亚、南亚、西亚、欧洲与东、北非地区。这些地区曾经创造过伟大的古代文明，这些文明形态之间的巨大差异，为后来东西之间的文化

① 张朋川：《黄土上下——美术考古文萃》，山东画报出版社 2006 年版，第 109 页。

交流创造了良好的基础。

文化上的交流主要分为物质、精神、制度等层面，而丝绸之路正是以物质交流为载体，承担了精神文化的内容。[①] 这种交流则深远地影响着丝绸之路两端的东西方文明的进程。中国古代四大发明都是通过丝绸之路传入西方的，而南亚、西亚以及欧洲的各种宗教、艺术也相继进入中国。在长期的历史发展之中逐渐与中国传统文化相融合，增加了中国文化的内涵，丰富了中国文化的形式。两汉时期的丝绸之路交通经历了“三绝”、“三通”的曲折，但汉王朝依然是顽强地采取了一系列措施保证了交通的畅通，在西域设立西域都护的同时与中亚各国频繁往来，还同安息帝国、罗马帝国取得了联系进行外交与贸易。古代中国以一种强盛而又雄迈姿态屹立在了世界的东方。

两汉时期，河西丝路成为“丝绸之路”的主干道。它东起长安或洛阳，经过陇右，穿过河西走廊，出阳关或玉门关，沿着塔克拉玛干分为南、北两道。南道至莎车，翻越葱岭到达大宛、康居、奄蔡等地。在此时期东西方文化交流主要以物质文化交流为主体。中国的丝织品、麻织品、漆器、铁器、青铜器、玉器和装饰品就是在这时开始大量传入西方。其中，丝织品最负盛名，丝绸因其华丽、轻便等特点，引起了西方对于中国的赞叹。这使得很多国家对于中国的称呼都与丝绸有关。而西方的毛皮、毛织品、玻璃器皿、宝石、金属器具、香料等也源源不断地输入中国。来源于遥远区域的动植物也涌入了中国，其中有供上层贵族赏玩的珍禽异兽，如孔雀、大象、狮子等，还有西域各国出产的各种良马。而引进的植物有苜蓿、葡萄、芝麻、核桃、黄瓜、石榴、胡萝卜、胡葱、胡蒜、番红花。这些植物的引进大大地丰富了中国人的物质生活。艺术方面，西域的音乐大量东传并流行起来，而汉地的钟鼓音乐也在西域传播和流行。

早在张骞拓通西域之前，天水地区就已经与西域有一些规模的交往。“丝绸之路”正式开通之后，天水因其比邻长安，连接西域，对于东西方贸易、文化交流的重要性逐渐凸显了出来。天水地区自古就是漆器、盐的重要产地，也是重要的蚕桑基地。在“丝绸之路”畅通之初，天水地区就迅速繁荣了起来。据记载，当时这里“都邑殷阜，聚落相望”。可以

---

① 雍际春主编：《陇右文化概论》，甘肃人民出版社2005年版，第337页。

说，汉代的天水地区，人口众多，经济繁荣，城镇兴盛，文化活跃，是中原文化与西域文化交融的重要地区。[①] 这也使天水形成了汉唐千年间繁荣的都市景象。

两晋时代“丝绸之路”对天水的影响进一步加强，《晋书》在描述当时天水的社会状况时写道“关陇清晏，百姓丰乐。自长安至于诸州，皆夹路槐柳，二十里一亭，四十里一驿，旅者取给于途，工商贸贩于道”。由此可见当时“丝绸之路”天水段的景象。政治家、使者、商贾、僧侣、文人墨客往来频繁。在十六国时期随着政权的不断更迭，大规模的民族迁徙，使得天水东联关中，北望朔方，西接河湟，南抵巴蜀的区位优势更加明显。[②] 佛教文化也就是从这一时期开始，成为天水文化重要的组成部分。魏晋南北朝时期，在将近四百年的战乱与动荡之中“丝绸之路”几经中断。另一方面由于各民族政权之间的纷争和统治者对于佛教的提倡，使得民族迁徙与佛教传播成了这一时期“丝绸之路”上的主旋律。

“丝绸之路”这条以商业为主的道路，同样是佛教传播的黄金通道。在三种来往于“丝绸之路”的人中，使节是因为有皇命在身，商人是为利益驱动，只有僧侣是凭着强大的精神一直在大漠中孤独跋涉，忍受身心的极度考验去追求信仰。早在汉哀帝建平元年（公元前 6 年）就有大月氏僧侣通过“丝绸之路”抵达中土，口授佛经的记载。从这时一直到隋朝统一前，史书上对西方僧人东来传法，中原有识之士远赴西域求法的记载更是屡见不鲜，如法显、鸠摩罗什等高僧大德正是其中的代表，而更多的人却没能在历史上留下他们的名字。他们大多数默默地走过，很多人永远留在了这“丝绸之路”上。正是这些僧侣们使得在这一时期“丝绸之路”的交流中，佛教东传成为最耀眼、最重要的特征。而由佛教在中国广泛传播带来的西方科技、语言文字、艺术建筑、社会习俗等多方面的交流、融合并在中国的大地上结出硕果。

因为地理、气候、政治、战争等诸因素的影响，加之相距时代久远使得研究这一时期的丝路文化十分困难。但是保存至今的古代石窟寺就成了魏晋南北朝时期丝路繁荣的重要见证。当时“丝绸之路”上佛教的传播、

① 天水市政协文史资料委员会编：《文化天水》，甘肃文化出版社 2006 年版，第 104 页。

② 同上书，第 105 页。

商贸的往来、文化的交流、民族的迁徙都在这大大小小的石窟中留下了踪迹。

石窟寺是佛教寺院的一种重要的建筑形式，中国现存最早的克孜尔石窟就位于新疆拜城县，这里曾经是古代“丝绸之路”上的重镇，古代龟兹就建国于这里。而石窟文化正是由印度西北部首先传到龟兹，再由龟兹传至敦煌，然后以敦煌为中转站经过河西走廊越过陇山到达中原地区。其中甘肃地区就形成了由西向东的五个大规模石窟群：一是敦煌石窟群，二是河西石窟群，三是陇中石窟群，四是陇南石窟群，五是陇东石窟群。① 这些石窟群的形成都与“丝绸之路”有着密不可分的联系，它们都是随着佛教文化在“丝绸之路”上的传播而形成的。这些至今依然屹立在甘肃大地上布满尘埃的石窟见证了“丝绸之路”曾经的繁荣。

陇右的石窟艺术，主要是包括遗存的造像与壁画。因其数量巨大、艺术成就高等特点，当之无愧地成为中国文化中的瑰宝。以麦积山石窟、水帘洞石窟群、大象山石窟群为代表的“陇南石窟群”，其形成原因与其艺术特征都是与“丝绸之路”天水段分不开的。

“丝绸之路”天水段支道大体有三条，其一是自陇关、马鹿，经恭门、张川、龙山、陇城、成纪到通渭，沿散渡河谷达安远，再到甘谷，穿渭河朱圉古栈道，直通洛门向西。② 其二是自陇关、马鹿，经百家、清水，迄牛头河谷过社棠入天水，翻凤凰山过新阳到甘谷，穿朱圉古栈道，通过洛门再向西。其三是自陇关，马鹿，经恭门、张川、龙山、陇城，翻九龙山过成纪，沿葫芦河谷而下，渡渭河到天水，经关子到甘谷穿朱圉古栈道，抵达洛门再向西。由此可见“丝绸之路”天水段的三条线路基本上都起自陇关经过天水的大部分地区而交汇于洛门。洛门镇处于渭水与大南河交汇处，四周群山叠嶂，形式险要，自古是兵家凭险据守的战略要冲。在“丝绸之路”上，洛门驿运、路运、河运相对发达，因此成为从中原进入河西的中转站，而水帘洞石窟群正是坐落在这里。

洛门因其得天独厚的地理位置，在“丝绸之路”上扮演着重要的角色，外交使臣要在这里经过；商队带来的货物要在这里集散；因其经济繁

---

① 胡同庆、安忠义：《佛教艺术》，敦煌文艺出版社 2004 年版，第 3 页。

② 天水市政协文史资料委员会编：《文化天水》，甘肃文化出版社 2006 年版，第 107 页。

盛，人口众多，僧侣来此的活动也就非常活跃，深邃幽静的鲁班峡便成了佛教徒修禅、悟道讲法的重要区域。

北周政权对于天水地区的战略位置尤为重视，并以此为据点进行向南、向西的统一战争。重视佛教的北周政权也就在这一时期，开始在鲁班峡原有的佛教活动场所的基础上大规模开凿石窟，并使其成为当时具有国家职能的佛教道场。

水帘洞石窟群的形成标志着“丝绸之路”陇右段东部以麦积山、水帘洞、炳灵寺为中心的格局的完成。而它与麦积山、仙人崖、甘谷大象山、武山木梯寺等石窟连成一线，形成了甘肃境内渭河上游的石窟走廊。而这也就是被当今学术界总结出的“陇南石窟群”。“陇南石窟群”的形成标志着古代“丝绸之路”陇右段东部的佛教传播进入了高潮，而北周时期对于陇右的统一，也为之后隋唐时期“丝绸之路”的大繁荣奠定了基础，水帘洞石窟群也随成为古丝路上一颗璀璨的明珠。

独特的自然条件和丰厚的人文积淀，共同孕育了特色鲜明、内涵丰富的水帘洞石窟艺术。由于武山县历史文化的独特性、过渡性，使得水帘洞石窟群的形成与古代政权交替、民族融合、佛教传播有着密不可分的联系。而东西文化的交流，借助“丝绸之路”又为它提供了养分，注入了活力，使其在形成阶段，就具有开放与兼容的特点。这都使水帘洞石窟群文化具有深厚的底蕴以及农牧并举和华戎交会的特点，使其鲜明的艺术特色在全国独树一帜。

第四章

武山水帘洞石窟的创建与发展

武山水帘洞石窟创建于十六国北朝时期，历经隋唐、宋元和明清时期，虽经历史沧桑和种种变故，至今仍香火不绝，成为一处奇山、幽洞与流水、绿树交错辉映，洞窟、佛龛、壁画、建筑完美结合的宗教圣地和风景名胜之地。其壁画、雕塑和建筑等艺术作品在我国宗教文化和石窟艺术史上占有重要地位。

第一节　武山水帘洞石窟群的形成与演变

《水帘洞石窟群》一书在详细调查的基础上，通过对窟龛形制、题材内容、造像特点等，对水帘洞石窟群窟龛造像及壁画进行了细致的分类排比（参见下表）。进而在此基础上，对窟龛形制和题材内容一致或相近的造像、壁画再进行分组，并分为 A—F 六组。这六组中每一个组为一个时期。在这六个时期中，只有第一期中的 L1 即拉梢寺一号摩崖大佛有明确的建成纪年外，其余各期均无直接的年代依据，故该书用考古类型学方法，结合历史文献，作出了各期的年代推论。兹引述如下：

第一期：以造像为主，年代在西魏末至北周初的武成元年（公元 554—559 年）。

第二期：包括窟龛、造像和壁画，年代在北周武成元年后至北周末隋初（公元 560—581 年）。

第三期：遗存均为摩崖壁画，年代为隋（公元 581—618 年）。

第四期：以摩崖壁画为主，年代为晚唐、五代到宋。

第五期：以摩崖壁画为主，年代为元代（公元 1271—1368 年）。

第六期：主要为天书洞造像，三佛二弟子像，年代为明代（公元

1368—1644 年）。①

水帘洞石窟群窟龛与造像型式分类表

<table>
<tr><th colspan="4">型式分类</th><th>窟龛号</th></tr>
<tr><td rowspan="8">窟龛型制</td><td rowspan="3">摩崖塑像</td><td colspan="2">A</td><td>Q1、Q2、Q3、Q24、Q5、Q6、Q7、Q9、L1</td></tr>
<tr><td colspan="2">B</td><td>X14、Q20</td></tr>
<tr><td colspan="2">C</td><td>L11、L12、L2</td></tr>
<tr><td rowspan="5">龛型</td><td rowspan="3">A</td><td>Aa</td><td>Q24、L16、Q26、Q27</td></tr>
<tr><td>Bb</td><td>Q14、Q15、Q17、Q23、Q25、Q28、Q29、Q46、Q47</td></tr>
<tr><td>Cc</td><td>Q18、Q19、Q35、Q36、Q37、Q38</td></tr>
<tr><td colspan="2">B</td><td>Q39、L9</td></tr>
<tr><td colspan="2">C</td><td>Q31</td></tr>
<tr><td rowspan="14">造像壁画组合</td><td rowspan="6">造像</td><td rowspan="2">整铺组合</td><td>A</td><td>Q20</td></tr>
<tr><td>B</td><td>L12</td></tr>
<tr><td rowspan="3">单铺组合</td><td>A</td><td>Q7、Q15、Q18、Q21、Q22、Q24、Q31、Q36、L2、L9、L8、L11、Q12、Q16</td></tr>
<tr><td>B</td><td>Q3、Q5、Q14、L16、L18</td></tr>
<tr><td>C</td><td>Q9</td></tr>
<tr><td colspan="2">单尊像</td><td>Q2、Q4、Q6、Q32、L7、L6、L20、L21</td></tr>
<tr><td rowspan="8">壁画</td><td rowspan="4">整铺组合</td><td>A</td><td>Q44、LB3、LB5、LB7、S1、S3、S13、S4、X12、LB9、X11、LB11、LB10</td></tr>
<tr><td>B</td><td>X4、X9、X7、X13、S6、S7、LB6、LB23、LB25、X5、S5</td></tr>
<tr><td>C</td><td>X3、LB17</td></tr>
<tr><td>D</td><td>S2、S9、LB18、S16、LB24 下</td></tr>
<tr><td rowspan="2">单铺组合</td><td>A</td><td>S8</td></tr>
<tr><td>B</td><td>X1、Q8、LB21</td></tr>
<tr><td colspan="2">其他</td><td>S9、S10、LB13、LB14、LB15、LB16</td></tr>
<tr><td colspan="2">特殊组合</td><td>Q9、Q14、Q15、Q18</td></tr>
</table>

① 甘肃省文物考古研究所、麦积山石窟艺术研究所、水帘洞石窟保护研究所编：《水帘洞石窟群》，科学出版社 2009 年版，第 110—121 页。

续表

型式分类						窟龛号
造像特征	造像	佛	立佛	A	Ⅰ	Q5
					Ⅱ	L9
				B		Q21、L12
			坐佛	A		L1、Q19
				B		Q15
				C		Q14
				D	Ⅰ	Q18
					Ⅱ	L18
		菩萨	坐菩萨			Q1
			立菩萨	A		Q15、L1
				B		Q9
				C		Q14、L9、L16
				D		Q18
				E		L2
		弟子		A		Q14、Q9 右、Q3、Q5 左
				B		Q9 左、Q5 右、L16
				C		L18
	壁画	佛	立佛	A		S2
				B		S6
			坐佛	A		S3、S7、S11
				B	Ⅰ	X1、X2、X3、X4、X7、X12、X13
					Ⅱ	S8、S15、LB1、LB19、LB18、LB20
				C	Ⅰ	S1、S2 附、S9
					Ⅱ	LB3、LB21
					Ⅲ	LB24 上
				D		S2 左上
		菩萨	立菩萨	A	Ⅰ	S2、S4、S7
					Ⅱ	S2 供养菩萨、S6、S2 附中胁侍
					Ⅲ	X3、X4、X5、X6、X9、X10、X13
					Ⅳ	LB16
					Ⅴ	LB24、Q34
				B		LB13E 胁侍、LB14 胁侍、LB15 胁侍

续表

<table>
<tr><th colspan="5">型式分类</th><th>窟龛号</th></tr>
<tr><td rowspan="16">造像特征</td><td rowspan="16">壁画</td><td rowspan="4">菩萨</td><td rowspan="3">坐菩萨</td><td>A</td><td>S2 左右上角</td></tr>
<tr><td>B</td><td>S2 左上、X5</td></tr>
<tr><td>C</td><td>LB14</td></tr>
<tr><td colspan="2">跪式菩萨</td><td>S2</td></tr>
<tr><td rowspan="3">力士</td><td colspan="2">A</td><td>S2</td></tr>
<tr><td colspan="2">B</td><td>X3</td></tr>
<tr><td colspan="2">C</td><td>LB16</td></tr>
<tr><td rowspan="4">供养人</td><td colspan="2">男供养人</td><td>S2、S6、Q17、Q29、Q36、Q42</td></tr>
<tr><td rowspan="3">女供养人</td><td>A</td><td>S7、Q14</td></tr>
<tr><td>B</td><td>S11、S2</td></tr>
<tr><td>C</td><td>X4、X5、X6、X7、X8、X9、X10、X12、X13</td></tr>
<tr><td rowspan="3">飞天</td><td rowspan="2">A</td><td>Ⅰ</td><td>S7、S2</td></tr>
<tr><td>Ⅱ</td><td>L11、Q18—Q19 间</td></tr>
<tr><td colspan="2">B</td><td>Q12</td></tr>
<tr><td rowspan="2">塔</td><td colspan="2">A</td><td>S1</td></tr>
<tr><td colspan="2">B</td><td>L13、L15、L19、L22、L23、L24</td></tr>
</table>

注：引自《水帘洞石窟群》第 111 页。

以上分期和年代判断，比较准确地为水帘洞石窟群建立了年代系列。从陇右天水地区的历史发展和文化演变进程中，我们可以看出上述六个时期水帘洞石窟艺术的发展，有其深刻的原因和历史的必然性。

一　十六国至隋唐时期水帘洞石窟群的形成

十六国北朝时期，先后有前赵、后赵、前秦、后秦、西秦等政权占有和统治过武山在内的天水地区，其中，前、后秦政权以及天水周边后凉、仇池国政权的建立者，都祖籍天水。各政权对于佛教的推崇和提倡，在社会动荡、政权林立、民族交错状态下当地各族百姓迫切寻求心灵寄托和宗教安慰的心理需要，使这一时期成为我国各地开窟建寺、发展佛教的一个高潮阶段。加之天水一带各族大姓贵族对佛教的尊崇，以尉迟迥、姚氏为代表的一批官吏的推波助澜，水帘洞石窟的开凿也就是必然之举。对此，前文已有详论，兹从略。

隋唐时期，以关陇集团为主要统治基础的统治者，着力经营陇右地区，使其成为国家牧场和战马产地，与此同时，当地农业开发亦相当发达，这里成为一个农牧两旺、经济发达之区。[①] 当地经济文化的发展和相对长久的安定局面，为民间宗教活动的兴盛奠定了基础。所以，自北周至隋再到唐朝前期，当地的佛事活动和造像壁画一直得以延续和发展，显圣池壁画即完成于隋代。唐朝前期，兴起于青藏高原的吐蕃迅速崛起，开元二年（公元714年），吐蕃军队进犯兰州、渭州、秦州诸地，[②] 陇右的安定局面被打破。安史之乱爆发后，河西、陇右精兵东调，吐蕃乘机入侵陇右，史称“宝应元年（公元762年），陷临洮，取秦、成、渭等州。次年，陇右尽失”[③]。此后八十多年间，陇右地区为吐蕃占有，直至宣宗大中年间（公元847—859年），秦州等地渐次被收回，但有不少吐蕃部众居留当地。

晚唐五代又是一个社会动荡时期，作为中原外围和与周边政权的过渡地带，天水地区佛教发展在当地汉族和吐蕃群众的推动下，又进入一个重要的发展阶段。史籍于民间宗教发展状况一向疏于记载，但我们从唐末五代天水人王仁裕《玉堂闲话》之《权师》、《赘肉》、《李彦光》、《刘钥匙》、《刘自然》、《道流》、《东柯院》、《麦积山》、《隗嚣宫》诸篇[④]所记天水等地道观、寺庙、民间盛行术数、法术和因果报应观念等内容可以推知，其时天水等陇右地区民间佛道宗教建筑、宗教活动、法术迷信、鬼神崇拜多而且广，深入人心。这是当时水帘洞石窟造像壁画活动延续的最稳固基础。

二　宋元时期水帘洞石窟群的发展

北宋初年，陇右渭水流域渐次被北宋收复，宋仁宗皇祐年间（公元1049—1053年），陆续在今武山一带修筑永宁、洛门、宁远、四门、广吴

---

① 雍际春：《陇右历史文化与地理研究》，中国社会科学出版社2009年版，第105页。

② （后晋）刘昫：《旧唐书》卷一九六，《吐蕃传下》，中华书局1975年版，第5228页。

③ （宋）欧阳修、宋祁：《新唐书》卷二一六，《吐蕃传上》，中华书局1997年版，第6087页。

④ 参见蒲向明《玉堂闲话评注》相关篇章，中国社会出版社2007年版。

岭等五寨。[1] 宋神宗熙宁五年（公元1072年），析秦州所辖古渭寨升为通远军，辖宁远、大、小洛门、哑儿峡四寨属之。宋徽宗崇宁三年（公元1104年），改通远军为巩州，升永宁、宁远二寨为县。[2] 这里既是北宋与西夏对峙的前沿，也是北宋政府实行屯田、设立伐木场，采伐林木供应京师的重地，其时，大、小洛门一带渭水两岸“连山谷多大木”，年可“获木万章”。同时，当地吐蕃等部族与汉族杂居，史载吐蕃尕藏、枭波等部就居于大、小洛门寨一带的渭水南岸。[3] 归附北宋的吐蕃部族在今武山被编入番兵的来远寨有八门八大部族19姓19小族，总兵马1574；宁远寨有四门四大部族36姓36小族，总兵马7480。[4] 而且，这里还是宋廷与吐蕃等部进行茶马贸易的地方，永宁寨即设有博马场，政府每年调拨茶叶支买马匹数额为7500驮。[5] 此外，作为“丝绸之路”要隘，这里也是西域商人入贡和进行沿途贸易之地。可见，北宋时期的武山，是重兵驻守的边塞之地，也是宋王朝屯田伐木、茶马互市和开展民族对外贸易的要地。这种四方辐辏、汉番交错的边塞之地，也是文化交流、佛教流传的最佳区域。2002年在武山县滩歌卢坪村出土的一方北宋墓志，反映了当地民间佛教的信息：

> 维大宋国巩州下滩歌镇故积梵官也。哀哉！亲教师德俊掩化于古会慈胜禅院，依法汝徒众楚唱……净将白骨迁葬于此，上石塔为记。政和壬辰（公元1112年）四月初二日。行香院主小师道义、道能，师孙法启、发净、法霭、法洪、法深、发浩，重孙法颙、法春二百余，不到不书名。[6]

“滩歌”系藏语音译，意为“山下平川”，滩歌原为吐蕃枭波部所建之威

① （元）脱脱：《宋史》卷三〇八，《张信传》，第10151页；《宋史》卷三三二，《陆铣传》，第10680页。

② （元）脱脱：《宋史》卷八七，《地理志三》，中华书局1977年版，第2164页。

③ （元）脱脱：《宋史》卷二六六，《温仲舒传》，中华书局1977年版，第4753页。

④ （元）脱脱：《宋史》卷一九一，《兵志五》，中华书局1977年版，第4753页。

⑤ （清）徐松：《宋会要辑稿·职官》四三之五一，中华书局1997年版。

⑥ 转引自甘肃省文物考古研究所、麦积山石窟艺术研究所、水帘洞石窟保护研究所编《水帘洞石窟群》，科学出版社2009年版，第14页。

远寨。由墓志可知，枭波部受当地汉文化影响而信仰佛教，并修复了唐末以来遭战火损坏的万华寺。[①] 由此可见，水帘洞、拉梢寺和千佛洞出现大量宋代的窟龛和造像、壁画，绝非偶然。

元代是水帘洞石窟又一个大发展时期，这同元统治者信奉佛教特别是藏传佛教大有关系。元政权将西藏纳入统治后，忽必烈接受西藏萨斯迦法主八思巴的灌顶，后忽必烈封八思巴为国师，使其成为全国最高的佛教首领并兼管西藏事务，这大大加强了藏传佛教的传播和尊贵地位。于是，“百年之间，朝廷所以敬礼而尊信之者，无所不用其至。虽帝后妃主，皆因受戒而为之膜拜”[②]。在民间，与青藏相接的陇右地区，无疑深受藏传佛教的影响和浸淫，元泰定二年（公元1325年），西台御史李昌上言：

> 尝经平凉府、静、会、定西等州，见西番僧佩金子圆符，络绎道途，弛骑累百，传舍至不能容，则假民舍。因近逐男子，奸污妇女。奉元一路，自正月至七月，往返者百八十五次，用马八百四十余匹，较之诸王、行省之使，十多六七。驿户无所控诉，台察莫得谁何。且国家之制，圆符本为边防警报之虞，僧人何事而辄佩之？乞更正僧人给驿法，且令台宪得以纠察。[③]

上述记载清楚地表明，藏传佛教及其僧侣在元代地位显赫、势力极大，僧侣在陇右一带的横行枉法，正反映了佛教在当地不仅普及，而且享有特权。正是在这种背景下，水帘洞石窟在元代又进入一个发展高峰。据实地考察表明，在拉梢寺和千佛洞两个单元，都有大规模重修的痕迹。尤其是拉梢寺，不仅几乎整个崖面的壁画被全部进行了重新彩绘，而且在崖面上方还重修了木质防雨檐，并在拉梢寺及对面的崖壁上开凿了大小不一的多个覆钵塔龛。在1990年，水帘洞石窟文物保护所工作人员在整修拉梢寺摩崖上方北段防雨檐时，发现了一面铜镜，镜面上刻有一圈铭文，逆时针环读为“大元大德六年岁次壬寅巩昌府陇西县临渭关居住檀信男生蹇兴

---

① 甘肃省文物考古研究所、麦积山石窟艺术研究所、水帘洞石窟保护研究所编：《水帘洞石窟群》，科学出版社2009年版，第14页。

② （明）宋濂等：《元史》卷二〇二，《释老列传》，中华书局1976年版，第4520页。

③ 同上书，第4522页。

同室丁氏淑玉等发心施镜一面于悬铃山佛上结缘祈一家长墀保佑平安者"①。这为准确判定拉梢寺摩崖壁画的重绘年代，提供了重要信息。

三　明清时期水帘洞石窟群的民间化

明清时期的陇右地区，随着国家疆土的进一步开拓，当地作为国防边塞的地位下降。一方面，随着人口的不断增加和单一农业经济模式的确立，其与内地在经济、文化方面的发展差距逐渐拉大。另一方面，又随着当地人口以汉族为主格局的形成和基础文化教育的普及，在汉文化圈趋于定型和内地文化趋同加速的背景下，天水一带的文化格局、民俗特点、宗教习俗等也基本趋于固定和常态。这无疑为民间大规模、普及化的佛事活动奠定了基础。水帘洞周围五台七寺的出现，道教在清末民初进入水帘洞以及大修楼台亭阁，所有这些，进一步增加了水帘洞石窟的吸引力和号召力，最终使水帘洞石窟成为武山、甘谷、陇西、通渭诸县方圆数百里的宗教中心。

第二节　武山水帘洞石窟群的创建

关于水帘洞石窟群的始建年代，由于文献资料的缺乏，我们已很难对其一一进行全面细致地探考。但这并不是说对于水帘洞石窟群开凿的时间无从确定，只是我们只能对一些重要洞窟和个别崖面根据残留的题记等资料作必要的分析，以推知整个石窟群开凿和建设的大致面貌。

一　方志文献的记载

在现存文献资料中，水帘洞石窟最早见于明万历版《宁远志》，虽然此志已成残卷，但该志卷一《图象·县境图》在县城北方，绘有鲁班峡、大佛峡；卷二《舆地·建置》则有"大佛峡寺，县东五十里"的记载。康熙版《宁远县志》记载更多，如卷一"山川"条："中锋山，县北四十里，有古寺及清泉"，"鲁班山，县北四十里，俗传鲁班凿洞居此"，"大

① 甘肃省文物考古研究所、麦积山石窟艺术研究所、水帘洞石窟保护研究所编：《水帘洞石窟群》，科学出版社2009年版，第89页。

佛峡石山，县东北五十里”；“水帘洞，县北四十里，祷雨有灵。”“古迹”条有“大佛崖，县东五十里”；“千佛洞，县东北五十里”；“大佛，县东北五十里，石山幽深，上有大佛三尊，传云鸠摩罗什建”。其后之县志，对水帘洞石窟均有大致相同的记载。

关于水帘洞石窟群始建年代，民国版《武山县志稿》卷二《舆地》：“中锋山，一名鲁班山，县北四十里。山势曲耸，有庙宇林薄，相传古殿为唐赠司徒兼并州都督尉迟进（敬）德所建。”唐尉迟敬德显系北周尉迟炯之误。前引大佛为鸠摩罗什建，考诸史籍，鸠摩罗什在后秦姚兴在位时，从凉州（今甘肃武威市）被迎至长安，待以国师之礼，让其翻译佛经，传教弘法，曾有弟子“八百余人传授其旨”，周围诸郡慕名而至习佛者多达五千人。鸠摩罗什后逝于长安。[①] 文献中未见其曾流寓秦州或武山一带的记载，倒是自凉州迎至长安时，有可能途经武山，因为武山就是丝路陇右南道的必经之地；而更有可能的是鸠摩罗什在长安教授有八百弟子中说不定就有秦州弟子。当然，这都是一些合理的推测，并无确切实据。故水帘洞由鸠摩罗什创建之说缺乏史料根据。

二 一号摩崖题记与创建年代下限

在水帘洞石窟群中，拉梢寺石窟创建年代因有一号摩崖题记而最为明了。该题记位于一号摩崖，即大佛左下方一个横长方形摩崖浅龛内，龛高1.5米、宽2.25米、进深1.2米。龛内阴刻魏碑体题记一方，竖12行，每行9字，共103字。题记内容如下：

维大周明皇帝三年岁
次已卯二月十四日使
持节柱国大将军陇右
大都督秦渭河鄯凉甘
瓜成武岷洮邓文康十
四州诸军事秦州刺史
蜀国公尉迟迥与比丘

① （唐）房玄龄等：《晋书》卷九五，《艺术传》，中华书局1982年版，第2502页。

释道藏于渭州仙崖敬
造释迦牟尼佛一区愿
天下和平四海安乐众
生与天地久长周祚与
日月俱永

题记所记“大周明皇帝三年”为我们判定石窟的开凿年代提供了重要依据。大周明皇帝即北周第二位统治者明帝宇文毓，他于北周建立的当年公元557年九月继位，“明皇帝三年”即公元559年，该年正是己卯年，八月改元武成。尉迟迥乃北周名将和重臣，其事迹主要是平蜀和北周灭亡前的起兵反对杨坚，故《周书·尉迟迥传》并未记载其在秦州任职之事。据《北史·尉迟迥传》记载：“尉迟迥，字薄居罗，代人也。其先，魏之别号尉迟部，因而氏焉。”说明他是鲜卑族贵族。史称：

周孝闵帝践阼，进位柱国大将军，以迥有平蜀功，同霍去病冠军之义，改封宁蜀公。迁大司马。寻以本官镇陇右。武成元年，进封蜀国公，邑万户，除秦州总管、秦渭等十四州诸军事、陇右大都督。保定二年，拜大司马。

这段文字对尉迟迥在陇右、秦州任职交代清楚。周孝闵帝宇文觉在建立北周的当年即公元557年九月即去世，在位不足一年，则尉迟迥进位柱国大将军、封宁蜀公、迁大司马，俱在公元557年无疑，而“镇陇右”稍迟一点。按北周官制，在武成元年（公元559年）正月，将地方高级军政长官“都督诸州军事”一职改称“总管”。故尉迟迥作为军事长官镇守陇右约两年时，又被委以秦州总管而成为当地最高的军政长官。保定二年（公元562年），尉迟迥再拜大司马，当是其离职秦州的时间。

在尉迟迥镇守陇右、秦州的同时或前后，又有宇文广也在秦州任职，他们两人都曾任过秦州总管。据《周书·邵惠公颢传附广传》记载：

孝闵帝践祚，改封天水郡公。世宗即位，授骠骑大将军、开府仪同三司，出为秦州刺史。武成初，进位大将军，迁梁州总管，进封蔡国公，增邑万户。保定初，入为小司寇。寻以本官镇蒲州，兼知潼关等六防诸军事。二年，除秦州总管、十三州诸军事、秦州刺史。

世宗为明帝庙号，可知宇文广在明帝即位的当年，亦即公元557年出任秦州刺史，武成元年（公元559年）卸任出任梁州总管。保定二年（公元562年），宇文广为秦州总管并二度出任秦州刺史。又据《周书》明、武二帝纪所记尉迟迥、宇文广二人在秦州任职的具体时间为：

明帝二年（公元558年）十月，“遣柱国尉迟迥镇陇右”。

武成元年（公元559年）九月任命大将军、天水公宇文广为梁州总管，并进封其为蔡国公；封宁蜀公尉迟迥为蜀国公，10月任命其为秦州总管。

武帝保定二年（公元562年）正月，宇文广出任秦州总管。武帝保定二年（公元562年）六月，以柱国蜀国公尉迟迥为大司马。

据上可知，尉迟迥、宇文广二人在秦州任职的具体情况是：公元557年宇文广出任秦州刺史；公元558年十月尉迟迥“镇陇右”；公元559年九月宇文广调任梁州总管，十月尉迟迥兼任秦州总管；公元562年正月，宇文广再次出任秦州总管，六月，尉迟迥再任大司马，则其离开秦州当在正月或二月。说明二人任职秦州既前后相继，又曾同在秦州分理军政。尉迟迥在秦州掌管军政总计约有三年零三个月左右。

据此我们可以得出结论，拉梢寺大佛造像建成于北周明帝武成元年（公元559年）二月，这是该石窟开凿完成的时间下限。由于开窟造像是在悬崖高空进行，不仅工程量浩大，而且难度更大，尤其是造像、壁画既须精雕细琢，又是能工巧匠所为之事。因而这是一个耗时、耗工、耗财的漫长过程，不可能在尉迟迥到任秦州不足半年的时间内动工并完成。所以，窟龛始凿年代无疑要早于尉迟迥任职秦州之前，至少应在西魏时期。尉迟迥“性至孝”，奉母尤勤，又崇信佛教，史载：尉迟迥“勋高效重，所在难方，崇善慕福，久而弥著，造妙像寺，四事无阙，法轮恒转，三学倍增”①。这样一位建寺修庙、热心推广佛教的官员，在具有良好宗教基

① （唐）释道宣：《辨证论》卷四，《大正藏》第五十二册，台湾新文丰出版公司1987年版。

础的秦州，对于民间百姓和贵族旺姓开窟造像的佛事活动给予支持和成全，甚至加以号召和引导，以促成拉梢寺石窟的造像的建成，也就是顺理成章的自然之举。

三　水帘洞石窟创建年代上限蠡测

在水帘洞石窟群中，水帘洞石窟的建造年代缺乏像拉梢寺那样有明确年代的摩崖题记，但一般认为开凿年代也在北周时期。我们在研究中发现，有一条对开凿年代判定极为有用的资料，就是在壁画的诸多供养人题记中，在水帘洞六号壁画下方有几条梁姓供养人的题记，其中有一位名叫“梁畅”的供养人，尚未引起重视。据《晋书·苻丕载纪》记载，前秦苻坚败亡之后，苻丕于晋孝武帝太元十年（公元 385 年）即位后，即“大赦境内，改元曰太安，置百官。以张蚝为侍中、司空，封上党郡公……强益耳、梁畅为侍中，徐义为吏部尚书，并封县公。自余封授各有差”。如果史料记载的侍中梁畅与题记中的梁畅为同一个人，则水帘洞开凿年代可上推至前秦后期。可惜的是史书中梁畅一名仅此一见，也没交代他是何方人氏，更没有留下他的个人传记。

我们在供养人题记考察整理中，还发现在千佛洞第 44 号一佛二弟子壁画中，其左侧有七位供养人画像，其中第二位男供养人身着黄色圆领长袍，头顶有华盖，头裹巾子，眉目模糊，上唇、下巴、两腮皆有胡须，有胡人相。榜题“大都督姚长璨供养时”。这位名叫姚长（或苌）璨的人官职为“大都督”，显系达官贵人。都督之职始自汉末，三国魏文帝黄初三年（公元 222 年），始置都督诸军事或领刺史。魏晋南北朝时期，凡都督中外诸军事或为大都督者，即为全国最高军事统帅。魏晋以后，地方军政长官亦称兼都督诸州军事，西魏、北周府兵制的各军府中，以大都督、帅都督和都督为团、旅、队的长官。就此官职而论，尚很难断定所属哪个朝代。再就姚长（苌）璨一名考察，史料中只有后秦建立者姚苌之父曾任大都督一职，除此之外不见姚姓大都督。因此，我们只能确定这位姚姓大都督，他与尉迟迥一样，是又一位支持和资助水帘洞石窟建设的高官大姓。综合推断，姚姓大都督属十六国或北朝人物当较为恰当。

值得引起重视的是在武山当地流行着拉梢寺石窟始建于后秦白雀年间（公元 384—385 年）的说法，这一时间与前秦苻丕即位（公元 385 年）

同时。而在十六国诸政权中，前秦、后秦、后凉、仇池国的建立者，都是祖籍天水、南安的氐羌贵族，他们的政权往往得到当地氐羌部族的拥护和支持，各政权中也多有天水豪族大姓的文臣武将以为羽翼。如羌族后秦政权刚建立时，就有二十多位天水、南安籍人士被委以要职，成为其统治中枢的基础，这其中就有天水姚、焦、姜、梁等大姓人士，梁希即是天水梁氏。[1] 北魏太平真君七年（公元446年）天水梁会起义反魏，足见梁氏家族势力不小。以此推之，前秦侍中梁畅就是水帘洞供养人题记中的梁畅可能性是很大的。如果这一推论成立，则可将水帘洞石窟创建年代上推至前秦后期。当然，这一看法尚需找到更为直接和新的资料加以验证。这里不揣浅陋提出看法，以期抛砖引玉，引起学界同仁对这一问题的关注和更为深入的探究，求得问题的最后解决。

第三节　武山水帘洞石窟群各单元壁画的时代沿革

自公元559年尉迟迥主持开凿拉梢寺以来，至明代水帘洞石窟群营建活动结束，长达千年的漫长历史空间里，石窟艺术在内容层面，技术因素等方面都有巨大嬗变。对于石窟艺术的时代沿革、分期断代的问题，向来需要考察的因素颇多，比如时代背景，文化渊源，石窟的形制、整体造像的体系特征，造型风格、技法等形式特点，题材、内容等。《水帘洞石窟群》一书对水帘洞石窟群的分期断代，基本依据是造像的造型风格，比如身材、五官、头部上的比例变化，脸型、身形特点等，本书基本上赞成该书提出的观点，仅就武山水帘洞石窟群各单元壁画时代沿革、分期断代略作阐述。

一　拉梢寺石窟密宗佛教形象与元代重修

拉梢寺石窟壁画单元计有东崖、西崖两个崖面，三十余组，内容繁杂，有千佛、佛、菩萨、弟子、飞天等圣像，还有水帘洞石窟少有的经变绘画等，壁画部分交替重叠，多有剥落毁损，这为年代判断带来困难。

拉梢寺石窟摩崖除了石刻铭记有明确纪年之外，其他有代表性的部分

① （唐）房玄龄等：《晋书》卷一一六，《姚戈仲载记》，中华书局1982年版，第2965页。

壁画如第18组的内容似为大型经变画。因过于残缺，不能确定具体内容。现存菩萨面型丰圆似饼，细眉大眼，唇厚嘴小，颈部蚕节纹，装饰繁复，整个形象带有唐末、五代的余风，与莫高窟36窟等五代经变画中人物形象极为相似。推测其年代为晚唐、五代。① 与这一组壁画相邻的拉梢寺第22组壁画中的本尊菩萨，显然具有密宗佛教造像的特点，虽然是坐姿，但是却具有舞蹈的动势，游戏坐于莲台。头戴金属质地的华丽巍峨的山字形高宝冠，并插戴其他头饰，颈戴项圈，臂戴宝钏，脚踝饰环，佩饰华丽繁多，多以线描刻花纹，皆为朱线勾边，平涂金色。敦煌“唐代后期的密宗尊像，造型富于舞蹈性，特别是菩萨，宝冠巍峨，璎珞严身，舞姿优美，手势灵巧，罗裙透体，天衣飘扬，体态略带妖冶。这种新的造型特点，显然包含有来自印度的影响，这与‘开元三大士’来长安传播密教……是分不开的”②。密宗兴起于7世纪东印度的波罗王朝时期。唐玄宗开元年间（公元713—741年）三位印度僧人善无畏、金刚智和不空来到中国传播密宗佛教，密宗后来发展成为中国佛教的主要宗派之一，史称这三人为“开元三大士”。另外，唐代宗宝应二年（公元763年），武山被吐蕃占领，并统治近百年时间。差不多同一时期的敦煌也为吐蕃所统治，这一时期莫高窟开窟造像数量众多，壁画中密宗的图像明显增多。五代时期武山又一度成为吐蕃族居住地，也许这是更为显在的原因，吐蕃族在此留下了自己的密宗佛教信仰痕迹。拉梢寺壁画中的第19组、第22组、第23组在构图、设色、形象塑造等方面几乎相同。设色上多用绿、红、金，构图见于“第三节武山水帘洞石窟群各单元壁画（彩绘）描述”布局示意图与描述。由是判断，拉梢寺壁画中的第18组、第19组、第22组、第23组，以及具有同一风格的拉梢寺石窟东壁其他壁画年代约为晚唐五代。诚然，元代石窟壁画中的密宗形象也相当普遍，并且元代对拉梢寺进行过大修，但是这几组壁画与元代重绘的壁画在色彩运用、线条把握、人物面貌与装饰等多方面存在差异。

武山县博物馆收藏了一些发掘于拉梢寺并与拉梢寺元代重修有关的文

① 《水帘洞石窟群》记载“左侧菩萨身光右侧绘一排坐佛，现存三身”（甘肃省文物考古研究所、麦积山石窟艺术研究所、水帘洞石窟保护研究所编著，科学出版社2009年版，第120页）。

② 段文杰：《敦煌石窟艺术论集》，甘肃人民出版社1988年版，第214页。

物，其中有一面铜镜，镜背边沿上刻有一圈文字“大元大德六年（公元1302年）岁次壬寅巩昌府陇西县临渭关居住檀信男□□□同室丁氏淑玉等发心施镜一面于悬铃山佛上结缘祈一家长□保佑平安者”。元大德六年的这次重修，修筑了遮雨檐，也对北周时期的壁画进行了重绘，所以现在保存的摩崖石刻大像两侧的壁画听法圣众像、西崖的千佛等大部分都是这次重修重绘的作品。拉梢寺西崖栈道塔下大面积的千佛亦具有密宗佛教的痕迹，亦应为宋元时代的作品。

二　水帘洞单元壁画年代

水帘洞石窟少有雕塑，多为壁画，造型、施色等具有中国传统绘画的技法与风格特色。壁画内容繁多，共分为19组，第一组为摩崖浮塑一组塔群与塔群间的壁画佛、弟子像。第二组是一个小龛内上沿绘制的莲花图案。第三组依稀可辨一佛二弟子、数位女供养人。第四组画面内容繁杂，分别绘制大型佛、菩萨、弟子、力士像以及宝瓶、供养人等。第五组绘一坐佛与八身飞天。第六组绘一宝瓶，以及瓶侧各一身互跪状供养菩萨。第七组绘制一排七佛。第八组绘一枝条丛生、叶密花繁的灌木。第九组画佛说法图，佛两侧各绘上下两排弟子、菩萨。第十组上、下两层壁画重绘交叠。上层残存佛、菩萨、弟子。第11组绘制多排众多供养人。第12组为两行菩萨。第13组原绘一佛二弟子。第14组摩崖泥塑一个尖拱形浅龛，龛内上方沿龛眉绘画多身坐佛，中下方为佛说法图，结构为一佛四弟子二菩萨。第15组绘制熏炉、狮子、一牛拉车。第16组上排绘画一坐佛与多位侍立供养人，下排绘画多位女供养人。第17组画佛说法图，佛坐于中间，佛两侧各绘上下两排弟子、菩萨。第18组现存菩萨、弟子等形象。第19组现存佛、弟子、菩萨、供养人、飞天等内容。

水帘洞现存壁画年代较早的是北周时期的作品，一是依据风格的判断，二是壁画榜题提供了一个断代的重要依据，榜题中的人物皆来自于南北朝时期武山的世家大族，关于榜题部分本书另有章节撰述。

除了榜题之外，水帘洞石窟没有留下可供分期研究的文字等资料，基本上只能依靠风格与人物衣装等绘画性的因素作大略的判断，除了北周之外，还存有五代、宋代绘画。保存相对完好的第七组、第九组壁画是显然的宋代风格，第七组绘制一排七佛，第九组画佛说法图。用笔讲究，线条富有弹性，第九组佛旁边上排第二身弟子像较为清晰，线条细、绵、劲、瘦，墨线的勾勒精致简练，寥寥几笔塑造出一个清秀、愉悦、虔诚的人物形象。设色大胆，遥想壁画绘制之初，应是色彩浓艳、斑斓，对比鲜明，富丽堂皇，那种巨大的视觉冲击力应该为吸引万千民众匍匐于佛的脚下，对佛顶礼膜拜做出了巨大的贡献，是典型的中国绘画艺术的风格。

三　千佛洞石窟单元壁画年代

千佛洞石窟壁画艺术，除了千佛壁画内容相对完整之外，作为一个有统一主题的、完整的作品保留下来的非常有限，基本都是支离破碎的状态。单纯从作品风格上来看，时间跨度大，从南北朝起至宋元皆有代表性的作品。以下择其相对完整的作品作一描述。

1. 千佛洞四飞天

千佛洞石窟第四层南端的 14 号浅龛内北侧菩萨上面的龛顶上，绘带有头光的两身飞天，面容清秀空灵，姿态轻盈飘逸，有轻云蔽月，流风回雪的意境，应为西魏作品。

在千佛洞 18 龛与 19 龛之间绘一身飞天，在 44 号壁画供养人行列上方北侧露出一身下层壁画中的飞天的头部、手等身体局部，两身飞天在造像特征、技法运用方面如出一辙，皆手持花卉，披帛飞扬，身形矫健，头发卷曲，浓眉大眼，有童子相，从风格上看似为五代作品。

2. 千佛洞 44 号壁画

千佛洞 44 号壁画在绘画技法上，讲究明暗的、晕染的方式与影响已经消退，中原的线描艺术逐步在武山水帘洞石窟显现出它的魅力，但在线条运用上，显然没有达到千佛洞 34 号壁画的水准。大都督姚长□的脸部轮廓等细节不甚清晰，但是从眼神、胡须等描绘，依然可以看出虔诚、铄颖、清癯的气质。另外，这幅壁画中人物形象的塑造多有胡人相（典型如大都督姚长□大络腮胡，佛之北侧弟子高鼻弯目等）。在石窟造像方面表现出的胡人形象，一方面是在形象塑造方面对西域形象的模仿，比如早期石窟尊像的塑造；一方面是基于性格、气质的艺术化的夸张表现，比如一般情况下力士、天王等尊像具有胡人的体格、面貌特征；而供养人形象则具有一定程度的写实成分，身为胡族的供养人在武山水帘洞石窟群数量众多，44 壁画中的大都督姚长□、弟子造像应该是对其形象的写实塑造。

供养人与佛在体积大小上的比例越来越接近。在其他支撑材料缺乏的情况下，本书依据画像风格判定其年代下限约不晚于北周。

3. 千佛洞 34 号壁画

34 号壁画约为五代时期作品，南北长约 11 米，人物众多，笔力婉转自然，场面宏大磅礴。其中的菩萨丰满圆润，面相微短，宝缯于耳后打结，在形象、装饰与绘画技术特点上类似于山西平顺大云院等五代时期的菩萨像。

四 显圣池单元壁画年代

显圣池单元没有留下题记、碑铭等任何文字性质的资料，也无史料可查，对其时代沿革的划分只能通过内容、服制与风格、技巧、构图等方面的辨析来进行大致的判断。当然显圣池单元的壁画只有一层，没有前后代壁画的上下重叠，这样又适度地简化了分期断代的问题。

显圣池单元壁画计有 13 组，内容上第一组为千佛；第二组为七身坐佛、八身菩萨以及部分比丘；第三组是一组大型说法图，由佛、菩萨、弟子、神将共计七位人物组成；第四组绘一佛二弟子二菩萨五身尊像，画面上方还有两身飞天；第五组有菩萨、弟子、供养人、飞天等；第六组绘制菩萨立像三身、飞天两身、供养人若干身；第七组绘制一佛二弟子二菩萨五身尊像、两身小供养人；第八组约为一佛二菩萨；第九组绘佛、菩萨、供养人、飞天等内容；第十组主要内容是一佛二弟子二菩萨五位尊像，以及弟子、飞天、供养人等形象；第 11 组画面大致内容是一正觉菩萨二胁侍菩萨；第 12 组是一佛二菩萨、供养人等；第 13 组内容有佛、菩萨、弟子、供养人、飞天、花卉等。

从艺术形式、技法上来看，设色、造型、线条等元素画画的趋势与特征非常强烈，中国传统线描与晕染法表现出精彩的结合，线条流畅、婉转有节奏、有生命气息。

从人物形象与服制角度来看，脱去了早期佛教艺术受到的犍陀罗、古希腊等艺术文化的影响，而一改壮硕且粗犷为丰美而修长，身体姿势动态呈现出优美含蓄的曲线。供养人的衣着、身形特点与莫高窟隋代壁画供养人相似程度很高，“此期人物形象已从前期的壮硕型向更加丰满柔美型发展，身体曲线逐渐展露。菩萨披帛呈细条状，横于胸腹前一或二道，身姿略扭曲，此种形象的菩萨在莫高窟隋代壁画中常见。女供养人整个形象呈倒‘V’字形，衣着特殊，内着高腰裙，外披大氅，与敦煌莫高窟隋代供养人形象相近”①。壁画中出现的供养人的这种装有袖子却只作为装饰的、镶有宽衣缘的披风式外套大衣在中国服装历史上仅有短暂的流行时间，就是在隋代。供养人像体量很小，大多数供养人的高度不及尊像的五分之一，挤挤挨挨的排在一起，面佛或者面向菩萨，虔诚做供养，位置不显著，画在画面的边缘。菩萨造像彰显女性气质，多具有亲切、慈祥、优美、宁静的审美情调。飞天的形象在显圣池多幅壁画中都有表现，有双飞，有群飞等灵活的组合，飞行姿态很多，虽然模糊不清，难以对其细部特征进行细致深入的考察，但是可以肯定的是，飞天大体上完成了中国化、女性化、世俗化、歌舞化的历程，身体比较自由舒展，不似前朝呆板僵硬。第九组壁画中的飞天在流云、天花的衬托下飘扬飞旋，裙裾、披帛徐徐飞扬，意境悠扬而祥和。

从内容上看，13 组壁画中，计有三组尊像中的主尊像为交脚坐弥勒菩萨，“说明在隋代水帘洞石窟中弥勒上生信仰还存在，而这在敦煌莫高窟隋代壁画中也是主题内容”②。莫高窟隋代壁画中的弥勒形象大多为菩萨装交脚弥勒。事实上这种形象在隋代之前，在南朝就大量存在。中国关于弥勒信仰的译经，自西晋竺法护译弥勒下生经、弥勒菩萨所问本愿经开始，后鸠摩罗什、沮渠京声等都有译著，译本多达十多种，可以分为“上生”、“下生”、“本愿”三个组成部分，依此也可知弥勒信仰非常普及。中国信奉弥勒，自南北朝时期逐渐盛行，隋代对弥勒上生的信仰很炽热，唐代以后由于《阿弥陀经》的译出，发愿往生西方净土者增多，弥勒信仰开始不及阿弥陀佛信仰，并逐渐消退。由于弥勒上生时尚为菩萨，因而上生信仰就是对弥勒菩萨和弥勒净土的信仰。表现在造像上，多为头戴宝冠、身披璎珞的菩萨装，姿势基本上是交脚坐。显圣池壁画第五组弥勒菩萨头饰宝缯，依肩背下垂至腰部，披帛由肩部落下绕臂搭膝垂落，颈饰项圈，上身袒露，下着裙，两掌相合举于胸前，两腿交叉。在敦煌莫高

---

① 《水帘洞石窟群》记载“左侧菩萨身光右侧绘一排坐佛，现存三身”（甘肃省文物考古研究所、麦积山石窟艺术研究所、水帘洞石窟保护研究所编著，科学出版社 2009 年版，第 119 页）。

② 同上。

窟，弥勒上生经变壁画见于416、417、423、433、436等窟。需要特别说明的是，莫高窟弥勒“绘制的位置皆为窟顶。用汉式宫殿象征兜率天宫，画弥勒菩萨向听众说法及天宫的净土庄严”[①]。在敦煌，比如第275窟的弥勒彩塑也是“放置于阙形或屋形宫殿内。而西魏、北周的弥勒造像位于在帐形龛内的例子也较多”。据《弥勒上生经》记载，弥勒菩萨所住的宫殿：“四角有四宝柱，一一宝柱有百千楼阁，梵摩尼珠以为绞络。时诸阁间有百千天女。色妙无比，手执乐器。”[②] 可知壁画内容完全一致。但是，显圣池壁画存有的仅仅是弥勒交脚说法像，却没有弥勒上生经变画，没有对弥勒上生的兜率天宫琼楼玉宇，仙乐奏鸣，宫娥曼舞，金碧辉煌，莲花盛开的描绘，只有飞天旋绕。与此毗邻的著名石窟天水麦积山石窟也没有该经变画。对于显圣池壁画弥勒上生是受到敦煌莫高窟壁画的影响还是南北朝至隋代其他区域弥勒造像的影响，尚待进一步考证。

总之，无论从艺术形式、技法上来看，还是从人物形象与服制角度，以及从内容上看，水帘洞石窟显圣池单元壁画都应属隋代（公元581—618年）。有人认为是北魏时代的作品，则扞格不入。

---

① 梁银景：《莫高窟隋代经变画与南朝、两京地区》，《敦煌研究》2004年第5期。

② 同上。

第五章

武山水帘洞石窟群壁画艺术概览

武山水帘洞石窟群现存壁画和雕塑无疑是石窟艺术的主体内容与精华所在，其分布、内容特征及其组合演变，是我们据以判断其年代、艺术流变的主要凭借，也是探索其文化价值和艺术特点的第一手资料。在武山水帘洞石窟群四个组成部分中，除了拉梢寺单元的天书洞等是封闭石窟之外，其他大部分雕塑多为摩崖悬塑，或于摩崖浅龛之中塑造尊像，壁画亦多位于摩崖或浅龛之中，几乎都是露天状态。由于壁画露天，长期的烈日暴晒，暴雨浇灌，年久失修等缘故，壁画损毁非常严重，泥皮斑驳纷落，甚至大面积剥落，破败不堪，颜料褪色变色严重，很多都漫漶不清。对武山水帘洞石窟群四个单元壁画进行分组描述，是我们系统掌握壁画基本内容的前提，也为揭示其艺术、文化价值所必需。

第一节　武山水帘洞石窟群壁画的分布与编组

水帘洞石窟群以文管所为中心，均分布于其周围一平方公里的范围之内，北为拉梢寺，南有水帘洞，西是千佛洞，东为显圣池，共四个单元，每个石窟之间相距数百米至一公里左右。这里曾经香火旺盛，是附近居民进行佛事活动和开窟造像的主要场所，方圆百里曾有所谓“七寺（显圣寺、拉梢寺、千佛寺、粉团寺、砖瓦寺、硬山寺、观台寺）”、“五台（清净台、莲花台、说法台、钟楼台、鸣鼓台）”之胜景。说明以水帘洞石窟群为中心，当地有着发达的佛教文化基础。

一　武山水帘洞石窟群壁画的分布

武山水帘洞石窟群现存壁画（彩绘）面积有两千多平方米，分布于四个单元中，其中以拉梢寺分布面积为最多。

拉梢寺位于山谷中响河沟北面的莲苞峰南崖壁之上，也叫大佛崖。在一块高宽 60 米左右的较为平整的弧形崖面上，浮雕一佛二菩萨，佛通高 42.3 米，是全国最大也是世界最大的摩崖石刻浅浮雕佛像，因之这里被称为大佛崖。石窟所在的山体像朵硕大而挺拔的莲花，外边的三两个莲瓣已经徐徐绽开，中间的依然簇拥成一个饱满的莲苞，每个花瓣上一条条的斑纹清晰可见，石窟掩藏在莲苞根部、莲瓣之间。崖壁上楼台、栈道、雕塑、画像，以及整座莲苞峰相辉相映，意趣盎然。目前，拉梢寺石窟壁画现存面积近 1700 平方米。

水帘洞居河南岸，是石窟群中心地带，在距拉梢寺近 500 米处的莲花山下，与拉梢寺遥遥相望，南北呼应。山腰有一个天然大洞穴，高约 30 米、长约 50 米、进深二十余米，壁画就绘制在这个洞穴的峭壁上。水帘洞壁画现存约 100 平方米。

千佛洞位于拉梢寺西北约一公里的千佛沟，因山沟西崖壁上绘千佛而得名，又因原摩崖悬塑七佛故名“七佛沟”。在高长约 25 米，进深 8 米多的天然洞穴开龛造像和绘画，现存壁画主要在南壁，面积约有 150 平方米。

显圣池在通往水帘洞石窟的峡谷公路左侧，在水帘洞东南侧，距离水帘洞文管所 1.5 公里，这里的雕塑、壁画全部露天存在，没有丝毫遮蔽，当地有“古洞穿山腹，无风六月寒”的说法，壁画就绘制在崖壁的东西两侧，现存壁画面积有一百多平方米。

石窟群中四个单元的壁画都漫漶不清，脱落严重，几乎没有保存完好的，尤其显圣池，西壁的绘画已经荡然无存，东壁绘画也只有依稀可辨的痕迹，可以预见，在保护条件不容乐观的情况下，水帘洞石窟群壁画作为佛教美术遗迹将不复存在。

二　武山水帘洞石窟群壁画的编组

武山水帘洞石窟群壁画（彩绘）面积庞大，画面有一层、两层，甚至三到四层的叠层，佛教形象密密麻麻地分布在山崖上。为了研究与叙述的便捷与清晰，研究者们都要将其分成若干组。鉴于武山水帘洞石窟群学界研究较少，关注较少，其窟龛、雕塑、壁画的编组方式只有甘肃省文物考古研究所编著的《水帘洞石窟群》一书中使用的编组方式等少数几种。据武山水帘洞石窟群文管所所长陈建平介绍，在这个编组方式之前还有一两个未曾公开发表的编组方式，影响很小，知者甚少，截止到撰文之前，笔者未能查找到这几个未公开发表的编组方式。

《水帘洞石窟群》一书对窟龛壁画的分组编号，主要是在1983年系统考察并编号的基础上，又经1995年最新一次的考察和重新编号而确定的。新编总计现存于水帘洞石窟的窟龛数为105个，其中，千佛洞51个，拉梢寺24个，水帘洞16个，显圣池14个。造像（包括现存于水帘洞内的道教造像）大小百余尊，壁画700余平方米，碑刻题名18通，石胎泥塑舍利塔12座。[①] 对于壁画的编号分组，是依壁画分布位置、内容的关联性进行分组，在位置上基本是从左到右，从上到下（拉梢寺壁画分组与此稍有差异），将位置分布集中，内容关联的部分分为一组。依据这样的分组方式将水帘洞壁画（包括浮塑）分为16组，显圣池壁画分为13组。拉梢寺壁画编组是从东崖到西崖，从东崖开始，大致是从左至右，从上到下，编号到西崖之后，大致从下至上编组，总计分为25组壁画。千佛洞石窟大约因为窟龛、雕塑较多，壁画大多是作为窟龛、雕塑的装饰与辅助出现的，有些画在龛内，有些画在尊像画周围，没有显见的主导地位，因而壁画多与窟龛、雕塑一起编号，独立绘制在崖壁上并被单独编组的计有四组，分别为第8号千佛，11号故事画，34号大型说法图，44号说法图。

这一编组是一个较为完整的、科学的编组方式，因此本书对壁画的描述与研究主要采用这一编号，部分地方有所变动，具体的编组情况详见下文武山水帘洞石窟群壁画（彩绘）各单元壁画内容描述部分。较之《水帘洞石窟群》的编组，本书变动之处的编组或者更为周全，或者更为细化。由于编组的变化，在壁画具体内容、时代、风格等的描述与研究上则更为细致入微。

---

① 甘肃省文物考古研究所、麦积山石窟艺术研究所、水帘洞石窟保护研究所编著：《水帘洞石窟群》，科学出版社2009年版，第5页。

第二节　拉梢寺石窟壁画分组述论

拉梢寺石窟（图 5.1）雕塑、壁画都很丰富，崖壁及各窟龛原来大都密密麻麻画满壁画，内容繁杂，包括佛教建筑，大量佛、菩萨、弟子等尊像，供养人，装饰图案等。形式精美，色彩斑斓，线条多变，勾勒、平涂、晕染以及绘塑结合等诸多方式综合运用。拉梢寺石窟的雕塑彩绘也很精彩。本书选择较有代表性的、相对完好的部分进行描述，对于窟龛的编号，采用《水帘洞石窟群》一书中使用的编号，对于壁画的编号，为了叙述的方便，做了适当的变动，将东崖、西崖两个崖面的壁画分别描述，增加了几个编组。

图 5.1　拉梢寺石窟景观

一　壁画概览

1. 东崖壁画

（1）第一组　坐佛

在崖壁壁画最上端，摩崖大像上部遮雨栏上面有一块平坦的条形崖面，在条形崖面的中间略偏西侧，绘一坐佛像（图 5.2），身后有略呈圆形的头光、身光，身光为发射状的绿、白、红、黑等彩色条带，条带略有弯曲，具有柔软飘摇的质感，头光在身光的包围之中，形状较为奇特，纹饰呈花朵状反复回绕反转的曲线。佛面部模糊不清，手指白皙纤长，左手直伸下垂抚膝作触地印，右手举于胸前作无畏印，内着镶边绿色僧祇支，镶袖缘绿色宽袖衫，袖缘镶边底色为暗红色，图案为半破式花朵，外着红色袈裟，着衣方式为半披式，结跏趺坐于仰莲台上。身光上方华盖，中部残破，两侧垂饰銮铃，垂幔依次绘制联珠纹、三角纹、莲瓣纹等。

图 5.2　拉梢寺壁画第一组　坐佛

（2）第二组　塔林

在摩崖大像上部遮雨栏上面的条形崖面上，第一组壁画坐佛的东、西两侧，集中绘画大量覆钵式佛塔（图 5.3），现残存三十多座，分上下两层，组成一个规模不小的塔林，面积约为 30 平方米。塔的形制大致相同，由四至五层叠涩式塔基、覆钵式塔身、塔刹组成，多施红彩，还有黑、白、绿彩等。塔基之下多有仰莲座或覆莲座，塔刹装饰飘扬的经幡等物。东侧下排约九座佛塔之间各绘制一列三至五层的仰莲瓣。塔林上方绘制一红色长带，长带上垂下诸多弧边带饰、莲花、銮铃等物。画面褪色、剥落严重，多已模糊不清。

图 5.3　拉梢寺壁画第二组　塔林

（3）第三组　听法圣众

图 5.4　拉梢寺壁画第三组　听法圣众

在遮雨栏下面，摩崖大佛像头光两侧绘红色栅栏，栅栏内从上至下绘四排听法圣众（图 5.4），从上至下依次为佛（图 5.5、图 5.6）、弟子（图 5.7、图 5.7）、菩萨（图 5.9、图 5.10）、力士（图 5.11），均有平涂圆形头光。

东侧壁画泥皮剥落，残损严重，四排圣众各残存一到两身，大多与西侧相似，因此本组描述从简，重点描绘较为完整的西侧部分。第一排残存二身佛像，皆结跏趺坐；第二排残存手持禅杖的弟子像一身；第三排残存一身菩萨像，头戴华冠，宝缯垂于胸前；第四排一身力士，左手握武器，右手五指伸展，体格健壮，粗犷彪悍。

西侧从上至下第一排残存佛八身（图 5.5、图 5.6），结跏趺坐于莲台上，佛衣多为红、黑、绿等色，穿着方式有通肩、交领、双领下垂等多种，民族化的程度很高，衣缘多镶或宽或窄的绿色边。佛手印亦较为丰富，有禅定印、双手轻抚胸前、双手合掌等。佛像外的空隙处，填绘莲花、莲蕾、宝塔。宝塔系叠涩式，形制很小，剪影式涂绘，平涂红、黑等色。

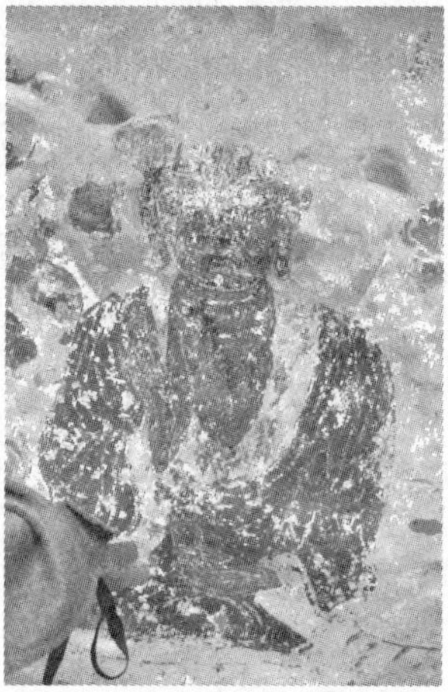

图 5.5　拉梢寺壁画第三组

图 5.6　听法圣众·佛

第二排弟子像十身（图 5.8、图 5.9），保存相对完好，神态、面容特征鲜明，描绘细致，袈裟有白、绿、黑、红等色，披着方式多样，有通肩、交领和双领下垂等，内衣亦有多种样式，自摩崖大佛头光一侧起，第三身似为对僧尼袒披着方式的改造，第二身内着镶云纹领边交领衫，第四身内着圆领衫，领口镶花卉图案花边。第二身与第三身，第六身与第七身，第八身与第九身弟子之间头光处各绘一座覆钵式小塔，第二、三身之间小塔下还绘三棵树，椭圆树冠，还细致描绘了果实等细节。弟子像之间还间或绘有花卉图案。

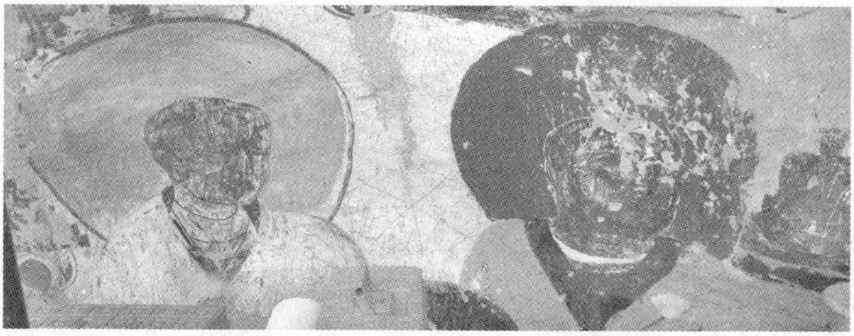

图 5.7　拉梢寺壁画第三组　听法圣众·弟子

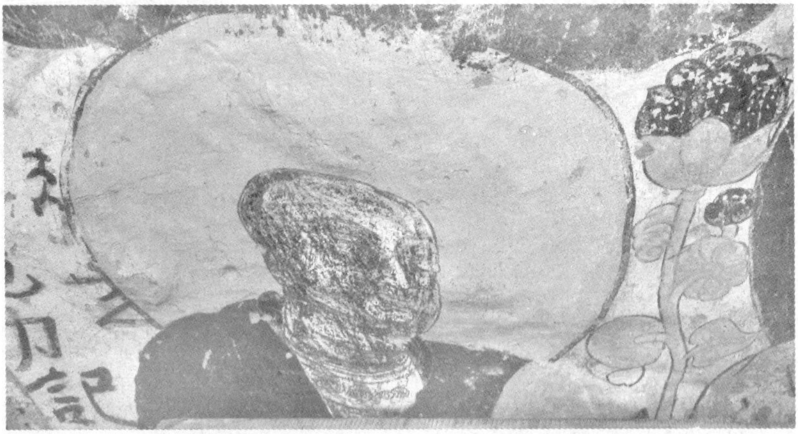

图 5.8 听法圣众·弟子

第三排菩萨像残存十身、菩萨（图 5.9、图 5.10），多朱线勾描，皆头饰华丽，戴珠翠、宝冠，宝缯或飞扬或下垂，身色有白、黑（黑色应为变色的缘故），多长眉大眼，唇上有蝌蚪胡须，衣色有白、绿、红等，微侧面佛，手姿各异，或双手合十举于胸前，或手持莲花、宝珠，或手作拈花状。

图 5.9 图 5.10 拉梢寺壁画第三组 听法圣众·菩萨

第四排力士像（图5.11）残存八身，面容威严，体格健壮，粗犷彪悍，头饰花冠，宝缯多向上飞扬，眉毛扭曲，眼睛硕大，胡须张扬，裸上身，颈戴项圈，肩搭绿、红等色披帛，绕臂下垂，下着短裙，手姿各异，第一身手握武器，其余或五指伸展，或双手相合等。

图5.11　拉梢寺壁画第三组
听法圣众·神将

力士像下是一排横向延展的栅栏，中间部分被摩崖石刻菩萨像的头光遮挡，施红、白等彩，颇有立体感。

（4）第四组　莲花、宝瓶等图案

在摩崖大像佛与菩萨之间的空隙中，填画莲花、莲蕾、宝瓶、忍冬等图案。在摩崖大佛像的肩部外上方，佛与两菩萨的头光之间，左右对称各绘“水浮莲花”图案一组，莲花漂游于水上，花瓣仰俯有致，花下泛起层层涟漪，周围杂以莲蕾、莲花、水草等。

在摩崖大像佛与两菩萨之间，菩萨的肩部上方，各绘一个宝瓶图案（图5.12、图5.13），基本左右对称，用色主要是黑（可能是红色变色）、绿、蓝、红。一枝绿色莲花花梗，花梗顶端的莲花高托宝瓶，宝瓶侈口细颈鼓腹平圆底，瓶体绘弦纹，蓝、绿等色宽带纹。瓶中插花、孔雀翎，瓶周围装饰莲花、莲叶、忍冬。宝瓶图案华丽繁杂又不失活泼率性。

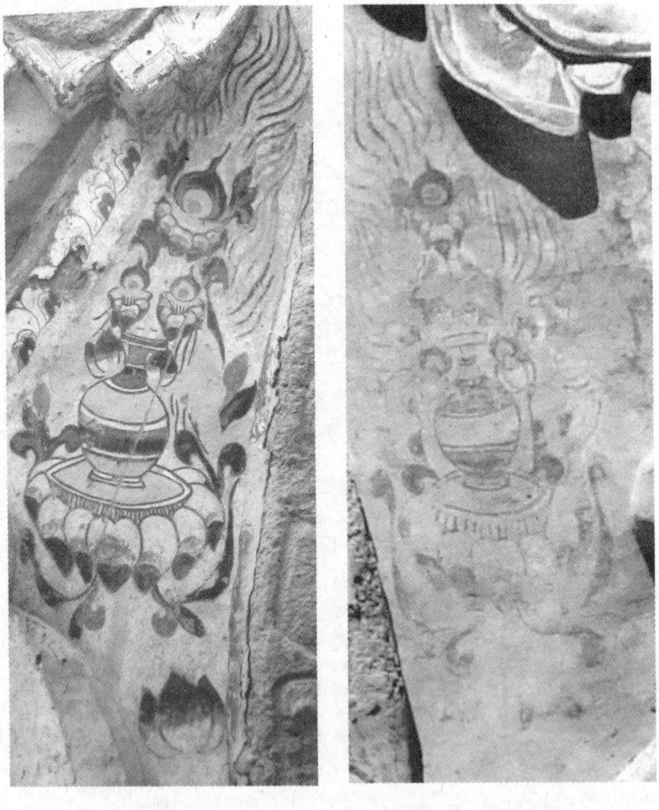

图5.12 图5.13 拉梢寺壁画第四组 宝瓶图案

在摩崖大像佛与两菩萨之间，佛的腰部两侧，基本左右对称各绘宝塔、莲花、莲叶（图5.14）。塔在外侧，通体以朱线勾勒，塔基为叠涩式，五层，皆填绘图案。自下至上，第一层装饰绿色波状忍冬纹；第二层朱线勾勒散点半破团花图案，花瓣点绿彩；第三层朱线勾勒菱形网格纹，网格中间点绿彩；第四层朱线勾勒半圆与吊穗间隔的垂饰纹，半圆中间填绿色三瓣花卉纹；第五层绿线勾勒半圆与吊穗间隔的垂饰纹。覆钵式塔身，满饰绿色珠翠璎珞。塔刹的位置绘一朵莲花，面积略大于塔，莲瓣上施红色下施白色，逐渐过渡，花萼绿色。莲叶在内侧，绿色，呈伞状，主干粗壮，叶脉勾画纤细如线。

在这三组较大的图案占据了较大的空隙，除些之外一些小的空间中又填绘小型的莲花、莲蕾等纹样。

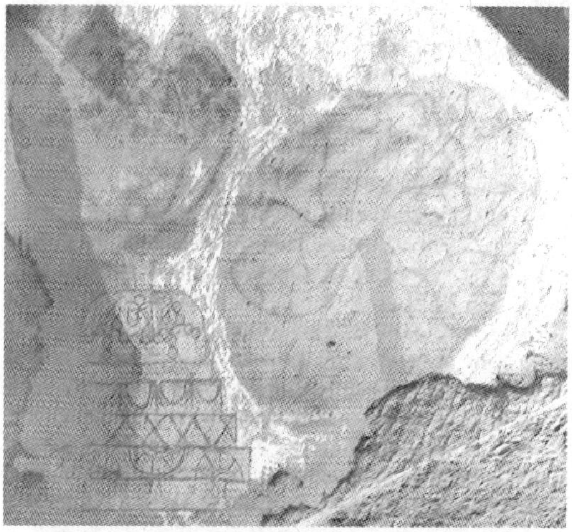

图 5.14　拉梢寺壁画第四组 莲花、宝塔、莲叶

（5）第五组　缠枝番莲图案

在第三组壁画中栅栏的下方，西侧菩萨头光的西侧，绘一株缠枝番莲图案（图 5.15），花繁叶茂，花头俯、仰、转、侧、正、背角度多样，活泼率性，深色线条勾勒之后再填绿、红等彩，绿色花叶直接平涂，红色的花瓣从内向外晕染，由红色渐变为紫黑，花蕊施黄或绿等彩。

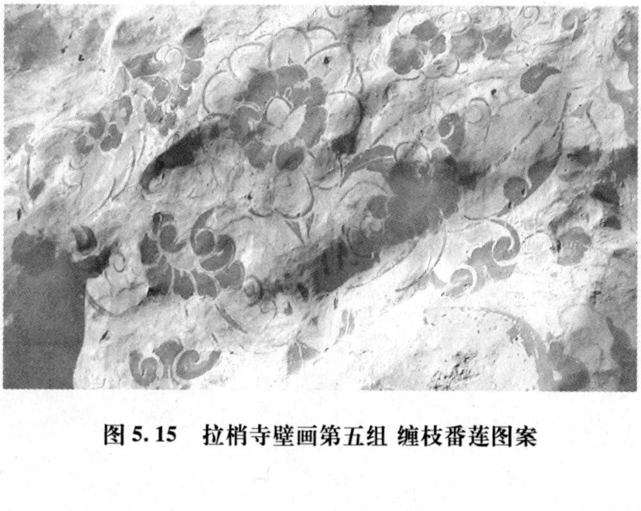

图 5.15　拉梢寺壁画第五组 缠枝番莲图案

（6）第六组　弟子菩萨像

在宝相花图案的下方，绘弟子菩萨六排（图5.16、图5.17），皆有平涂圆形头光，头光颜色有红、绿、橙黄等。

图5.16　图5.17　拉梢寺
壁画第六组　弟子菩萨像

从上至下，第一、二排分别绘二菩萨。第三排绘二菩萨一弟子，菩萨手持花卉。第四排绘菩萨弟子像。第五排存弟子像一身。第六排紧贴西侧摩崖石刻菩萨上臂，绘菩萨像一身，面容圆润，身材修长，颈饰项圈，双手相合举于胸前，着红色衣缘通肩大圆领绿色袈裟。以上部分画面由于距离太远，难以细辨，所以有些图像可能不尽准确。

在东侧菩萨的东侧，绘与此相似的弟子菩萨像六排，多已残毁，本书不再分组描述。

（7）第七组

在第三组听法圣众像的右侧偏上方，绘一佛赤足立于莲台（图5.18），同心圆形头光，形象俊美恬静，身体微侧，身色洁白，高肉髻，面颜丰润，弯眉大眼，直鼻厚唇，右手举于胸前作拈花状，内着僧祇支，衣缘镶边，镶边又饰碎花，外着袈裟。朱线勾勒，线条流畅优美。

图 5.18　拉梢寺壁画第七组　立佛

（8）第八组

在第七组壁画下方，画一佛二弟子二菩萨，佛着褒衣式袈裟，结跏趺坐于莲台之上，两侧各侍立一弟子一菩萨，弟子双手拢于袖中，佛右侧菩萨画像大部分已剥落。

（9）第九组

在第八组壁画下方，并行各绘一佛二弟子像两组（图 5.19），以竖长条带分隔，带内填绘绿、黑、白、红等色波状图案，向上下延展。西侧佛结跏趺坐于仰俯莲台，经雨冲刷，仅存身体左半部与部分绿色头光、莲台等，佛衣黑色，绿色衣缘，佛身后二弟子侧身侍立，西侧弟子模糊难辨，东侧弟子双手相合举于胸前。东侧佛面如满月，五官模糊，内着镶黑色衣缘绿色宽袖交领衫，外披镶橙黄缘红色袈裟，双手相叠置于腹前。佛身后侍立二弟子皆较为模糊，西侧弟子大眼炯炯。本组壁画上方亦有一段横向的长条边饰，以分割相邻的两组壁画，黑色底上散点式交错排列半破式花卉图案。

（10）第十组

位于第九组壁画的正下方，绘二佛并坐（图 5.20），结跏趺坐，皆有同心圆形头光、身光，施彩白、红、绿等色，部分壁画与前代壁画重叠。西侧佛像由于风雨侵袭，漫漶不清，外披红色袈裟，左肩以钩钮方式穿戴绿色衣衫，衣衫形制不明，约略可见左手平置于腹前，掌心向

图 5.19 拉梢寺壁画第九组 佛、弟子

上。东侧菩萨脸部部分残缺，面形圆润，半披红色衣缘橙黄袈裟，衣裾下垂于莲台亦呈莲瓣状，袈裟外绕绿色披帛状物，右手举于胸前做说法印，左手掌心向上搁于腹前，拇指、食指前伸，其余三指弯曲。两佛之间绘花卉。

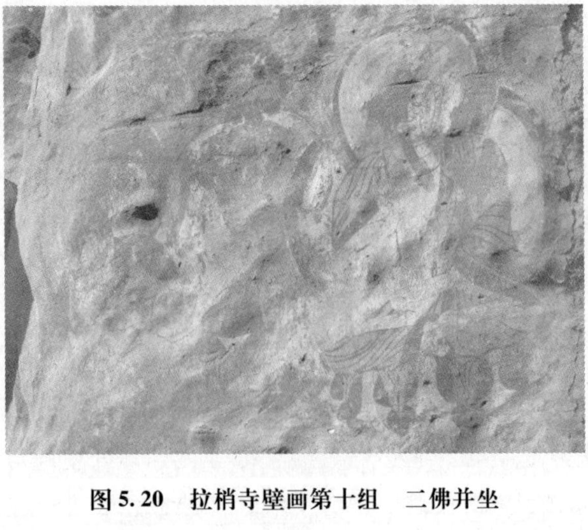

图 5.20 拉梢寺壁画第十组 二佛并坐

（11）第十一组

位于第十组壁画的正下方，依稀可辨中间二佛并坐，结跏趺坐。东侧佛因与其他壁画内容交叠而模糊不清，西侧佛与上一组西侧佛着衣相似，右手举于胸前做说法茧，左手抚膝。两佛两侧各侍立一弟子，双手合掌。

（12）第十二组

位于第十一组壁画的正下方，绘一佛二菩萨二弟子像（图5.21），佛面部、双手、双足施彩后再朱线勾描，线条细劲，右手举于胸前结说法茧，左手抚膝做触地印，低平肉髻，点朱色白毫，初月状绿色眉毛，眼睛细长，内填白色，口鼻模糊不清，颈戴项圈，朱线勾描，内着绿色宽袖衫，内衫一部分似以钩钮外挂于外衣（该衣服具体形制不清，未见《摩诃僧祇律》、《法苑珠林》、《四分律删繁补阙行事钞》等史料的相关记载），袖口衣缘镶白底红绿小点图案边，外披白条红叶红缘袈裟[①]，着衣方式为半披式[②]，结跏趺坐于中间，右脚饰环，朱线勾描。佛身后有头光身光，身光由红、绿、白等色带组成，色带柔软弯曲，呈放射状，头光图案模糊不清，由红、绿等小而碎的色块组成。西侧弟子微侧面佛侍立，面形圆润，双手合十举于胸前，内着宽袖绿衫，下着橙黄长裙，外着橙黄缘红色袈裟，着衣方式为半披式，头后有绿色圆形头光，外勾红色边缘。东侧弟子像剥落严重，身姿与西侧弟子大致相同，内似着橙红深衣，外披镶绿缘红色袈裟。佛与二弟子之间，佛头光与弟子身后，各绘一菩萨，微侧面佛侍立，身后头光仅勾红色边缘。西侧菩萨面部、颈项、双手未施彩，仅作朱线勾勒，面形圆润，双手合十举于胸前，上衣轻涂绿色，下着绿缘橙黄长裙，赤足施粉红彩。东侧菩萨似只绘头像，仅存眉眼。[③]

---

① 袈裟构造参见费泳《汉地佛像服饰民族化进程中的若干问题》，载黄惇主编《艺术学研究》第一卷，南京大学出版社2007年版，第144—145页。

② 佛衣穿着方式“半披式”参见费泳《汉地佛像服饰民族化进程中的若干问题》，载黄惇主编《艺术学研究》第一卷，南京大学出版社2007年版，第171—172页。

③ 《水帘洞石窟群》描述该组壁画“佛背光与弟子之间各绘一菩萨头像”，显然有错误，参见甘肃省文物考古研究所，麦积山石窟艺术研究所，水帘洞石窟保护研究所编《水帘洞石窟群》，科学出版社2009年版，第36页。

图 5.21　拉梢寺壁画第十二组　一佛二菩萨二弟子

（13）第十三组

位于第十二组壁画的正下方，崖壁西侧绘两座印度式塔，平涂红色，叠涩式塔基，覆钵式塔身，塔侧经幡飘扬。塔东侧依稀可辨一佛二弟子像。

（14）第十四组

位于第十三组壁画的正下方，该组壁画整齐排列一排 11 身立菩萨，头戴山字形华冠，颈饰项圈，臂饰宝钏，穿褒衣式袈裟，搭披帛，两手相合举于胸前，身材修长。画面设色艳丽鲜明，现多有褪色，剥落亦很严重。

（15）第十五组

位于第十四组壁画的正下方，现存九身、三组菩萨，正中间一组的正觉菩萨半结跏趺坐于束腰方形须弥座上，座下饰莲瓣，头戴有金属质感的山字形华丽宝冠，面颜丰润，身色为白，颈饰项圈，臂饰宝钏，左手扶膝，右手于胸前作拈花状。正觉菩萨两侧一前一后侍立二胁侍菩萨，双手合掌。左右两组菩萨像原画分别为一正觉菩萨四胁侍菩萨，现均有较大残损，其中的正觉菩萨已不清楚，胁侍菩萨分别保留两身。

（16）第十六组

位于第十五组壁画的正下方，壁画剥落、褪色严重，原绘四组菩萨像，每组均为一正觉菩萨坐于中间，二胁侍菩萨侍立于两侧，现大多不存。

（17）第十七组

该组是第十六组西侧下方的一组壁画，原绘内容亦为正觉菩萨与胁侍菩萨的组合，壁画破坏严重，现大多不存，一个正觉菩萨的台座保存较好，束腰叠涩式，上饰花纹。

（18）第十八组位于第十七组的下方，10 号龛西侧，画面大部分泥皮脱落，保留了东侧的一部分。画面以联珠、方块几何纹样作为边饰图案将这个“净土”主题（图 5. 22、图 5. 23）与其他画面分割开来。画中间应为一佛，残留方形基座、衣裾与双脚，佛双脚踩莲花，莲从佛座前的地上生出，莲茎上又生一支莲蕾。佛座前还有一个器型复杂、工艺繁缛的熏炉。熏炉一侧蹲一头狮子。佛左侧绘一弟子四菩萨一力士，姿态各异，有立有坐，多侧身向佛，上排的一身菩萨侧身向外。弟子像头部残损，着镶绿缘白色衣衫。菩萨丰满圆润，装饰华丽，满饰璎珞、宝缯，上身袒露，下着长裙。力士在画面边角处，身形较小，满饰璎珞、披帛，上身袒露，下着裙，双手外扬。尊像身后绘七宝池、八功德水、栅栏、阶沿，朱栏绿水，池上横卧单拱桥。

虽然画面残破，但是依然体现出一种典型的栏廊池桥错落有致的极乐世界的象征模式。画面上方，一身飞天手托果盘，乘着云彩徐徐下飞，披帛、衣裙向后飞扬。飞天旁有一金翅鸟。根据以上内容，可以判断该经变画描述的是西方净土变。

从现存壁画推断，第十八组布局整理如图所示。从布局看，中间说法之佛被众星捧月的烘托出来，圣众位于栅栏池水中间的平台上，上接碧空蓝天，飞天翱翔，画面疏、密、主、次、聚、散变化自如，这个构图境界辽阔开朗。

（19）第十九组

位于第十八组的下方，10 号龛西侧偏下，是一幅菩萨说法图（图 5. 24），在设色、构图、内容安排等诸多方面与第二十一组壁画相似，由于第二十二组壁画画面完整，所以在描述上，详细描述第二十一组壁画，本组简述。本组壁画西侧部分脱落。正中菩萨身后有圆形头光与身光，头饰、项圈、臂钏、脚环皆为金色，下穿贴身条纹裤，游戏坐于方形叠涩式圆柱形束腰须弥座，左脚收起，右脚下垂踩莲花。菩萨左边画弟子、胁侍菩萨三排，上面一排画三身弟子头像，中间一排画两身弟子像，双手合掌，微侧面佛侍立。下面一排画菩萨两身，戴金色头饰、项圈，短衫长裙，搭绕双面双色披帛。

图 5.22　拉梢寺壁画第十八组　净土变

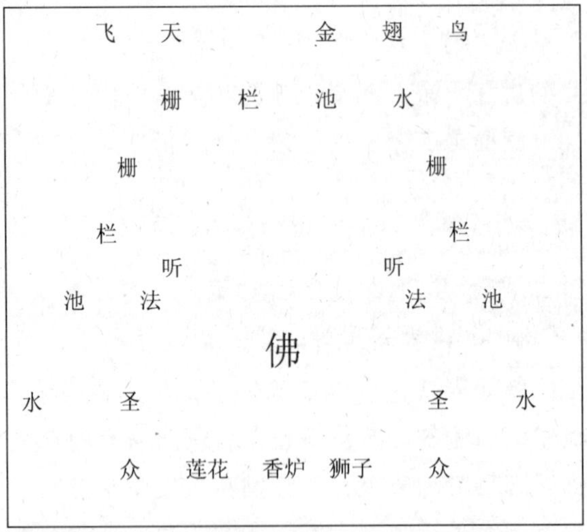

图 5.23　拉梢寺壁画第十八组　净土变结构图示

画面顶部绘番莲花图案，向两边卷绕延展，设色、勾线与二十二组壁画番莲相同。

图 5.24　拉梢寺壁画第十九组　菩萨说法图

（20）第二十组

位于 10 龛东侧的一组壁画，壁画破坏严重，仅见二胁侍菩萨与一束腰方座，菩萨头饰珠翠，颈戴项圈，搭披帛，着长裙。

（21）第二十一组

在 10 龛西侧，绘三身菩萨像，皆双手合十，微侧向佛塔龛侍立于莲台之上，手臂搭双面双色披帛，中间一身着绿裙，另外两身着杂色裙，白底橙色条纹，裙边镶绿边，毗邻佛龛的两身菩萨头部剥落，第三身菩萨面形长圆。

（22）第二十二组

本组壁画（图 5.25、图 5.26）位于 10 龛下方，毗邻第十九组壁画，本组壁画以花卉边饰图案、立柱等将画面与其他壁画清楚地划分开，画面底色为白，约有四平方米，保存完整，绘制精美。

中间一身正觉菩萨，身后有同心圆形头光与身光，头戴金属质地的金色山字形高宝冠，并插戴其他头饰，颈戴项圈，臂戴宝钏，脚踝饰环，佩饰华丽繁多，多以线描刻花纹，皆为朱线勾边，平涂金色。面圆如满月，袒上身，肩搭绿色披帛，右手举于胸前作说法状，左手置于腹前，下着绿裤，裤形类似于魏晋以后流行缚袴，在膝盖下方缚带，形成喇叭形折裥裤口，口沿镶金色细密折裥边，裤外穿镶红边白色短裙，右腿盘起，左腿垂下，左脚踩莲花，游戏坐于莲台。莲瓣两层，一层竖直，白、绿相间，一层展开外翻，皆为翠绿色。莲台之下绘须弥座，上下方形出涩、中间圆柱形束腰，各层多有装饰，底部装饰莲瓣。

正觉菩萨两侧各绘五身胁侍菩萨立像，皆有圆形头光，头饰华丽，颈饰项圈，身体微侧向菩萨，前后排列。最前面的两身菩萨穿红衣，搭披帛，着长裙，双手合十。

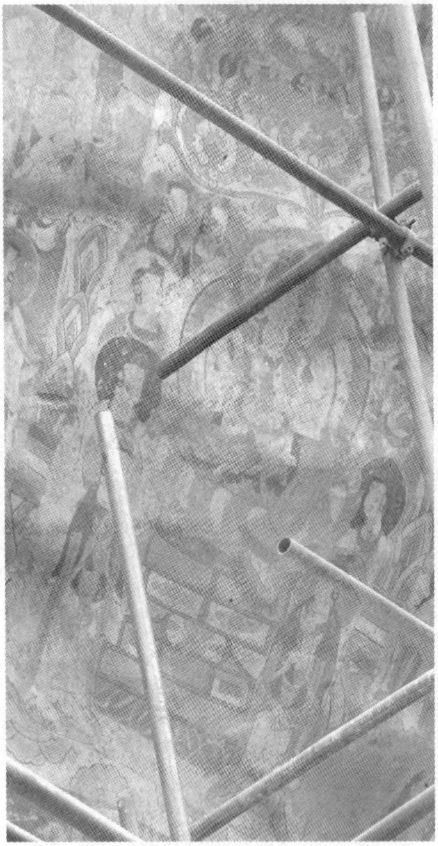

图 5.25　拉梢寺壁画第二十二组菩萨说法图

菩萨头顶绘一束三枝番莲花，中间一枝，另外两枝向两边延展，左右基本对称，朱线勾描，枝叶施绿彩，花瓣施绿、白彩，花蕊饰土黄彩，并点浅黄点，花头硕大，俯仰有致，枝蔓花叶翻卷旋绕。

画面两边立柱装饰繁丽，自下而上依次装饰折线纹、宽带纹、莲瓣纹、宽带纹、摩尼宝珠纹。画面底边以半破式宝相花作为边饰图案。

第二十二组菩萨说法图构图布局整理如图 5.26 所示。

第二十二组菩萨说法图布局方式与第十九组、第二十三组略同。

（23）第二十三组

在贴近西侧摩崖石刻菩萨裙裾下缘的位置，绘菩萨说法图，画面底色为白，正中的菩萨残存山字形华冠与部分脸部，身后有光

图 5.26　拉梢寺壁画第二十二组　菩萨说法结构图示

相。正觉菩萨左侧残存两排七身菩萨，束发，戴华冠，圆形头光，微侧向正觉菩萨，上排四身，下排三身。正觉菩萨右侧残存三排七身菩萨，上、中排各两身，下排三身。画面上方绘两枝番莲从中间向两边呈波状横向延展，朱线勾勒，两边绘束莲装饰的立柱。画面多有剥落。

（24）第二十四组

在摩崖石刻佛座第二层浅塑狮子，西侧第二身狮子旁边绘一组壁画（图 5.27），上方一排画像较小，约略可辨为七佛，画面主题似为佛说法图，佛身色为红，袒上身，肩搭绿色披帛，结跏趺坐，头后有红、绿、黄等色同心圆形头光。佛两侧原各绘三身尊像，西侧泥皮剥落，只存一人，似为弟子，着红色袈裟。佛东侧三人，第一人似为弟子，着橙红色袈裟；第二人似为菩萨，袒上身，肩搭披帛，下着红色长裙，腰间垂带，立于圆形仰莲台上；第三身形象不清，衣装红色，无袖，衣长及膝，类似唐代胄甲中的马甲。佛头光两侧绘多身画像，均难以辨析。

图 5.27　拉梢寺壁画第二十四组　七佛及佛说法图

2. 西崖壁画

(25) 第二十五组　塔群

西崖最上层遮雨檐的上面，崖面原绘叠涩式宝塔等，施红彩，现多已模糊不清。

(26) 第二十六组　飞天与圣众

《水帘洞石窟群》编号 11，西崖两层遮雨檐之间（注：西崖共有遮雨檐两个），崖面原有塑像五身，现残存两侧菩萨头部，中间的塑像仅存木骨，塑像后的岩壁上都有繁丽复杂的彩绘光相痕迹，东侧画面（图 5.28）保存相对较好，菩萨的头光可辨的纹样有一圈火焰纹，一圈旋涡纹。西侧部分仅有色彩痕迹。东侧上方两身飞天缓缓飞动，皆有圆形头光，身体呈 V 形，朝向西侧飞翔，偏西侧的一身较为模糊，偏东侧的一身头部剥落，颈戴璎珞，肩搭双面双色披帛，向后飞扬，身色为黑，可能是由于变色的缘故。东侧飞天下方，菩萨东侧，残存人物三排，第一排可辨弟子四身，平涂圆形头光，仅有头像，肩部以下被下排的佛的头光所遮挡。第二排绘尊像三身，中间一身似为菩萨，两侧两身佛像[①]，从东侧雕塑菩萨一侧起，第一身坐佛同心圆形头光，分别施黑、红等彩，高肉髻，身色为白，着红色镶边通肩圆领袈裟，手拢于袖中，面部模糊；第二身画像平涂绿色圆形头光，头部装饰高宝冠，形制不清，着绿衫红裙；第三身亦为坐佛，同心圆形头光，高肉髻，着黑色镶边通肩圆领袈裟，双手拢于袖中，结跏趺坐于莲台之上。第三排残存人物两身。

图 5.28　拉梢寺壁画第二十六组飞天与圣众

（27）第二十七组　塔群

在西崖栈道下面，沿栈道绘众多佛塔，由于画面模糊，难以细数，均施红彩，塔上经幡装饰别有意趣，将经幡处理成近似花卉、云纹的形态，朱线勾描，未施色。

（28）第二十八组　千佛

西崖栈道塔群以下大面积绘千佛（图 5.29、图 5.30），主尊组合基本为一佛二弟子二菩萨，佛结跏趺坐于莲台，双手结禅定印，袈裟镶边，半披式，身后绘同心圆形头光与身光，逐层平涂白、黑、红等，头上有绿色

① 《水帘洞石窟群》记载“左侧菩萨身光右侧绘一排坐佛，现存三身”（甘肃省文物考古研究所、麦积山石窟艺术研究所、水帘洞石窟保护研究所编著，科学出版社 2009 年版，第 49 页）。

菩提枝叶华盖。佛两侧分前后各侍立一弟子一菩萨于莲花之上。菩萨面容恬静、圆润，衣饰华丽繁杂，头戴金属质感的山字形宝冠、项圈、臂钏等，皆以朱线勾描。偶有一佛二弟子的尊像组合。千佛绘画上半部多施红、绿、白、黑等色，画面颜色对比非常强烈，下半部多施红、黄彩。

千佛剥落异常严重，很多画面剥蚀不清，上层画面与下层画面也有部分交叠。

图 5.29　拉梢寺壁画第二十八组　千佛

图 5.30　千佛

（29）第二十九组（图 5.31、图 5.32）

位于 13 号龛的东侧偏上方，画面残存一大佛，右手作说法印，右脚踩莲花，身后有弯曲的带纹呈放射状排列的身光图案。

佛右侧前排第一身为菩萨，圆形头光，头戴角状装饰，两侧系扎宝缯，缯端垂于肩部，面形饱满，装饰项圈、臂钏、手环等，双手捧宝盒，上身斜披络腋，下身长裙贴体，腰间结带，垂至脚部。

菩萨右侧残存一形象，头部与右半部分残缺，只可辨双手持一长柄物体，搭红、黄双面双色披帛。佛右侧后排侍立两身弟子，双手合十。佛左侧画像已不存在。上下两层壁画有部分交叠。

第二十九组壁画下方绘多排坐佛，应为千佛，身后有身光、头光，结跏趺坐，多已残损，双手或拢于袖中，或手结禅定印，眼睛微闭，表情虔诚。

图 5.31　拉梢寺壁画第二十九组　佛、菩萨、弟子

二　雕塑彩绘艺术

东崖三身摩崖石刻大像，以及西崖 12 号保存完整的佛像，原均施彩绘画，现残存部分颜色鲜明，纹饰精美。

1. 东崖摩崖石刻大像彩绘部分

（1）第一组

大佛头光彩绘，由内至外共有八个同心圆，内填四种不同的图案，经

图 5.32　拉梢寺壁画第二十九组

线勾描之后再填色。

第一圈勾绘缠枝石榴花图案，酱红底色，鲜艳的红、绿花瓣，纤长的绿色枝蔓，整体有织物的质感，基本结构与关友惠先生描述的敦煌莫高窟早期忍冬图案样式之“单叶藤蔓分枝忍冬纹”[①] 相同，但是整体造型繁丽华美，枝蔓为骨骼线，呈波状，每一个分枝上连一朵花，花头硕大，向两边回卷，枝上有小花朵，并错生很多小叶。第二圈是骨骼线为“S”形的翻卷式波浪纹样，施绿、红等彩。第三至第六圈是从一点向外扩展的旋涡纹样，施绿、红等彩。第七圈是平涂绿底，花卉图案，花形近似于唐天宝年间兴起的茶花纹，花瓣有内外两层，内层朱红色，外层深红色，外沿平涂白边并勾线，两个半团花等距离排列，成散点状，相互错开连续。第八圈平涂酱红色。

（2）第二组

立菩萨彩绘头光，由内至外共有五个同心圆，用色与佛头光相同。中间的圆形平涂绿色，第二圈为连续外翻的花瓣纹，第三、第四圈是从一点向外扩展的旋涡纹样，第五圈为连续内翻的花瓣图案。

① 马世长编：《敦煌图案》，新疆美术摄影出版社、新西兰·霍兰德出版有限公司 1992 年版，第 2 页。

（3）第三组

在摩崖大佛的基座上面亦有彩绘。基座分为五层，从上至下，第一、三、五层为内外双层莲瓣。内层多平涂绿色，并在瓣尖部分依据其形状勾画装饰线条。外层莲瓣瓣尖部分多施红彩，瓣心、瓣根部分似未施彩或涂白色，并依据莲瓣形状勾绘适合线条、花卉等纹样，多绘一种类似藤蔓植物卷须状的图案。大多已经模糊不清，只有一些斑驳的色块。

（4）第四组

菩萨手持莲花（图 5.33、图 5.34）的彩绘主要在莲瓣部分，依据莲瓣形状作适形处理。左侧莲花纹饰华丽，莲心、莲根部位画宝相花，朱线勾边，内填红、绿色，填色流畅，可辨笔触颜色运行的轨迹，边缘部分留白。宝相花外饰莲瓣状红色双勾线。莲瓣外缘平涂红色。右侧莲花纹饰略显粗犷，朱色勾月牙状曲线后填红、绿等彩。

图 5.33　图 5.34　拉梢寺摩崖石刻大像彩绘第四组

2. 西崖 12 号佛像彩绘

西崖 12 号摩崖悬塑佛像中，除了自西至东数起的第四身佛像保存完整之外，其他佛像均已残毁。第四身佛内着偏衫，外着勾钮式袈裟，下着裙。袈裟绘红色田相纹，衣边施褐红彩，内填半破式花卉纹，裙填绿彩，下缘平涂红边，佛立于仰莲座（图 5.35）上。莲瓣有内外两层，内层莲瓣中心朱线勾画牡丹图案并填红、白、黑等彩，外缘依照莲瓣外轮廓平涂黑色等宽边，并勾朱线。外层莲瓣依照外轮廓逐层绘宽带纹，中心填涂红彩。图案大气饱满，色彩对比强烈。

图 5.35 拉梢寺西崖 12 号佛像彩绘

第三节 水帘洞石窟壁画分组述论

水帘洞石窟少有雕塑，多为壁画，约 100 平方米，全部绘制在洞穴北侧的崖壁上，多为北周时期的作品，造型、施色等具有中国传统绘画的技法与风格特色，壁画露天，长期风雨剥蚀，烈日暴晒，大多漫漶严重，计有 18 组，分述如下：

（1）第一组 塔群与壁画

在崖壁西面，摩崖浮塑塔群，约有五座，现保存较好的有两座（图 5.36），叠涩覆钵式，五层塔体施红、黑等彩，大多剥落褪色，塔基下装饰莲瓣。

两塔之间残存似为仰覆莲瓣式莲花柱头立柱，立柱往上延伸为莲梗，莲梗顶端顶起一朵硕大的莲花，应为上面壁画中佛的基座，壁画严重漫漶，模糊不清，大略猜测是这样。包括《水帘洞石窟群》一书在内的文献资料均未对这一部分壁画，尤其是其独特的基座作描述。如果猜测成立，则是目前所见佛之基座中极为独特鲜见的样式，即由立柱、莲梗、莲花组成的基座。在龙门石窟有类似的菩萨座的雕塑表现形式。龙门石窟西

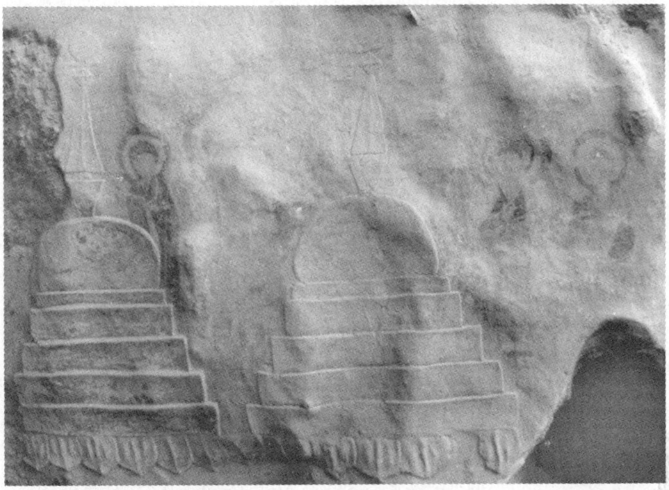

图 5.36　水帘洞壁画第一组

山万佛洞，主尊阿弥陀佛背后的壁面上雕有 54 朵莲花，莲花都带有莲梗，每朵莲花上都端坐一位供养菩萨，她们或坐或侧、或手持莲花、或窃窃私语，神情各异。龙门石窟东山大万五佛洞主尊弥勒佛台座下部延伸出莲梗很长的两枝莲花，莲花上各站立一位菩萨。一般情况下莲座状的佛座、菩萨座都不带有莲梗。

只是一朵或仰或覆、或仰覆结合的莲花。带有莲梗的基座，增添了几多生活气息与人间景致。

两塔之间，莲花上面，又画一佛二弟子像。东侧一佛一弟子保存较好，均着黑色交领镶衣缘长衫，腰间结带，外披袈裟，皆有同心圆形头光。佛头上有红色叶状华盖，身后有艳丽的红色椭圆状身光，尖状肉髻，秀骨清像，眉眼清秀，眉弯曲纤长如初月，眼细长，右手举起作说法状，左手平放于胸前，大拇指与食指相触。佛之东侧弟子微侧身向佛侍立，面目清秀，右手握左臂，左手举莲蕾。佛西侧弟子像模糊不清。从东数起第一、第二座塔之间的西侧的弟子像保存相对较好，弟子弯眉长眼，着交领长衣，外披袈裟，圆形头光。

（2）第二组

第一组塔群东侧紧挨着一个小龛，龛内上沿绘莲花图案，严重烟熏，墨线勾勒后填彩。

（3）第三组

毗邻第一组壁画，在其东侧，褪色严重，依稀可辨一佛二弟子、数位女供养人。

（4）第四组（图 5.37）

水帘洞石窟壁画体量最大，内容最丰富，佛与菩萨尺度最大的一组，高度约六米，宽度约八米，位于画面中上部。由于画面内容繁杂，为便于叙述，又分为如下七组：

图 5.37　水帘洞壁画第四组

第一组，画面中间体量最大的一佛二菩萨及其两侧二弟子二菩萨二力士。第二组，佛上臂左右两侧各绘一宝瓶。第三组，两身较大的胁侍菩萨头光上方，立佛头光两侧的三身弟子像。第四组，第三组两组弟子像外侧，菩萨头光外侧上方的一佛二菩萨。第五组，在立佛头光东侧，与第四组约略对称的位置，东侧大胁侍菩萨头光上方外侧，绘二佛三弟子。第六组，在第五组二佛三弟子画像的正下方，绘三身正觉菩萨与四身胁侍菩萨。第七组，在第一组大佛脚下的莲台下方两侧，各绘一身比丘与两身供养人。

第一组。中间一高约 2.5 米的大佛立于覆莲台上，佛身后有直径约 1 米的大型同心圆圈头光（图 5.38），圆内填绘各种图案，由内而外第一层为白色、绿色、红色等同心圆圈。第二层圆圈两侧为红色边缘，中间黑色底上绘画波状回环缠枝忍冬纹，忍冬呈叶状两两对称生长，对生叶中间再添一朵花蕾。第三层外轮廓为桃形，填红、白、绿等色火焰纹。第四层为白色绿叶细茎花卉。头光外轮廓略作浮塑高出崖面。大佛面容宁静庄严，细劲单线勾勒五官，细眉长眼，鼻宽而高耸，唇上绘蝌蚪形胡子，下颌绘桃心形胡子，长耳垂肩，着通肩圆领红色袈裟，袈裟遍饰绿色田相纹，领口、袖缘部分镶肉色边，袈裟下有绿色长裙，双手举于胸前，一手掌心朝外，一手掌心朝内。

图 5.38　水帘洞壁画第四组大佛头光

佛两侧依次各绘制高约 1 米的一身弟子，高约 2 米的一身菩萨，高约 1.1 米的一身菩萨、一身力士。弟子立于莲台，身后有红、灰绿等色同心圆圈形头光，身着红色袈裟，袈裟袖口、领口镶绿边，脚穿圆口履。西侧弟子面向佛，双手持长柄香炉做供养，西侧弟子双手举于胸前拢于袖中，面佛礼佛。

体量较大的两身胁侍菩萨皆有头光，头光外层轮廓为桃形，内填白色火焰，里层为白、绿、红等色同心圆圈。西侧的一身菩萨（图 5.39）

头戴宝冠，发分三缕束裹宝缯，宝缯以浮塑的方式被特别强调，旋绕折卷垂至肩部，缯角外扬。面部模糊，隐约可见五官秀美，曲眉细眼，颈饰项圈，仅以线条勾勒，腕戴手镯，双手举于胸前轻挽项圈，肩裹紫红色帔帛，下垂至脚部，上身袒露，下身围裳波浪形绿缘红色长裙，裙边外翻，腰间结带下垂，脚穿圆口履立于莲台。东侧菩萨与西侧基本相同，唯宝缯为绘画方式，涂绘红色，眉眼尽失。两位菩萨身体上均留有一条笔直的红色左右对称轴线，应该是当年绘画艺人为了造型的准确而作的辅助线。

图 5.39　水帘洞壁画第四组菩萨头部

上面描绘的两身菩萨的外侧，又各绘体量较小的菩萨一身，力士一身，皆有圆形头光。西侧菩萨上身袒露，肩裹披帛，绕臂下垂，下裳围裙，赤足立于覆莲台。东侧菩萨左手持水瓶，右手抚于胸前，服饰与西侧相似。菩萨像均模糊不清。

二力士均有圆形头光，头戴宝冠，颈饰项圈，上身袒露，肩搭披帛，穿肘下垂，下身着裙，腰间系带，赤足立于覆莲台上。

第二组（图 5.40、图 5.41）。佛上臂左右两侧各绘一宝瓶，瓶内插花，瓶身装饰红、绿、白等色宽带纹。

图 5.40　图 5.41　水帘洞壁画第四组宝瓶

第三组。在两身较大的胁侍菩萨头光上方，立佛头光两侧，各绘三身弟子像，皆有圆形头光，身穿红色袈裟。西侧中间的弟子扭头向外，东侧第一身弟子右手举于胸前持有一物，似为莲花，左手置于腹前。其余弟子皆面佛拱手礼佛。

第四组。在西侧弟子像外侧，菩萨头光外侧上方，又绘一佛二菩萨（图 5.42）。佛身后有圆形头光与身光，光相内填绘绿色、白色、红色等同心圆圈。头顶有华盖，装饰华丽。盖顶应为圆形，有简单的装饰。垂幔分为里外两层，外层较短，白色，里层较长，红色，皆有细密的折裥，装饰有绿色、红色等三角、半椭圆形垂饰。此佛应为东方琉璃世界佛主药师佛，面容丰润秀雅如同月轮，仪态庄严慈善，曲眉大眼，唇色光润丹晖，内着红色僧祇支，镶黑色衣缘，外着双领下垂袈裟，袈裟衣纹用红色线条勾勒，没有施彩，左手于脐前端一佛钵，右手举于胸前，壁画褪色，手印不明，结跏趺坐于覆莲台。佛两侧各一绘菩萨，应该分别是日光菩萨与月光菩萨。菩萨面佛侍立，皆有圆形头光，发束朝天髻，细眉长眼，面容秀丽温和，着红色袈裟，袖缘镶白色宽边。

图 5.42　水帘洞壁画第四组一佛二菩萨

第五组。在立佛头光东侧，与第四组约略对称的位置，东侧大胁侍菩萨头光上方外侧，绘二佛三弟子，均有同心圆圈纹圆形头光，佛身后还绘同心圆圈纹圆形身光，头顶有华盖，其形制、装饰均与第四组壁画中的华盖相同。西侧佛内着僧祇支，外穿袒右肩袈裟，右手举于胸前作说法状，左手模糊不清，结跏趺坐于莲台之上。东侧佛着双领下垂袈裟，双手举于胸前，结跏趺坐于覆莲台上。弟子侍立于佛两侧。东侧两身着红色双领下垂袈裟，双手拢于袖中拱手礼佛。西侧弟子着圆领袈裟，袖缘镶白边，下裳围裙，手持香炉，面佛而立。

第六组。在第五组二佛三弟子画像的正下方，东侧大胁侍菩萨头光外侧下方，又绘七身菩萨像，其中三身体量较大的正觉菩萨，四身体量较小的胁侍菩萨，正觉菩萨与胁侍菩萨间隔排列，胁侍菩萨侍立于正觉菩萨身侧。正觉菩萨头戴宝冠，袒露上身，搭绕绿色披帛，着红裙，赤足，双手举于胸前。主尊菩萨肩裹红色披巾，交脚坐于方台，一脚踩莲花，其他两身结跏趺坐于覆莲台上。胁侍菩萨上身袒露，搭绕红色披帛，回绕下垂，着浅色裙，手持宝物，脚穿圆口履，侍立于覆莲台上。七身菩萨皆有圆形头光。画面空白处点缀简单的花卉纹样。

第七组（图 5.43）。在第一组大佛脚下的莲台下方两侧，各绘一身比丘与两身供养人，皆有头光，皆手持莲蕾，虔诚礼佛。第一身为比丘，内着土黄色僧祇支，外穿红色双领下垂袈裟，下裳土黄色围裙，脚穿黑色圆口履。第二、三身为男性供养人，眉眼细秀，皆着胡装。第二身着红色圆领窄袖长袍，黄裤黑履；第三身着红色圆领窄袖长袍，红裤黑履。比丘与供养人头光旁边残存题记，表明供养人的姓名、身份等信息。

图 5.43　水帘洞壁画第四组供养人

（5）第五组

壁画上缘，大立佛正上方，桃形头光尖角处，绘一坐佛，画面模糊。佛约有一尺，内着僧祇支，外着双领下垂袈裟，结跏趺坐于覆莲台上，双手笼于袖中搁于腹前，圆形头光，似有身光，头顶有华盖，伞盖似为圆形，垂幔分为深浅两色两层，折裥细密，装饰璎珞等物。

壁画上缘，飞仙缭绕，壁面生风。坐佛两侧，原各绘四身飞天，已无头光，面佛飞动，天衣飞扬，横向一字展开，残存披帛、头部等痕迹，保存较为完整的一身飞天身体呈 V 形。西侧第一身似梳丫髻，上身袒露，红色披帛穿臂向后飞扬，下着黄色长裙，已经具有较强的女性特征与飞动感，中国化的因素在逐步加强。

（6）第六组

在第四组佛说法图正上方，隐约可辨一座仰莲台座承托一个略显瘦削的宝瓶，宝瓶小口，口沿内敛下部外侈，残留绿彩，细长颈，长圆腹，平底，底周边施赭红、绿彩，瓶身色彩尽失。宝瓶两侧各绘一身供养菩萨，高度约宝瓶的二分之一，西侧菩萨似梳丫髻，髻呈花叶状，发间似为绿色宝缯系扎成叶状装饰，面目不清，披帛高扬，搭肩穿臂后向外飞扬，上身袒露，下着红色长裙，外翻白色裙边，作右膝着地，竖左膝危坐的互跪状，面向宝瓶。东侧菩萨与此类似，宝瓶周围又装饰花卉图案。

（7）第七组

宝瓶西侧，绘制一排七佛（图 5.44），高度约 0.6 米，宽度约 1.6 米。七佛皆结跏趺坐于覆莲座上，莲瓣上部红色，根部未施色，两肩圆满丰腴，双手于腹前藏于绿色布帛之中，头后皆有三个同心圆形构成的头光，颜色由内向外依次为深红、蓝黑、红，团状肉髻，面部圆润饱满，双耳硕大丰肥，细眉长眼用细劲的墨线勾勒，内着红色镶绿缘僧祇支，外着蓝黑色镶白边双领下垂袈裟，袈裟下垂自然堆叠在莲座上。每身佛像又具有各自微妙变化的特点。七佛是在释迦牟尼佛成佛以前的过去六位佛，加上释迦牟尼佛，就是过去在娑婆世界度众的七佛。大约因为他们是古佛的缘故，艺人把七佛塑造得精神矍铄，智慧超群，慈眉善目，坦然自若。这是一组保存相对完好的壁画，艺术价值也很高，用笔讲究，设色大胆。

图 5.44　水帘洞壁画第七组

（8）第八组

毗邻第二组壁画，在其东面，在崖壁下缘，墨色勾勒一棵树，没有主干，枝条丛生，应为灌木，叶密花繁，树叶原为绿色，现多已变色为黑色，绿叶间点缀红花，也多已褪色或者剥落。

(9) 第九组

图 5.45 水帘洞壁画第九组

在崖壁下缘，墨色树木东侧，有一个方形边饰图案组成的高约 1.5 米、宽约 2.5 米的红色长方框，长方框内画佛说法图（图 5.45），佛高肉髻，颜面圆润，结跏趺坐于中间，内着红色僧祇支，衣缘镶绿边，外着黑色双领下垂袈裟，衣缘亦镶绿边。佛两侧各绘上下两排弟子、菩萨，下排于佛两侧各绘弟子一身、菩萨三身，西侧弟子内着红色镶绿缘僧祇支，外着黑色袈裟。东侧弟子外着红色袈裟。菩萨高髻宝冠，上身袒露，肩搭披帛，自腹前绕过，经肩后垂下，下着长裙，腰间结带，面佛礼佛。上排于佛两侧各绘弟子四身，因身体部分被下排弟子菩萨头光遮挡而皆为半身像，均内着镶绿缘红色僧祇支，外着镶绿缘深红色双领下垂袈裟。皆有二至四个同心圆形组成的头光，多为两个同心圆，内圆红色，外圈黑色，亦有与之相反的，内黑外红。

上排佛旁边第二身弟子像较为清晰，线条细、绵、劲、瘦，墨线的勾勒精致简练，面部尤其精彩，眼睛用一根细劲的弧线表达出丝丝笑意，寥寥几笔塑造出一个清秀、愉悦、虔诚的人物形象，是典型的中国绘画艺术风格，较少外来艺术的特色。

(10) 第十组

在第五组宝瓶部分的东侧，画面边缘绘制带状连珠纹，画面残破、褪色异常严重，下层原作与上层重绘交叠。上层重绘主要保留在西侧，分上下两排，残存佛以及佛西侧的菩萨弟子。菩萨头戴宝冠，宝冠上有墨线勾勒的花纹，袒露上身，肩搭披帛，披帛双面双色，一面深红色，一面粉绿色，手持莲花莲蕾，莲花上部施红彩，根部未施色。上排菩萨坐于莲台，下着绿缘红裙，色彩艳丽。下排菩萨站立，面容衣装皆斑驳不清。

（11）第十一组

与第九组部分重叠，自上而下绘制八行供养人，人数众多，由于画面剥落、褪色严重，难以计数原作供养人数量，像旁有题记，模糊难辨。各行内容大致为：

第一行为比丘。

第二、三行为汉装男供养人，着交领宽袖深衣。

第四行为比丘尼，均着袈裟。

第五、六、七行为胡装供养人，着圆领窄袖袍衫，残存墨书题记“佛弟子莫折永妃一心供养”等。

第八行为汉装女供养人，均着襦裙装，船形领宽袖短襦，高腰长裙，残存墨书题记模糊不清。

（12）第十二组

在壁画中部下缘，第十组供养人群像的下方，画面勾绘红色边框，内画两行菩萨，戴宝冠，袒上身，搭披帛，下着裙。画面模糊，剥落严重。

（13）第十三组

在壁画顶部偏东侧，第四组壁画的东侧，原绘一佛二弟子，画面残缺。西侧弟子头部与东侧弟子，残留面积约为1.4平方米。佛眉呈细长半弧，眼细长，目光略微下视，亲切宁静，着盘领通肩黑色袈裟，领口镶红边，裙缘镶白边，双手举于胸前作说法状，结跏趺坐于覆莲台上，莲座下有花卉装饰。佛头顶有华盖，盖顶装饰珠翠，红色帷幔，装饰莲瓣状垂饰，叶状幔缘。佛身后有圆圈状身光头光。东侧弟子着红色袈裟，折裥绿裙，脚穿圆口履，侧身侍立于莲台之上。

（14）第十四组

在第十二组壁画的下方，第四组壁画的东侧，摩崖泥塑一个尖拱形浅龛，两边高塑龛柱，面积约逾四平方米，柱头样式为束腰仰覆莲瓣，柱基外侈后敛收为圆形，浅刻覆莲瓣。

龛内上方沿龛眉绘画坐佛，现存四身，皆结跏趺坐于覆莲台上，着通肩袈裟，双手拢于袖中置于腹前，身后有头光身光。

中下方壁画应为佛说法图（图5.46），结构为一佛四弟子二菩萨，佛东侧残存一弟子，西侧从东至西依次为一佛一弟子一菩萨一弟子，皆为立像，立于覆莲台上，皆有多层圆形头光，依次施白、土、红等色，佛头光外圈在深色底上绘浅色线纹。佛肉髻高圆，脸方圆，眉呈细长半弧，眼细长，鼻直高耸，唇上胡须细长弯曲呈波状，内着僧祇支，外披袈裟，下着绿裙，双手举于胸前作说法状。菩萨戴宝冠，袒上身，肩搭双面双色披帛，一面深红，一面粉绿，于身前穿绕两次后穿臂下垂外扬，下着裙。弟子穿袈裟，圆口履。

图 5.46　水帘洞壁画第十四组

（15）第十五组

在第十三组下方正中，绘制一个平底细腿球状腹的熏炉，瓶颈瓶口残缺。墨线细劲勾勒，略施彩，瓶腹中间、颈腹相交处各绘弧纹一道。熏炉两侧隐约可见线勾一狮。熏炉西侧绘一牛奋力向前拉车（图 5.47），极富生活气息。

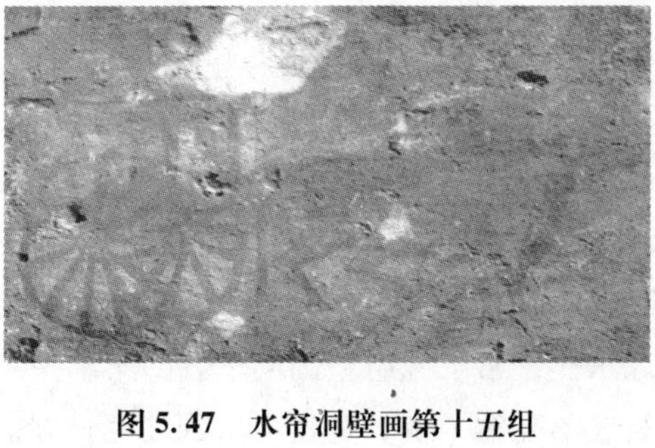

图 5.47　水帘洞壁画第十五组

（16）第十六组

在壁画的东侧，浮塑塔刹的旁边。这一组壁画宽约 1 米、高约 0.7 米，分为上下两排，上排绘画一坐佛与多位侍立供养人（图 5.48）。佛低平肉髻，面形圆润如月盘，五官模糊不清，身后绘饰红、白等色同心圆形头光与身光，着红色通肩袈裟，袖缘镶黄色边，双手拢于袖中举于胸前，结跏趺坐于覆莲台上，莲瓣尖部填绘红彩。两侧为俗装弟子，面佛而立，皆有红、白等色同心圆形头光，削发无髻，双手拢于袖中举于胸前拱手礼佛，头光上方题记表明弟子的姓名、身份。西侧第一身，题记“佛弟子权之女供养”，为当时武山显赫望族权氏家族之亲眷，面容不清，上着红色船形领宽袖短襦，下着明黄色曳地长裙，裙腰高至腋下，白色结带，应是当时流行的襦裙装款式，增添了身形的俏丽修长之感，脚穿翘头绚履立于覆莲台上。其后一位弟子也是权氏族人，题记“佛弟子权□□供养”，着圆领窄袖袍衫，腰间缚带，中黄裤，黑色履。东侧第一身着圆领窄袖袍衫，腰间束带，浅色长裙，脚穿翘头履立于覆莲台上。其后一位弟子与“权之女”身后弟子相同。

图 5.48　水帘洞壁画第十六组

下排绘画多位女供养人。壁画严重受损，仅有残迹。高梳发髻，着装、姿态与上排供养人基本相同，或窄袖圆领袍衫，或船形领襦裙装等，另有一身系外翻圆领披风。

（17）第十七组

位于壁画下缘东侧，第十五组壁画的下方，第十一组壁画东侧，有一个方形边饰图案组成的高约一米、宽近二米的红色长方框，框内画佛说法图，佛坐于中间。佛两侧各绘上下两排弟子、菩萨。壁画严重受损，只能依稀辨识。

（18）第十八组

位于壁画东侧上部角上，画面残破，现存菩萨、弟子等形象（图5.49）。菩萨头戴宝冠，冠施红、绿、黄等色，装饰华丽，长发披肩，弯眉细眼，目光略微下视，宁静祥和，唇上八字细小胡须，耳朵下垂至颈部，颈戴项圈，似为金属装饰，勾绘花纹，肩部以宝缯系结，上身袒露，臂饰臂钏、镯子等物，绿色披帛穿臂下扬，一手下垂，轻捻披帛，一手举于胸前轻抚项圈，下着红裙，腰间结带，下垂至膝，白色裙腰外翻，裙下缘镶波状绿边，赤足侧向立于覆莲台上。菩萨东侧残留狮子一头，尾部缺失，头向菩萨，背负一毯，周边饰穗，中间花纹繁杂。狮背花毯上坐一人，大部残缺，应为一佛，衣纹细劲稠叠，头顶绘华盖，盖顶装饰莲花，垂幔分为红白两色两层。菩萨西侧绘上下两排供养比丘，着红、黄等色袈裟（穿黄色袈裟者内着僧祇支），下着裙，脚穿翘头鞋，侧身面佛拱手侍立。

图 5.49　水帘洞壁画第十八组

（19）第十九组

壁画东侧中间偏上方，第十七组下方，现存佛、弟子、菩萨、供养人、飞天等内容，尊像皆有同心圆形头光。佛低平肉髻，面容白皙圆润如中秋满月，身色为白，眉弯曲长细，形如初月，眼广长，高鼻厚唇，着通肩袈裟，双手举于胸前作说法状，手指墨线勾勒，富有质感，结跏趺坐于覆莲台上。佛头顶绘华盖，顶盖装饰花卉、珠翠等物，垂幔外侈，装饰镶金色边的绿、白、红、黄等色的三角、圆角方形等垂饰，色彩艳丽。华盖西侧一身飞天，梳高髻，袒上身，右手持香炉，披帛迎风飞扬，向佛翩然飞来。

佛东侧残缺，西侧依次绘制一弟子、一菩萨。菩萨冠饰华丽，发分两缕，一缕束朝天丫形髻，一缕长发披肩，长眉秀目，唇色丹晖，上身袒露，肩搭披帛，绕臂下垂，一手抚胸，一手下垂持宝珠。下着黄色长裙，裙腰外翻，腰间系带，镶波状绿色下缘，下裳用色统一为邻近色系，与上述诸多尊像衣饰多用对比色系不同。赤足面佛微侧立于覆莲台上。

弟子着圆领袈裟，脚穿黑色圆口履，立于佛与菩萨之间。

佛座下方绘两组供养人，两顶伞盖。西侧伞盖下共有四位供养人，皆为女性，外披翻领镶宽边窄袖长衫，内着长裙，身材修长，其衣饰与莫高窟第 302 窟的供养人极其相似。[①] 东侧伞盖下较为清晰的一身是比丘像，外披红色袈裟，内着土黄偏袒衫，其身后两身男供养人斑驳不清，似着胡装。

通览整组水帘洞壁画，用色绚烂，强烈对比，具有强大的视觉冲击力，用笔特征鲜明，充分发挥了中国绘画线条的优势，集中了线造型的多个种类，在线的运行流转中生动展示角色的气质。由于壁画褪色严重，很多内容已经模糊不清，更无从研究其形式意味。

第四节　千佛洞石窟壁画述论

千佛洞石窟是在一个天然大洞穴里面，在洞穴崖壁南北两侧开龛、造像、绘画，北壁窟龛残损严重，现存壁画全部在南壁。南壁壁画亦大量损毁，壁面上泥皮斑驳纷落，破败不堪，颜料褪色变色情况严重。鉴于此，对千佛洞石窟壁画的描述选择相对完好的部分或者较有代表性的部分，其他则简述之，在涉及石窟、雕塑、壁画等的编组问题上，基本依照甘肃省文物考古研究所编《水帘洞石窟群》一书，部分有所改动。

---

① 见上海市戏曲学校中国服装史研究组编著：《中国历代服饰》，学林出版社出版 1994 年版，第 129 页。

图 5.50　千佛洞石窟外景

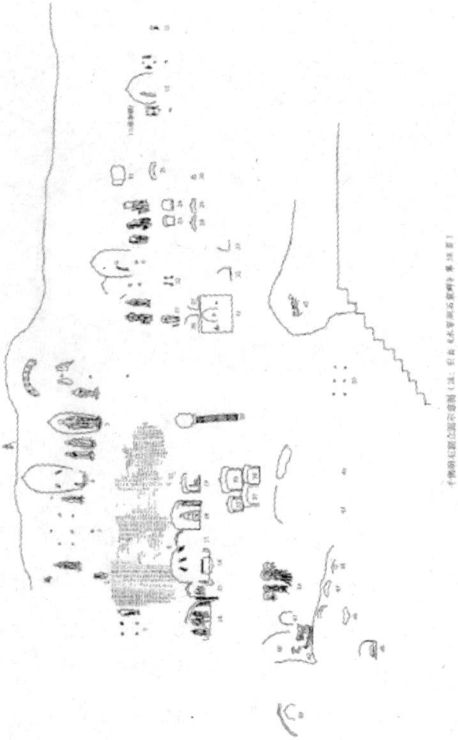

千佛洞石窟立面示意图

注：引自《水帘洞石窟群》第 59 页。

（1）菩萨衣裙壁画

在崖壁顶部中间摩崖悬塑正觉菩萨像的下部，绘菩萨衣裙，是比较典型的绘塑结合的方式，菩萨主体部分采用泥塑的方式，下缘衣裙采用绘画的方式，墨线勾勒后再填白色颜料，这样的处理方式在水帘洞石窟群多有使用，比如拉梢寺石窟中的几个塔的塑造，主体部分是用雕塑的方式塑造的，塔上的经幡飘带则都是以绘画的方式表现的。在该菩萨的左侧崖壁上残留人物衣裳下部，花卉纹样，右侧有飞天，束腰莲台，皆为墨线勾勒，线条遒劲飘逸，底色为白，主填红彩。飞天以浅红渲染部分衣服与面部，襟飘带舞，但是身体姿态的飞动感较弱。右侧绘有坐佛四身，着通肩袈裟，形象较为模糊，似为早期绘制。在《水帘洞石窟群》一书中，该部分雕塑、壁画等被编号为第 1 号（图 5. 51）。

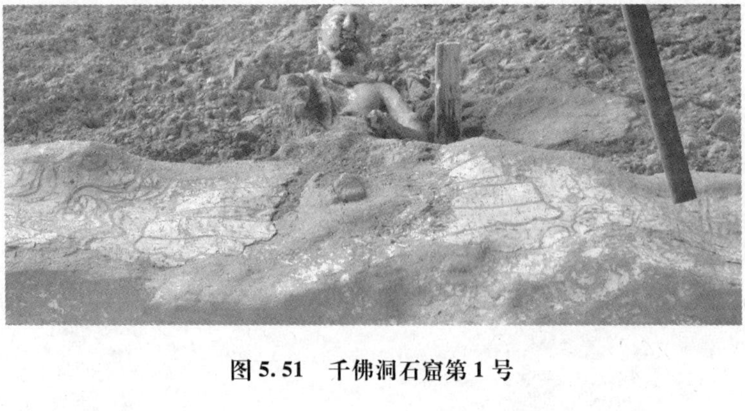

图 5. 51　千佛洞石窟第 1 号

（2）千佛壁画

在第三层 7 号弟子塑像的左面，绘制了大量的千佛，其中体量较大的部分是壁画中间至左缘部分的大面积的千佛造像，密密麻麻的千佛满布在上下两层栈道前的崖面上，并延伸到下层栈道的下面，浮雕泥塑龙头附近等部位也有部分千佛。壁画斑驳剥落，颜色褪色、变色亦很严重。从泥皮剥落的地方看，艺人在崖壁上先涂抹一层约两厘米厚的颗粒比较粗粝的泥坯，再刷一层仅几毫米厚的颗粒非常细腻的泥皮，在泥皮上涂以白色做底，最后绘制千佛。千佛五官大多剥落，少量保存较好的五官均以墨线勾勒，面相丰润饱满，表情温和，俱穿通肩袈裟，结跏趺坐，有的坐于覆莲台之上，双手拢于袖中。在绘制方式上，五官、身体、衣服、头光的轮廓均以墨线勾勒后再填彩，线条运用非常讲究，起伏转折，错落有致，清新酣畅。千佛呈图案化整齐、规矩排列，每两身佛构成一个循环单元纹样，一身佛着赭红袈裟，袖缘部分填浅色彩，身后有橘黄或者浅红等浅色圆形头光，一身佛着浅红或橘红袈裟，袖缘部分填绿彩，身后有赭红等深色圆形头光，颜色深浅不同，依次规律的排列并以向上、下、左、右四个方向连续循环，构成了一个的四方连续的图案。在《水帘洞石窟群》一书中，该部分壁画被编号为第8号。

（3）僧、塔壁画

在6号龛的北侧绘制有大量的壁画，其中较为清晰的有二僧人、一覆钵式佛塔等。左侧僧人像（图5.52）缺失左肩、臂部分，墨线勾勒，行笔略微呆滞，似后世绘制。僧人身后有同心圆形头光，面部略施彩，神情祥和宁静，穿棕黄色僧衣，搭裹白色田相纹袈裟，手持宝物，下系肉色长裙，腰带下垂，脚穿布履，略施红彩。右侧僧人只残留下半身部分，与左侧僧人大体相同。

图5.52　千佛洞石窟僧人像

壁画佛塔周围泥皮几乎脱落殆尽，裸露崖壁岩层。塔较多具有印度塔的特点，由塔基、塔身、塔刹几部分组成，均有部分残损，塔基为叠涩式，塔基之上有仰莲瓣承托塔身，半球形的覆钵塔身装饰璎珞。

（4）菩萨、弟子壁画

泥塑龙头的北侧偏上方，《水帘洞石窟群》将其编为第34号，上层壁画原绘制的应为多身赴会或听法圣众，现保存较好的是一身菩萨与三身弟子尊像（图5.53），墨线勾描后再施华彩。尊像右侧壁画大量剥落。从北至南依次为一弟子、一菩萨、二弟子，皆有圆形头光。菩萨侧身面北而立，体型丰满圆润，具有亲切、慈祥的审美情调，头发卷曲，饰璎珞，系宝缯，白色宝缯于耳后打结垂于耳侧，头发卷曲，面如满月，眉间点白毫，绿色弯眉，目光炯炯，颈戴璎珞，装饰白、红色圆珠，腕戴手镯，双手于胸前托一精致宝盒，勾双乳线，内着偏衫，结带于腹前，外穿白衣，形制不明，袖长及肘，袖口外翘，衣领类与双领下垂袈裟，臂搭双面双色披帛，一面白色，一面粉色，下着长裙，脚踩莲花。菩萨所托宝盒以淡墨白描，造型设计活泼清新，极富意趣，应是根据当时的佛教用品塑造的，盒身塑成一朵仰莲花，盒盖是一个伞状覆莲叶，叶脉细劲，盖钮是莲叶叶梗，中国古典造物的精巧奇妙在这里得到完美的展现。弟子皆为老者形象，目光如炬，面容和善，额头、眼角、嘴角皆绘有皱纹，面部多层罩染，皮肤质感强烈。第三身弟子像侧身面右而立，双手合十举于胸前，着黄色交领宽袖深衣，腰间结赭红带，披袈裟，衣缘镶白边。其余两位弟子与第三身弟子基本相似，唯第四身弟子转头向左。该壁画菩萨弟子头部以上剥落，暴露出部分下面一层前代绘制的千佛壁画。菩萨弟子像周围空隙处满绘袈裟衣纹，可见原画在人物形象布局上原是层层叠叠排列的。

图 5.53 千佛洞石窟僧人像

在本组壁画北侧约八米的地方，还残留一组与本组壁画左右对称的画面局部，残留内容有菩萨弟子像局部，菩萨手捧宝盒等，宝盒形状与前述菩萨所托莲花形宝盒相同（《水帘洞石窟群》一书中没有提及这一组壁画）。由此判断两组壁画应为一组大型壁画，中间内容缺失，南北长约 11.3 米，主题难以确定，应该是佛或菩萨说法图。这幅壁画绘画技术成就卓越，在线描、设色、布局、宏大场面的处理把握等多方面具备了高超的技术与能力，得心应手，流畅自如，场面宏大，气势磅礴。

本组上层的壁画与上面一组的壁画，以及一些零星残存于其他部位的上层壁画，从色彩的运用、笔法的特点、内容的一致性等方面看，应为同一时期的壁画，甚至有可能是一组壁画。

（5）弟子、菩萨像壁画

在千佛洞第三层中间，《水帘洞石窟群》编为9号的一组多个摩崖悬塑之间绘弟子像（图5.54），形象不清，内着僧祇支，外着袈裟。

图5.54　千佛洞石窟弟子像

（6）菩萨、弟子壁画

在《水帘洞石窟群》编为10号的浅龛外绘制两层壁画，上层绘一弟子，着黄色袈裟；下层绘一菩萨，戴宝冠，眉眼细长，高鼻小口。

（7）佛传故事壁画

在千佛洞第三层北端，《水帘洞石窟群》编为11号，隐约可辨简陋茅屋、戎装人物等形象，人物以背影的方式展示，皆戴头盔，穿战甲战袍，手握兵器。这可能是一组“八王争舍利”或者别的什么佛传故事绘画。在武山水帘洞石窟群众多的壁画中，佛传故事绘画鲜有发现，这可能是目前发现的千佛洞石窟唯一的一幅佛传故事绘画。可惜的是，由于壁画残破严重，让我们无法详细了解古代军队作战用的盔甲、兵器等的形制，无法窥见中国古代战争真实、形象的场景，也感觉不到战争应有的触目惊心与肃杀之气。

（8）佛光与飞天壁画

千佛洞石窟第四层南端的浅龛，是一个平面呈横长方形的拱形尖龛眉龛，《水帘洞石窟群》编号 14（图 5.55），龛内原塑一佛二菩萨二弟子像，南侧弟子像不存。佛、菩萨俱有头光，佛头光由内至外分为四层，依次为第一层赭红色圆形，第二层为白色底圆环上绘莲瓣，圆环中间再加饰一圈橘黄色带，第三层为黑色底圆环上绘缠枝忍冬纹，藤蔓涂以白色，叶有赭红或蓝色，外层圆环为赭红、宝石蓝火焰纹，还杂有一些绿色。菩萨头光为赭红、绿色等的同心圆圈。佛头上方龛内绘有伞盖、垂幔组成的华盖，垂幔装饰绿、赭红、蓝、白等色的三角、半圆垂饰。

图 5.55　千佛洞 14 号龛壁画

北侧菩萨上面的龛顶上，绘一前一后、带有酱红色圆形头光的两身飞天（图 5.56），面容清秀、空灵，姿态轻盈、飘逸，前面的一身飞天四叶状发髻，细眉长眼，长鼻小口，脸长圆，带项圈，着红色宽袖衣裳连属式长裙，衣缘镶翠绿边，披宝石蓝长披帛，身体呈 V 形弯曲，双手持一宝物，头后有红色圆形头光。后面的飞天与前面的大致相似，不同之处是上身袒露，勾双乳线，肩搭绿色长披帛，下身着长裙，一手上扬，一手举宝物。

图 5.56　千佛洞 14 号龛壁画飞天与菩萨

在佛头光与菩萨头光相交处绘有半身菩萨像，神情、装束皆与两身飞天相似，不同之处是，戴圆形耳饰，圆形头光外面为红色圆圈，里面为绿色圆形，头光的一部分被佛的华盖遮挡。

南侧菩萨与佛之间有与北侧约略相似的画面，只是剥落较为严重，画面大多模糊不清。

在佛之左右两侧与菩萨之间的崖壁上绘制二弟子，大约是阿难与迦叶。左侧较为年轻者应是阿难，头部保存较好，墨线勾描头部与五官轮廓，笔触纤细谨慎，鼻直高耸，眼细长，眼神温婉、含蓄、纯净，同心圆形头光，颜色由内而外依次为翠绿、中黄、赭红，尽管壁画模糊不清，仍然能够感觉到壁画绘制之初鲜艳夺目的色彩与弟子娴静、空灵的气质。右侧较为年长者应是迦叶，头部保存较好，依稀可见双手手指部分，双手并置举于胸前，目光略微下视，口半张，露二齿，墨线勾描、点染脸部轮廓、头发、胡须与五官，不同部位使用不同形式的线条以精彩而鲜明地表现出不同的质感，从而强化人物的特点，眼部与鼻子用纤细流畅的线条勾描，额头勾描三条波状皱纹，眉毛依照其生长方向从根部挑扫，头发与络腮胡须经由耳朵相连，手法一致，略微凌乱而粗粝，塑造出一种经历世事后的沧桑与睿智。

在菩萨与弟子之间又各绘一人物，形象不清。

整组壁画人物具有典型的魏晋南北朝时期的精神气韵，空灵、清秀、轻盈，没有人间烟火味而显得仙气十足。

（9）龛楣图案壁画

龛楣图案《水帘洞石窟群》一书将其编为第18号，在17号龛与19号龛中间，龛型为平面呈长方形的圆拱尖楣浅龛，《水帘洞石窟群》描述“龛内原塑一佛二菩萨……佛与菩萨之间绘弟子一身，现仅存僧祇支及外边红色袈裟”①。

龛楣图案内容繁多，装饰华丽，色彩丰富艳丽，大量使用红、绿、蓝、黄、白等鲜亮的颜色，但大都漫漶不清，下边缘绘忍冬图案，中间画带有圆形头光的小坐佛，再上画火焰纹。南侧图案大部分剥落，北侧相对较好。

（10）散花飞天壁画

在千佛洞石窟第四层，18号与19号的两个浅龛之间，绘画一身飞翔旋绕、散花不倦的飞天（图5.57），墨线勾描再施彩，线条遒劲，颈佩瓔珞，肩搭帛带，袒露上身，勾乳线，一手上举，手持一束花卉，一手向侧面平伸，下着长裙，施赭红彩，腰系飘带，一腿展开后扬，一腿弯曲，整个身体姿态呈现为一个圆润的半弧，斜向下方飞动。帔帛被艺术地夸张，变得很窄很长，略施红彩，回旋翻卷后扬，以便于表现飞天舞动飞扬的绰约风姿，并增添缕缕仙气。

飞天上方绘一棵树，盘枝错节，红枝绿叶。

（11）莲花、光相、云纹壁画

在千佛洞石窟第五层，《水帘洞石窟群》编为第35号的浅龛之中，原塑像已经荡然无存，只残存两层壁画，龛内上方斑驳裸露下层壁画，内容为莲花、光相、云纹等，色调清雅，以蓝、绿为主。龛内南侧残存少许上层壁画，画侧立弟子一身，双手合十，身穿白色大袖衣衫，披红、黄相间的田相纹袈裟。龛楣图案不清，色彩斑驳。

（12）童子、供养人壁画

在千佛洞石窟第五层，35号与36号的两个浅龛之间偏下方，绘制两

① 甘肃省文物考古研究所、麦积山石窟艺术研究所、水帘洞石窟保护研究所编：《水帘洞石窟群》，科学出版社2009年版，第72页。

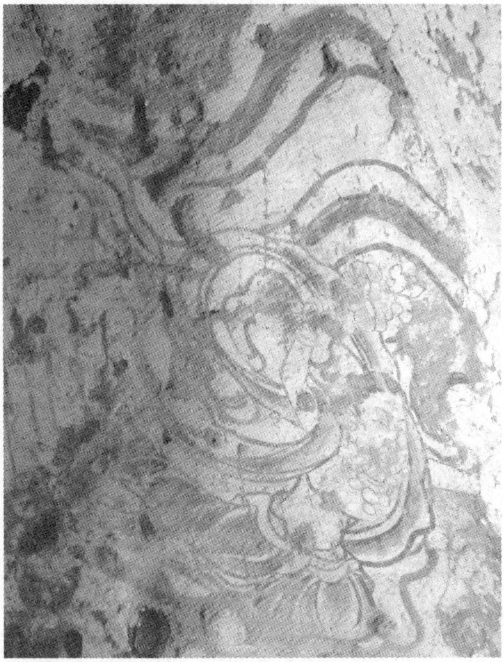

图 5. 57　千佛洞 18 号龛龛楣图案

层壁画，上层画一童子，只残留头部五官，清晰可辨，头束发髻，弯眉大眼，是晚期风格。下层壁画似为几身供养人，头部等部分被上层壁画叠压，只露出衣裙部分。

在该组壁画正上方，绘供养人几身，可以约略分辨衣服形制与面貌的只有一身，着红色圆领袍衫。

（13）供养人壁画

第 35 号龛南侧上方，绘数十位供养人，多着红色大袖衫，袖缘镶白边，腰间结白带下垂，面目不清。

在千佛洞石窟南壁，还有几处零星绘供养人的画像，只是壁画破坏比较严重，难以细述。

（14）莲花壁画

在千佛洞石窟第五层第 36 号浅龛内，残存两身坐佛，身后绘身光、头光，两侧衬以莲花、莲蕾、莲叶、莲蓬（图 5. 58），高低错落有致，大小对比搭配，设色清雅，富有意境，是极为少见的佛画像造型。单看莲，也是富有情趣的花鸟画小品，清凉冰润，气象宛然。

图 5.58　水帘洞石窟群千佛洞·莲花壁画

（15）佛与弟子壁画

在千佛洞石窟第五层 38 号浅龛内，原塑像作品不明，接近龛楣处绘垂莲瓣，或为佛之华盖，中间似为一佛坐于莲台，圆形头光，两侧绘两身弟子像，黄色圆形头光，形象不清，似着白色宽袖长衫，披红色袈裟。

（16）供养人壁画

38 号浅龛之下绘一排供养人（图 5.59），较为完整的有八位，五官清秀，勾描设色清淡，面部晕染，手持鲜花，中间两位外披披风式镶宽衣缘、袖边、衣领的窄袖翻领衫。[①] 南侧第一身着 V 形宽袖镶窄边红色长衫，其他五位皆着窄袖圆领红色长袍，腰间系蹀躞带，穿红色长裤。龛楣装饰圆形几何纹样、小坐佛等。

（17）大都督姚长璨礼佛图

“大都督姚长璨礼佛图”（图 5.60）在《水帘洞石窟群》编为第 44 号，图中绘佛说法，以及比丘、大都督姚长璨等供养人。一佛坐于中间，

① 《中国历代服饰》（上海市戏曲学校中国服饰史研究组编著，学林出版社 1984 年版，第 128—129 页）对这种服制有详尽的描述，是隋代极具时代特色的女性典型服制。

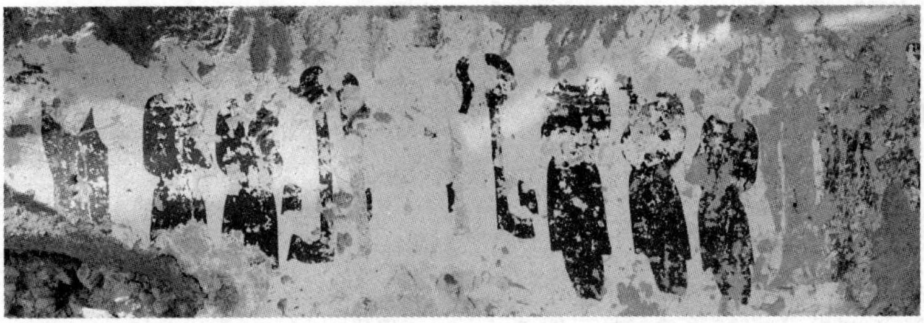

图 5.59　水帘洞石窟群千佛洞·供养人

面目不清，小口，八字旋绕小胡须，一手举于胸前，一手掌心朝外下垂结转法轮印，结跏趺坐于方形须弥座上，须弥座上下出涩，中间收腰，计有七层，多装饰花纹。佛内着镶白边青绿色僧祇支，外着镶白色衣缘的深灰褐色双领下垂袈裟，袈裟右角搭于左臂呈象鼻相，头后有同心圆环头光，头上有华盖，伞盖为方形，伞盖上还有红色装饰，垂幔从上至下向外侈呈梯形状，有短、中、长三层，幔边均裁剪为月牙形，上面白色层较短，中间赭红层，最下面的一层为橘黄色，并装饰有大量绿色珠串璎珞。佛两侧二弟子侍立于仰莲台，皆有头光，皆双手拢于袖中。南侧弟子面目多有剥落，八字胡须，内着偏衫，下着裙，外着红色袈裟。北侧弟子高鼻弯目，有胡人相，内着偏衫，下着裙，外着黄色袈裟。弟子两侧分别有一个比丘引导一排供养人，身旁多有榜题。北侧依次排列一位比丘与六位供养人。第一身比丘穿黄色双领下垂袈裟，双手拢于袖中，前有榜题“比丘□供养时”。第二身供养人头裹巾子，眉目模糊，上唇、下巴、两腮皆有胡须，有胡人相，穿黄色圆领长袍，腰系蹀躞带。前有榜题“大都督姚长璨供养时”。第三身供养人头扎巾子，身穿酱红色圆领窄袖长袍，腰系革带，为前面的供养人大都督撑起盖伞，伞柄细长，伞面是很清浅的明黄色，垂饰銮铃。之后三身供养人俱穿浅黄色圆领窄袖衫，腰系蹀躞带。第四身供养人墨线勾其轮廓，最后一身供养人着黄色大袖衣衫，其前有榜题“……供养时”。南侧人物残存四身，多已不清，比丘与供养人衣着姿态大致与北侧相同，亦有榜题。

（18）飞天壁画

在“大都督姚长璨礼佛图”供养人行列上方北侧露出一身下层壁画中

图 5.60　水帘洞石窟群千佛洞·大都督姚长璨礼佛图

的飞天局部（图 5.61），风格、形象接近 18 龛与 19 龛之间的飞天。

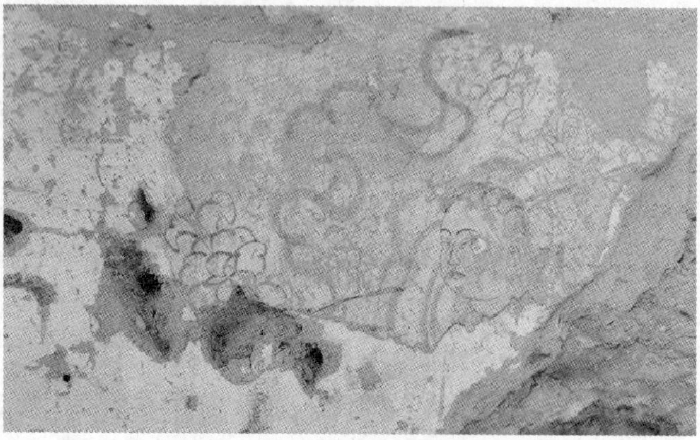

图 5.61　水帘洞石窟群千佛洞·飞天

第五节　显圣池壁画述论

显圣池（图 5.62）北侧崖壁上残存一组似为一佛二菩萨或者一佛二弟子的造像，造像周围的崖壁进行过细致的涂刷，有一层细腻的泥皮，因年久风化剥蚀，泥皮剥落严重，上面依稀残存的白、绿、赭红等颜色痕迹，说明这一崖面上当年曾经绘制过壁画。对显圣池壁画的研究基本集中在东南壁。东南壁绘画的破坏程度相当严重，常年的风吹、日晒、雨淋等使得壁画起甲、脱落、褪色严重，几乎没有完好的画面。壁画绘制在东南壁上方以及折角朝里的地方，主要描绘千佛、佛、菩萨、弟子、飞天、供养人等，分为若干组，每组壁画基本被花卉、红色长带等边饰清晰地分割开来，所以编组相对容易，只是上下左右的排序问题。在《水帘洞石窟群》一书中显圣池壁画被分为13组，本书亦依照此分组编号。

图5.62 显圣池外景

（1）第一组

东南壁壁画顶部，从壁画左侧到崖壁转折处整齐排列约16行45列千佛，均结跏趺坐于莲台上，着双领下垂式袈裟，衣缘镶边，身后有光相，平涂红、绿色，间隔排列，红色衣缘搭配绿色光相，绿色衣缘搭配红色光相，壁画中的绿色相对保存较好，其他色彩褪色严重，现在远看上去画面几乎是单纯的绿壁画的效果，绘制之初应该是一种互补色强烈对比的色彩效果。

（2）第二组

在第一组千佛的下方，绘制15身尊像（图5.63），7身坐佛、8身菩萨（左侧第一身尊像脱落，只残留部分头光），这15身主尊应该是过去七佛与

显圣池壁画布局示意图

注：引自《水帘洞石窟群》第 85 页。

他们的胁侍菩萨，每身佛之间间隔一位菩萨，类似的七佛与胁侍菩萨的组合在陇东南石窟寺多有塑造。《水帘洞石窟群》记载“原每身佛、菩萨两侧各绘一身供养比丘，其中自西至东第三身菩萨两侧的胁侍较为清晰”①，可能由于壁画褪色等原因，2010 年 6 月我们在显圣池考察时，已经无法辨认所有供养比丘，第三身菩萨两侧依稀可辨有人物形象的痕迹，西侧显然是一比丘，侧身面向菩萨侍立。尊像两侧头光旁边多绘花卉图案，有莲花，更多的是随意描绘、很难找到自然形态的花卉。佛均结跏趺坐，或两手平放于腿上，一掌置于另一掌之上，作禅定印；或两手放于腿上拢于袖中。佛衣样式难以细辨，多内着僧祇支，外着袈裟，衣缘镶边，从洞窟外向里数第二身尊像的袈裟依然保留着鲜艳的红色，其下有莲座，其他的尊像褪色严重，隐约可辨杂有赭红、绿等色。菩萨亦结跏趺坐，多高髻宝冠，颈饰项圈，肩搭披帛，绕臂下垂，裙边外翻。从西至东第三身菩萨的项圈细

① 甘肃省文物考古研究所、麦积山石窟艺术研究所、水帘洞石窟保护研究所编：《水帘洞石窟群》，科学出版社 2009 年版，第 84 页。

节清晰可辨，镶嵌绿色珠翠。佛和菩萨均带有圆形头光，头光用不同颜色的同心圆作装饰，从外之内依次为绿、红、赭红、白色等色。

图 5.63　显圣池壁画第二组 佛、菩萨、弟子

（3）第三组

在壁画中下部，15 身主尊像下方，绘制一组大型的由佛、菩萨、弟子、神将共计七位人物组成的说法图（图 5.64），面积约占现存整幅画面的三分之一，壁面褪色严重，形象模糊，细部特征很难辨认，中部、下部、东侧泥皮剥落，露出岩层。佛于中间坐于仰莲台之上，莲台下有莲瓣为饰的须弥座，左右两边各绘一弟子、一菩萨、一神将立像。佛像低平肉髻、弯眉、长目、直鼻、长圆脸，右手搁于胸前，左手伸于腹前。二弟子、二菩萨虔诚地面佛礼佛，西边的弟子头部全部、菩萨头部、头光一部分泥皮剥落。弟子着红色袈裟，面相清秀。菩萨高髻宝冠，面容清秀，上身着偏衫，下着穿长裙，头发顺着肩背下垂至腰际，颈饰项圈，肩搭竖长条纹的杂色长披帛，轻盈曼妙，飘垂下落至膝盖部位后，复上绕穿小臂徐徐飘落至脚部，双手抚胸，双脚踩莲花。东侧神将身体部分残缺，只遗留有头部，头戴宝冠，面佛站立；西侧神将相对完好，头部背佛侧转，双手抱于胸前，身体外倾，姿态威严凶猛，上身袒露，下身长裙，腰部有带饰，飘带搭于肘部，下垂过膝，再上绕压于腰部带饰，复下垂。七位尊像皆有同心圆构成的头光，佛的头光较为复杂，从最里面的绿色圆形数起，共计 10 个同心圆，依次有绿色、赭红、橘黄、石绿等颜色。

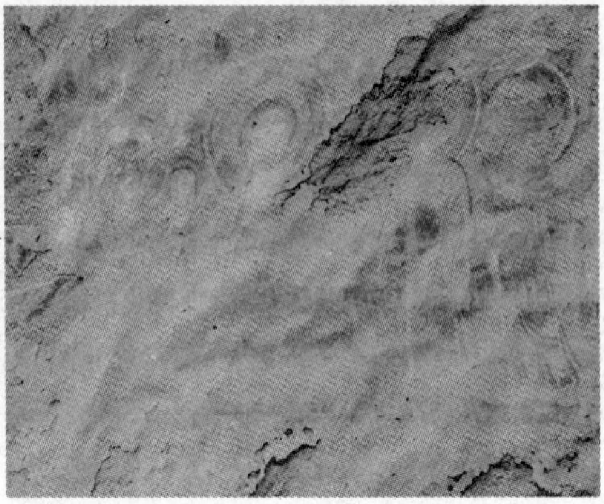

图 5.64 显圣池壁画第三组 佛说法图

(4) 第四组

本组画面（图 5.65）在壁画中部折角朝里的斜面上，15 身主尊像下方，画面西侧部分剥落，绘制一佛二弟子二菩萨五身尊像，均彩绘同心圆的头光，可能由于变色的缘故，现在看有白、绿、黑等色。佛衣镶绿边，内偏袒衫，外着双领下垂红色袈裟，手结说法印，结跏趺坐于莲台之上。二弟子站于莲台，面佛侧立佛之两侧，亦内着偏袒衫，外披袈裟，衣缘镶绿边。弟子外侧分立一菩萨，西侧菩萨大部分已经损毁。东侧菩萨头戴宝冠，上身着僧祇支，一手搁于胸前。画面剥落、褪色、变色严重。东侧弟子、菩萨像上方，依稀可辨两身飞天，身姿曼妙柔软，飞动感强，披帛双面双色，向后飞扬，面目不清，上身袒露、下着裙，裙边外翻，折裥繁密。东侧菩萨身旁，似绘花卉。画面下部边缘处残存几朵十字花科状双勾线填色花朵，具有规矩排列的趋势，似是用来分割画面的边饰图案。

(5) 第五组

画面中部偏下，第三组西侧，第四组下方，绘制内容为菩萨、弟子、供养人、飞天等（图 5.66）。在画壁中心，绘制一正觉菩萨，菩萨头饰宝缯依肩背下垂至腰部，披帛由肩部落下绕臂搭膝垂落，颈饰项圈，上身袒露，下着裙，两掌相合举于胸前，两腿交叉，身后有圆形头光。正觉菩萨两边各残存一个胁侍菩萨和一个弟子头像。东侧菩萨旁边绘有五位女供养

图 5.65　显圣池壁画第四组 佛说法图

人，服饰与第十三组供养人相同，面向菩萨站立，下排供养人下方空白处绘花卉图案。

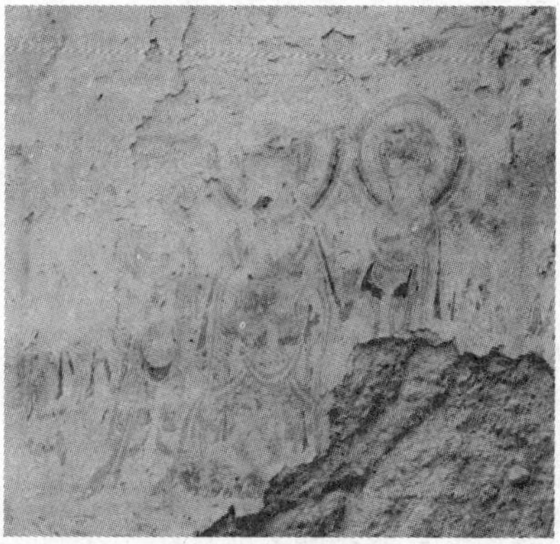

图 5.66　显圣池壁画第五组 菩萨说法图

（6）第六组（图 5.67）

在壁画中间下部边缘，第五组正下方，画面泥皮大量脱落，残损程度非常严重，隐约可辨三身身姿轻盈修长的菩萨立像，菩萨皆有圆形头光，高束发髻，上身袒露，肩搭条纹长披帛，穿臂垂落至脚下，下身着裙。东侧菩萨头光周围残留飞天两身，裙飘带舞，天花飞旋。菩萨身旁隐约可见供养人若干身。

图 5.67 显圣池壁画第六组 菩萨等

（7）第七组

在第四组西侧略偏上，折角朝里处，两组画面不在同一个平面上。绘制一佛二弟子二菩萨五身尊像（图 5.68），以及两身身形很小的供养人，尊像均彩绘同心圆的头光。画面漫漶不清，泥皮大部脱落，颜色褪色、变色。可以辨识的内容主要是中间的佛与两侧的弟子、菩萨，佛结跏趺坐于莲台之上，内着袛支，外着双领下垂袈裟。

图 5.68 显圣池壁画第七组 一佛二弟子二菩萨

（8）第八组

位于第七组正下方，该部分泥皮大量脱落，彩绘几乎全部脱色，绘制内容可能是一佛二菩萨，残存佛头部、同心圆形的头光，以及右侧菩萨的大致身形。

（9）第九组

本组（图 5.69）位于整幅壁画偏西偏下部，第八组正下方，第五组西侧，画面残损严重，绘佛、菩萨、供养人、飞天等内容。佛残留红色袈裟下部，衣缘镶绿边，坐于多层仰覆莲瓣装饰的须弥座，两侧菩萨高髻宝冠，身姿曼妙修长，上身似着偏袒衫，下着长裙，肩搭双面多色披帛，飘垂至膝盖复上绕穿肘飘落。佛、菩萨皆有同心圆形头光。菩萨两侧有供养人各两排，东侧女性供养人面向菩萨站立，衣饰似与第十二、十三组供养人相同，西侧供养人模糊不清，似着圆领长袍，面向菩萨站立。画面上部原绘有飞天，虽已漫漶不清，但是流云、天花、裙裾、披帛飘扬飞旋的动感与意境依然存在。

图 5.69　显圣池壁画第九组

（10）第十组

在壁画偏右下部，第九组正下方，壁画大部分已经毁坏，主要内容是一佛二弟子二菩萨五位尊像（图 5.70），尊像都有圆形头光。佛残存头光与莲座等少许部分，东侧菩萨衣饰华丽，着长裙立于莲台，隐约可辨的还有弟子、飞天、供养人等形象。

图 5.70 显圣池壁画第十组 一佛二弟子二菩萨等

(11) 第十一组

在转折进入洞穴里面的崖壁上方，壁画的右边缘部分，第七、第八组右侧，画面严重毁损，只能看清画面大致内容是一正觉菩萨、二胁侍菩萨(图 5.71)，正觉菩萨头梳高髻戴宝冠，颈戴项圈，面目模糊，其余部分残损。胁侍菩萨残存零星的头光、衣物部分。

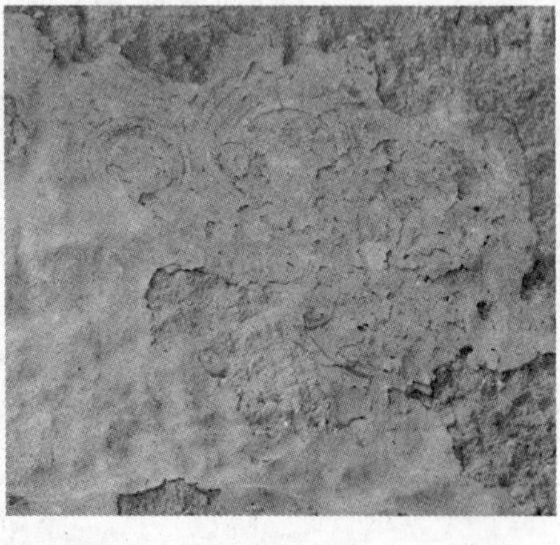

图 5.71 显圣池壁画第十一组菩萨等

(12) 第十二组

在壁画右边缘，第九、十组西侧，第十一组下方，画面残损严重，依稀可辨其中内容。一佛内着僧祇支，外穿双领下垂红色袈裟，衣缘、袖口镶绿边，手结说法印，半结跏趺坐于莲台之上，身后有圆形头光。佛两侧各绘一胁侍菩萨，上着偏衫，下着长裙，肩搭披帛，旋绕穿臂飘落。东侧菩萨旁边还有上下两排供养人，形象很小，面貌衣饰难以细究，似与第十三组供养人相似（图 5.72）。

图 5.72　显圣池壁画第十二组　佛等

（13）第十三组

在壁画右下角，第十二组下方，画面剥落亦很严重，但是色彩相对艳丽，应该是较少受到光直射的缘故。壁画内容有佛、菩萨、弟子、供养人、飞天、花卉等（图 5.73）。佛结跏趺坐于仰俯莲台之上，右手举于胸前作说法状，左手置于胸前，面形圆润，五官不甚清晰，朱唇纤巧，上身内着偏衫，似为黑色，镶绿缘，胸前结带，外着双领下垂红色袈裟，衣缘镶绿边，袈裟右角上绕搭于左臂后下垂呈象鼻相，佛头光中间绘莲花图案，外层绘四个同心圆，分别填绿、赭红等彩。佛左右两侧各有一弟子一菩萨，现残存部分，东侧菩萨与弟子头部缺失，西侧菩萨只残留头部。弟子侍立于佛两侧，面佛礼佛，面容清秀，双手笼于袖中平搁于腹前，上身内穿偏袒衫，外穿双领下垂袈裟，衣缘皆镶绿边。菩萨立于莲台，西侧菩萨高梳发髻，头饰华冠宝缯，颜面秀雅圆润，东侧菩萨头饰宝缯垂至腿部，左手轻抚于胸前，右手下垂轻挽披帛，臂饰臂钏，上身穿偏袒衫，左肩袒露，下着长裙，装饰对组佩饰，披帛绕臂垂落。

佛头光向西侧约略可辨飞天一身，上身袒露，下着长裙，身绕长披帛，衣裙披帛迎风飞扬。

东侧菩萨旁边残存上下两排女供养人，面向菩萨，姿态谦恭，身形都比较小，并从前至后依次缩小。《水帘洞石窟群》一书描述：“上排五身……其中第一身仅存下半身，穿宽袖长袍，下着长裙，足穿云头履；第二身着对领式宽袖长袍，双手拢于袖中，平置于胸前，其身后绘一束花卉。下排七身……其中第一、三至七身服饰同上排第三、四身，第二身服饰同上排第二身。”大约因为我们考察的时间比较晚，很多细部特征已经很难辨识，但是大体看来，这种服装风格和敦煌莫高窟隋代390窟、303窟供养人的着装十分相似，应为内着大袖衣，外着披风式小袖衣。莫高窟隋代390窟妇女进香图，“贵妇出行或进香则着大袖服，另于衣上加披风式小袖衣，同式衣着较早见于敦煌北魏以来佛传故事画迹中，唯多是男子衣着，且内衣袖小而外衣袖大，外衣只作披风式加于身上。隋代则相反，如图（指莫高窟隋代390窟壁画供养人）所见贵族妇女，内袖大而外袖小……另加小袖式披风，竟成一时风气。这种披风式小袖衣，多翻领，画迹上反映，多内外不同颜色，此外并无其他装饰”①。“贵族妇女内穿大袖衣，外面再披一件小袖衣，名披袄子。讲究的用金缕蹙绣，听任小袖下垂以为美，竟成一时风尚。”②

图5.73　显圣池壁画第十三组 一佛二弟子二菩萨等

① 沈从文编著：《中国古代服饰研究》，上海书店出版社2002年版，第257页。

② 沈从文、王予编著：《中国服饰史》，陕西师范大学出版社2002年版，第80页。

第六章

武山水帘洞石窟群壁画主要内容研究

在很多大型石窟中，壁画内容繁多，有主尊像、本生故事画、佛经故事画、因缘故事画、佛教史迹画、世俗生活画、民族神话传说绘画、道教题材绘画、供养人画、图案等丰富的内容。

武山水帘洞石窟群壁画面积总计约350平方米，时间上自魏晋下至宋元，和莫高窟45000平方米壁画的“博物馆”相较之，这是一个规模较小但内容更加集中的博物馆。武山水帘洞石窟群壁画主要描绘佛、菩萨等各种主尊像、装饰图案、佛教建筑等，保存了大量的说法图，而鲜有情节丰富、规模宏大的佛教故事、佛教史迹、世俗生活、民族神话传说、道教题材、山水风景等绘画，内容、题材相对单一。

第一节　武山水帘洞石窟群壁画内容分类探究

一　主尊像

主尊像是指那些在壁画中占据中心位置，占有主体地位，作为主要内容被绘制，供人们顶礼膜拜的佛、菩萨等。在武山水帘洞石窟群壁画中，大量的佛、菩萨、声闻、罗汉等被塑造。佛有释迦牟尼、阿弥陀佛、千佛等；菩萨有正觉菩萨、供养菩萨、胁侍菩萨等；弟子也多有塑造，尤以二弟子迦叶和阿难性格突出，特征鲜明。在布局、情节安排上，主要有包含佛、弟子、菩萨、天王、供养人等的佛说法图、菩萨说法图、七佛、千佛等组合，也有很多单体存在的佛。从现存壁画来看，虽然水帘洞石窟群有大量元代重绘的壁画，但没有维摩像、高僧像以及元代之后流行的密教中的千手千眼观音、金刚、度母等。

二 供养人像

出资绘制或建造圣像、开凿石窟的供养人（又被称为功德主），为了表示虔诚、留记功德和名垂后世，在石窟中不显要的部位画上或雕刻自己和家族、亲眷和奴婢等人的肖像，这些肖像，称之为供养人像，包括画像、雕像等。较之其他壁画内容，供养人像的显著性质是其具有确凿的现实依据，是根据现实人物所作，这些人多为某一地区、某一时期的豪门望族、显赫人物、大德高僧，其中一些人、一些家族甚至深刻地影响过那个地区、那个时期的社会经济、政治、文化等。并且多数肖像旁边都有文字题记，图文并茂，因而是研究地方历史、佛教发展、文物年代、服饰制度、制作者，以及绘画、雕刻、书法等艺术的重要资料。“佛教造像中所表现的供养人像不仅是制作和礼拜佛像的佛教信徒的形象，同时，作为皇帝的臣民，国家和社会的一员，也是他们想确立自我存在的一个形象。佛教造像这一宗教活动是被利用为向统治者和社会表达意志的一个‘场所’……作为向国家和社会传递意愿的一个纪念碑，具有很重要的意义。我们在佛教美术研究当中不能只从美术史的角度去研究，也有必要从社会史的角度去研究。”① 长期以来，我们对石窟艺术供养人像的研究，高度重视其艺术价值。现存供养人像当中并非都是中央地区、皇族赞助的精美的作品，也存在很多地方性的和小功德主、民间制作的拙劣作品。这些作品也许从美术史的角度评价艺术性很低，但实际上，它们仍然具有很高的社会史料研究价值，这一点尤其要引起足够的重视。②

在武山水帘洞石窟群各个石窟单元壁画中，都描绘了大量的供养人，常常是一排又一排地整齐排列在崖壁上，即使在同一时期，同一崖壁上也既有汉装人物，又有胡装人物，不同时代的供养人，在面貌、身姿、衣装等方面的变化更大一些。从现存壁画看，最为显著的变化是服饰部分，这甚至可以成为一个判断壁画年代的可靠的重要的依据，也可以为服装史的研究提供确凿的证据；可以管窥到一部服装变迁的图像断代史，并进而窥

---

① ［日］石松日奈子、牛源：《中国佛教造像中的供养人像——佛教美术史研究的新视点》，《中原文物》2009 年第 5 期。

② 同上。

视到过往年代上层社会审美习尚的变化。魏晋的纤瘦飘逸，隋代的劲健大气，北方民族的粗犷利索，中原人士的庄重典雅都展露无遗。图 6.1、图 6.2 就是两个服饰风格鲜明的供养人壁画作品。

图 6.1　武山水帘洞石窟群水帘洞单元壁画，供养人（北周）

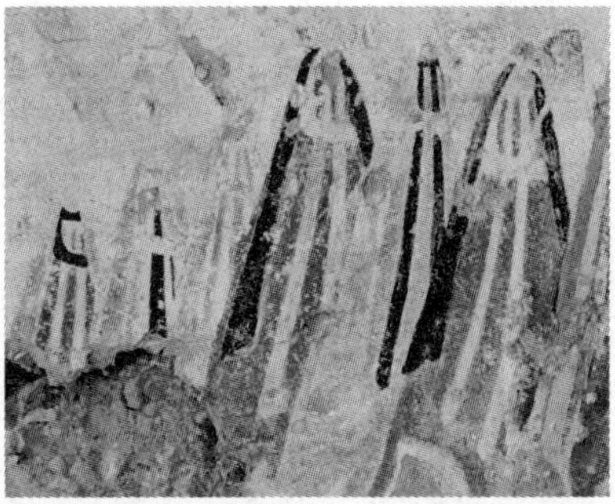

图 6.2　武山水帘洞石窟群显圣池单元壁画，女供养人（隋代）

武山水帘洞石窟群供养人画像榜题不少，对造像年代、原因、供养人身份等作了简要的记载。榜题表明的供养人身份多为武山历代统治者与豪门望族、佛门高僧等，这和武山历代统治者及其对佛教的态度有关，比如"莫折永妃"（水帘洞石窟壁画题记）、"清信女□□□"、"大都督姚长□"（千佛洞石窟壁画题记）等。"莫折永妃"题记说明北周时期莫折家族对武山及其周边地区的统治，正好是对古代文献资料的佐证与重要补充。武山水帘洞石窟群壁画中保留的供养人画像多为早期作品，供养人大多身量较小，虔诚礼佛，即使供养人身份为豪门大族，也少有以大型供养画像来显赫家族、彰显地位的，只是添加了华盖、仆从等来显示其身份，这正是很多石窟早期壁画供养人画像的基本特征，体现出供养人对佛教的虔诚敬仰。

三　飞天

佛教中的飞天本是一对夫妻，后被佛教吸收，就是天龙八部中的乾闼婆和紧那罗。在佛国里，乾闼婆散发香气，为佛献花、供宝，栖身于花丛，飞翔于天宫；紧那罗奏乐歌舞，不能飞翔。后来逐步演化，乾闼婆和紧那罗合为一体，男女不分，职能不分，变为飞天。飞天源自印度，飞过西域，飞到中国之后，与中国文化相融合，被艺术家们不断地加以改造，逐步地民族化、歌舞化、女性化，最终积淀形成一个光辉灿烂的佛教艺术典范！一个璀璨夺目的民族艺术瑰宝！中国化的飞天大多不长翅膀，不生羽毛，在云彩的飞旋、衣裙的飘曳之中，凌空翱翔，千姿百态。飞天尤其在石窟壁画艺术中取得了辉煌的成就，其中又以敦煌莫高窟壁画飞天最为著名。武山水帘洞石窟群壁画中的飞天在数量上远远不及敦煌莫高窟，但是也不乏精彩之作，现存共计 40 身左右，其中拉梢寺约三身，水帘洞约 10 身，千佛洞约近 10 身，显圣池约数量较多，但因壁画严重损坏的缘故无法细辨，也因一些窟龛无法登临，所以飞天的计数可能有误差。飞天多画在说法图上方，华盖旁边。在飞行姿态与组合上有上飞的、下飞的、平飞的、单飞的、双飞的、群飞的……绰约多姿，仪态万方。

千佛洞第四层十四号龛是一个拱形尖龛楣浅龛，龛顶上并飞两身飞天（图 6.3），面容清秀、空灵，姿态轻盈、飘逸，大有洛神之美，翩若惊鸿，婉若游龙，轻云蔽月，流风回雪，令人心追神往。这是保留较好的两身飞天，也是武山水帘洞石窟最有代表性的飞天。

图 6.3　水帘洞石窟群千佛洞第四层十四号龛飞天

四　佛教圣物

宝瓶、莲花、宝珠、菩提树等都是佛教圣物、法器。宝瓶多为诸尊手持之物，一般瓶口插有孔雀翎、花等，瓶颈系彩帛作装饰，一般都有诸多象征意义。莲花多为佛、菩萨、弟子等站、坐的依凭，也是礼佛的手持之物。佛教圣物也多被单独描绘，“水浮莲花”、“忍冬宝瓶”等是武山水帘洞石窟群造型优美、意境丰盈的佛教圣物题材的作品。

五　佛教建筑

佛教建筑主要为佛寺、佛塔、石窟。在石窟壁画艺术中出现的佛教建筑主要是佛寺、佛塔。佛塔缘起于古代印度，称作窣堵坡，是佛教的象征，最早用来供奉佛陀的舍利，后来逐渐成为信徒们膜拜的对象。随着佛教的传入与普及，佛塔遍布我国，并逐步中国化，结构巧妙，技艺高超，类型丰富。石窟建筑、壁画、雕塑中保留的佛教建筑，是研究我国古代建筑宝贵的形象图样和资料。武山水帘洞石窟群壁画中描绘最多的佛教建筑是塔，单是拉梢寺石窟单元，现存佛塔就有大约八十个，在东壁和西壁的崖面壁画上端部分甚至各集中绘制三十多个佛塔，组成一个规模宏大的覆钵式塔群。塔的形制比较单一，大致相同，由叠涩式塔基，覆钵式塔身，塔刹组成；塔基之下多有仰莲座或覆莲座，塔身、塔刹装饰经幡、璎珞、摩尼宝珠等物，以显示其神异与华贵。在水帘洞石窟也有浅浮塑彩绘的覆钵式佛塔。佛塔的意义不仅在于建筑学层面，佛塔还承载了佛教的教理教义、历史发展、美学、哲学等诸多文化元素，是探索和了解佛教文明的重要媒介。其他的佛教建筑还有佛国世界的楼阁、亭台、榭桥柱，以及与佛事活动相关的草庐、茅舍等，但残损严重。

六　世俗生活

石窟艺术的重点内容自然是佛教，但是世俗生活在石窟中并不是陌生的、鲜见的内容。一些内容直接反映社会现实，比如“庖厨”、“骑射”、“耕田”、“采桑”、“宴乐”、“杂耍”、“狩猎”、“演练”以及莫高窟的“张议潮出行图”等。这些内容间接影射社会生活，比如对佛衣的形制、穿着样式、质地的描绘，基本就是当时僧人生活的一个缩写。武山水帘洞石窟群现存壁画中，除去供养人这个部分，直接描绘社会现实的非常少。水帘洞石窟壁画“一牛拉车”（图 6.4）也许是其中唯一的一幅直接描绘世俗生活的绘画。“它们（世俗生活画）的存在弥补了画面的构图，充实了人生世界的万象，拉近了人们的距离。”①

图 6.4　水帘洞壁画“一牛拉车”（北周）

第二节　武山水帘洞石窟群壁画的装饰图案

石窟艺术的装饰图案一般划分为藻井图案、平棋图案、人字披图案、龛楣图案、边饰图案、花砖图案，以及光相、华盖、配饰、地毯、座帘等图案，还有一些单独纹样。但是武山水帘洞石窟群的图案研究不能依照这个惯常的分类，这个与它的石窟建筑形制不无关系。师凤轩、马敷丹、常飞等学者对武山水帘洞石窟群的“石窟”称谓提出异议，认为“无论是水帘洞单元本身，还是千佛洞和显圣池单元，都是在靠近天然洞穴的外壁或在较为平整的裸露崖面上绘制壁画和雕塑佛像。虽然拉梢寺单元西外侧和笔尖峰的‘天书洞’也算人工开凿的几个‘小洞’，但显然不具备真正意义上‘石窟’的形制。那些后代修整或浮塑而成的小佛龛，只能称之是‘龛’，不能称作为‘窟’。……我们认为，将水帘洞古遗迹称作‘水帘洞摩崖壁画、摩崖雕塑’比称作‘水帘洞石窟’和‘水帘洞石窟群’更加科学，更符合水帘洞古遗迹的实际现状，更能彰显水帘洞古遗迹的特点与个性，同时也展现了古代佛教艺术又一种独特的表现形式”②。在对

① 易存国：《敦煌艺术美学——以壁画艺术为中心》，上海人民出版社 2005 年版，第 116 页。

② 《甘肃武山水帘洞古遗迹名称雏议》，2008 年 4 月 23 日，中国文物信息网，http：//www. ccrnews. com. cn/100004/，100008/17863. html。

武山水帘洞石窟群的装饰图案进行研究时，尤其是与其他石窟进行比较研究时，这个问题就显得比较有趣。

石窟源自印度，从形制上可以分为两种，一种是毗诃罗窟，形制较大，左右及后壁上多开凿小龛；一种是支提窟，形制较小，中心近后壁上留塔柱。无论哪种石窟形制，因其建筑的元素，依据图案的绘制区域，可以把石窟图案分为藻井图案、平棋图案、人字披图案、龛楣图案、边饰图案、花砖图案等。因为造像和壁画的缘故，还有头光、背光、华盖、配饰、地毯、座帘等图案，以及一些单独纹样。但是，由于武山水帘洞石窟群大都是摩崖浅龛与露天摩崖雕塑与壁画，基本上没有石窟，所以在图案上也就没有石窟具有的藻井图案、平棋图案、人字披图案、花砖图案等。但是这并不妨碍武山水帘洞石窟群壁画装饰图案的光彩耀眼、琳琅满目。该石窟依据建筑存在的图案只有龛楣图案，其他分别是边饰、头光、身光、华盖、佩饰、服饰、基座、单独纹样等图案，色彩绚丽，简繁有致，内容丰富，多有宝瓶、莲花、石榴、云彩、忍冬、联珠、火焰、化佛、飞天等具象纹样，圆圈、半圆、方形、三角、菱形、网格、带纹等几何纹样，骨骼组织方式亦丰富多彩，有波状、旋涡状、叠鳞式、发射状、散点式等。灿烂瑰丽、饱满宏伟的壁画和结构紧凑、形象多样的装饰图案，把一个个窟龛渲染成庄严肃穆而又温暖宁静的圣殿，很容易使人产生对佛国主尊的敬仰感和亲近感、依靠感，对广结佛缘、传播佛教、吸引众人仰慕和皈敬佛门有很大的促进作用。

值得注意的是，武山水帘洞石窟群现存壁画中鲜有动物图案，很多石窟中常见的祥禽瑞兽诸如龙、凤、狮、虎、鹿、雀等，在这里几乎没有表现。大约原因一是武山水帘洞石窟群现存壁画大多是隋唐以后的作品，从中国纹样历史发展的角度，这个时期动物纹样在数量比例上已呈下降趋势，植物图案逐步繁荣，成为流行的主要图案。中国图案“在汉代以前主要是以几何纹和动物纹为其表现形式……在经过魏晋南北朝剧烈战乱破坏的阵痛之后，随着时代的更替，代表旧的宗法制度的门阀氏族为新兴的世俗地主阶级所取代，旧的社会制度及其文化禁锢被去除，传统动物图案的樊篱也被打破。此外，印度、西亚和希腊美术随着佛教的传入，给中国图案带来了包括忍冬、莲花和卷草纹样等大量的植物纹样的新内容。以此为契机，历经魏晋南北朝及隋唐几百年间对外来纹样的吸收与融合，到了盛唐时期遂完成了对外来纹样的民族化改造，形成了一植物纹样为主题的图案新格局”①。二是武山水帘洞石窟群少有中国本土宗教或神话题材的绘画，因而缺少诸如青龙、白虎、朱雀、玄武等民族化的祥瑞图案。

一 龛楣图案

龛楣是石窟建筑的一个部分，即指佛龛的上部外檐部分。龛楣图案即是装饰龛楣的图案，因此是一种适合纹样，依据建筑而存在，是石窟艺术装饰图案中的一个重要的类别。龛楣的形制决定了龛楣图案的构架。龛楣的发展、繁荣、消失以及它的装饰风格，有鲜明的时代特色，“龛楣装饰图案的这种断代性是与它的装饰部位——佛龛的形制、结构乃至洞窟形制的历史演变有着密切的关系。龛楣图案作为装饰图案的一种，具有特殊的功能性，并且与装饰部位的结构紧密结合，随着窟形结构的变化，其装饰形式和装饰手法有明显的改变，呈现出特定的历史时代风貌”②。龛楣图案的作用是“对龛内供奉的佛像起到烘托作用，使佛像显得更加尊贵、庄严”③。除了天书洞等少有的几个洞窟外，武山水帘洞石窟没有封闭的造像洞窟，大多是露天浅龛造像，比较集中的在拉梢寺与千佛洞石窟，壁画中的龛楣图案内容丰富，装饰手法多样，主要的纹样有火焰纹、忍冬纹、小佛像、几何圆圈纹等，但是大多残损严重。

千佛洞石窟南壁 18 号龛为圆拱尖龛楣，龛楣色彩丰富艳丽，大量使用朱红、粉绿、宝蓝、中黄、白等鲜亮的颜色，下边缘绘忍冬图案，中间画带有圆形头光的小坐佛，再上画火焰纹，装饰华丽。

二 边饰图案

边饰图案主要用来区别、分割同一崖壁、墙壁、窟顶上壁画中主题不同的部分，同时加强凝聚一个主题的画面，而在不同内容的边界绘制的带状连续纹样。由于武山水帘洞石窟群壁画大量剥落，所以能够整理出来的

---

① 回顾：《中国图案史》，人民美术出版社 2007 年版，第 203 页。

② 常沙娜：《中国敦煌历代装饰图案》，清华大学出版社 2004 年版，第 73 页。

③ 同上。

边饰图案非常有限，主要有花卉纹样、联珠纹样、叠鳞纹样，以及其他方形、长条形、圆形等几何纹样等。“边饰图案以规则的条带性对石窟内的壁画进行有秩序的划分，既使石窟内各部分装饰面积之间有了明确的区分，同时也增强了各个装饰部位之间的呼应和联系，使整个石窟具有整体统一的装饰效果。”① 武山水帘洞石窟边饰图案有繁有简，简单的就是一条平涂颜色的长条带边框，或者联珠纹、散点式排列方形等，分割画面的实用功能非常突出，似乎未考虑装饰功能；繁缛的则有花卉、波浪等元素以二方连续的某种构成原则。比如波浪式、折线式等来排列，兼具装饰效果与实用功能。

三　光相图案

佛、菩萨、弟子等造像，甚至在早期的飞天、晚期的供养人造像上，都能看到一轮美丽的光环，这就是光相。按照《大乘百福庄严相经》的记载，光相是佛、菩萨的身体绽放的祥瑞之光，是他们的形象特点，是“三十二相”、“八十种好”之一“身放光明相”，因而光相也是佛、菩萨造像的依据。光相一般分为头光和身光两种。在绘画、雕塑等艺术塑造中，其形制有单层、多层，形状多为圆、椭圆、莲瓣、桃等，其中再填以飞天、祥云、忍冬、莲花、火焰、化生童子、佛、牡丹、番石榴、波浪、如意等各种图案。光相图案还有等级之分，佛的光相图案最为复杂华丽，层数众多，并有多种纹样组合而成。菩萨、弟子等光相图案则较为简单。武山水帘洞石窟群壁画中的头光基本骨骼结构大都是圆形或者多层同心圆圈，较为简洁的头光图案主要有单个平涂的圆形、多个平涂的同心圆圈图案；较为繁杂的佛的光相有多层构成，其中逐层填以火焰纹，缠枝、对称忍冬纹，整（一朵完整的莲花）、破（半朵莲花）莲纹，波浪纹，旋涡纹等，设色亦丰富多彩，对比鲜明。不同的图案会产生不同的视觉感受，比如火焰纹，有极强烈的升腾之感，动势很强，水帘洞石窟壁画中最大的一佛二菩萨的头光就是一个火焰纹头光的典型。而且其中佛的头光（图6.5）还采用了绘塑结合的手法，头光部分略高出周围崖面，使头光具有突出画面的立体感。

---

① 常沙娜：《中国敦煌历代装饰图案》，清华大学出版社2004年版，第221页。

图 6.5 水帘洞大佛头光图案（北周）

采用石刻与彩绘相结合的手法来表现头光的更突出的例子是拉梢寺摩崖石刻大佛与菩萨的头光（图 6.6），先以刻塑的方式刻出一层层隆起的同心圆圈，再以绘画的方式细致地描绘一层层花卉纹、波浪纹、旋涡纹等。在柔和的光线下，人们可以清楚地看见华丽的彩绘图案；在强烈的光线下，石刻的圆圈，在下陷的阴影的衬托下，隆起的一道道光楞耀眼刺目，的确是佛典所说的光耀万丈、气象万千的圣光！

武山水帘洞石窟群壁画中的装饰内容较为丰富的身光图案，较多出现在拉梢寺石窟，有圆形、辐射状等，拉梢寺第一组壁画等佛之身光中大量绿色、白色等线条从相轮中射出，极为壮观。

四 华盖图案

华盖原是指帝王或贵族出行时车驾上的伞形顶盖，与权力和地位相关。在佛教文化中，华盖也是体现佛教权威的符号。“佛法中的华盖象征着免于痛苦、欲望、障碍、病痛与恶缘，表示佛法令众生清凉。”① 华盖在武山水帘洞石窟群现存壁画中，形式繁多，除了一般意义上的华盖，由伞盖、垂幔组成，形制大同小异，还有以菩提树枝叶作华盖，比较特别的是以缠枝花卉作华盖，比如拉梢寺石窟东崖的两幅大型菩萨说法图中，正

① 常沙娜：《中国敦煌历代装饰图案》，清华大学出版社 2004 年版，第 91 页。

图 6.6 拉梢寺石窟大佛头光图案（北周）

觉菩萨的华盖就是缠枝花卉。除了佛、菩萨有华盖之外，部分供养人也有华盖，但是形制与佛、菩萨的华盖有很大的差异，装饰较少，更接近日常使用的伞。千佛洞石窟壁画“大都督姚长璨礼佛图”中的伞，有专人撑举伞，没有伞盖，伞面很大，伞下容纳四、五人之多，伞面下缘垂饰多个銮铃。

由于褪色、剥落等原因，华盖资料很难全面整理。

五 服饰图案

石窟壁画中描绘了众多的各类人物形象，因此保留了大量的历代各族人民的衣冠服饰资料，他们的衣着打扮是一个时代文化与精神的缩影，是一个时代服装文化的生动再现，是一部翔实的中国服饰文化图像史。

本书所指服饰图案主要指服装织物图案。衣缘、镶边图案等两大类，这在武山水帘洞石窟壁画中皆有图像资料（图6.7、图6.8）。武山水帘洞石窟群壁画大量的人物服装多采用单色平涂的手法绘制，因此织物图案相对单一，主要有佛衣田相纹、带纹等。衣缘、镶边图案较为丰富，佛衣、僧衣、供养人衣服等，多镶衣缘、袖口、领边，宽窄不等，单色、图案皆有。单色平涂白、绿、红、黑、黄、蓝等色。填绘图案主要有云纹、花卉等；由于衣缘、袖口、衣领的带状形制，所以其图案组织基本使用二方连续的一些组织原则，主要使用散点式、波浪式、折线式。

图6.7、图6.8 拉梢寺石窟壁画服饰图案（北周）

六 单独纹样

单独纹样是指那些点缀于画面空隙中的图案，“起到填充空间，使画面更加充实完整，更具装饰性的作用”①。武山水帘洞石窟群壁画单独纹样从内容到形式皆非常丰富且美轮美奂，多为花卉、宝瓶、云纹等题材，花卉使用较多。拉梢寺大型摩崖壁画的“水浮莲花”、“忍冬宝瓶”（图6.9）、“缠枝花卉”（图6.10）、千佛洞的“山茶花”等尤其精彩。

---

① 常沙娜：《中国敦煌历代装饰图案》，清华大学出版社2004年版，第249页。

图 6.9　拉梢寺水浮莲花图案（元代）

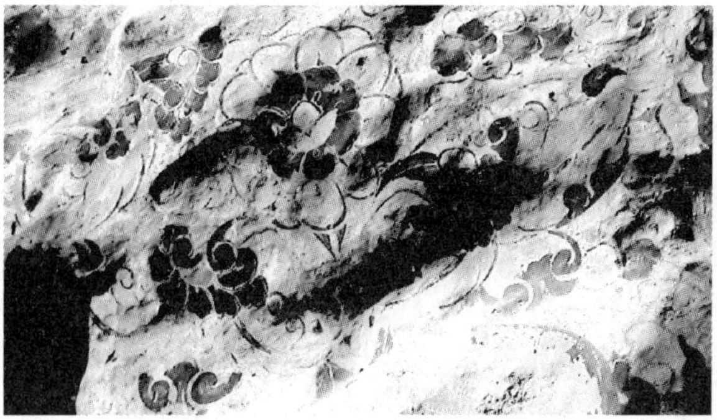

图 6.10　拉梢寺缠枝花卉图案（元代）

其中“水浮莲花”的水体呈现为一个大型的水珠形状，莲花漂游于水上，花瓣仰俯有致，花下泛起层层涟漪，周围杂以莲蕾、莲花、水草等其他图案。“忍冬宝瓶”也极有意趣，图案左右基本对称，一支纤细的绿色长茎上端托起一朵忍冬纹花头，花蕊上置装饰华丽的宝瓶，一支连枝带叶的花卉插于宝瓶。单独纹样不是适合纹样，由于不受特定装饰空间的约限，因而显得不拘一格，活泼率性。但是，“这些图案依然遵循着与各个历史时期的洞窟整体艺术风貌相一致的原则，从造型、色彩、运笔上都与整体壁画风格得到完美的融合”①。

七　其他图案

在武山水帘洞石窟群壁画中还存在一些其他图案，比如佩饰图案、基座图案、器皿图案、建筑装饰图案等。

1. 佩饰图案

佩饰主要包括头饰、耳饰、项饰、臂饰、手饰等，在武山水帘洞石窟群，汉风胡俗皆有表现，显宗密宗都有描绘。展现在人物形象上，衣冠服饰皆有不同，头饰是最为复杂多变的，形式多样，材料各异，有美玉、璎

① 常沙娜：《中国敦煌历代装饰图案》，清华大学出版社 2004 年版，第 249 页。

珞、皮革、金属、织物等，反映特定时代、特定地域人们的审美习尚。从壁画分析，制作技艺有镶嵌、刻花、拼接、串联等。装饰配饰的形象主要有菩萨、飞天、天王、力士、供养人等，其中尤以菩萨佩饰最为繁杂与丰富。拉梢寺石窟第二十二组，中间的正觉菩萨，头戴金属质地的山字形高宝冠，耳下插戴头饰，颈戴项圈，臂戴宝钏，脚踝饰环，皆为金色，佩饰华丽繁多，多以线描刻花花纹，皆为朱线勾边，平涂金色。

2. 基座图案

石窟中的基座图案直接反映佛教文化的特点。武山水帘洞石窟群壁画中的基座大量为莲台，形制繁杂多样，有仰莲台、覆莲台、仰覆莲台、单层莲台、重瓣莲台、多层莲台。莲瓣形态又有不同，有翘尖、翻卷、向上、下垂等多种，在施色上有平涂、晕染等多种方法。其他少部分则为须弥座，有叠涩式、方形等，多有装饰。

3. 器皿图案

在水帘洞石窟群壁画中出现的佛教用器，较多的是手持之物，比如药师佛所捧药钵，千佛洞 34 号壁画中菩萨手捧的莲花宝盒，千佛洞 14 龛壁画飞天所持宝盒，拉梢寺石窟壁画中菩萨所捧果盒等，另外还有宝瓶、熏炉等，应当是根据当时的佛教用器塑造的。千佛洞 34 号壁画中两身菩萨手捧的莲花宝盒，墨线勾描，圆形叠涩式底座，底座上面塑造一朵仰莲花，仰莲花瓣簇拥着盒身，盒盖是一个伞状覆莲叶，盖钮便是莲叶叶梗，设计灵巧，造型活泼清新，技艺精湛，极富意趣，又体现佛教文化的要求与内涵，造物的精巧奇妙在这里得到完美的展现，堪称是中国古典造物的典范。

在拉梢寺石窟摩崖大像佛与两菩萨之间各绘一个宝瓶图案，左右对称，设色鲜艳。一枝绿色莲花花梗，花梗顶端的莲花高托宝瓶，宝瓶侈口细颈鼓腹平圆底，瓶体绘弦纹，蓝、绿等色宽带纹。瓶中插花、孔雀翎，瓶周围装饰莲花、莲叶、忍冬。宝瓶图案华丽繁杂又不失活泼率性。

4. 建筑装饰图案

一个时代，一个民族，一种文化，都会在他们的建筑中留下这个时代、这个民族、这种文化的深刻烙印，这些烙印本身就可以体现为建筑，保留在建筑构造中，也大量凝聚在建筑的装饰中。本书所指的建筑装饰图案是指绘制在建筑绘画上的作为装饰的纹样，不包括绘制在实体建筑上的图案。武山水帘洞石窟群壁画中的建筑均为佛教建筑，数量最多的是叠涩式宝塔，其装饰元素多为璎珞、经幡、莲花、摩尼宝珠等，具有鲜明的佛教文明的特点。

5. 千佛图案

除了这些图案之外，大量的千佛造像也以一种图案化的方式塑造而形成“千佛图案”。千佛塑造严格来说当然不是装饰图案。大乘佛典说过去之庄严劫、现在之贤劫、未来之星宿劫各有千佛出世，亦即亘三世有三千佛出现。因为千佛信仰而出现的千佛造像不是作为装饰与点缀存在于画壁的，而是具有主体性的内容，但是从形式方面来看，其结构重复，规矩排列，组织方式是四方连续的散点式，完全具有图案的性质与特点，因而可以称之为“千佛图案”。这个提法还有待进一步推敲，此不赘述。千佛壁画在很多石窟都有，表现方式大致相似，都是“千佛图案”方式的布局，在武山水帘洞石窟群壁画中，一种是单独绘制佛像，然后形成一个千佛的集群，一种是佛与弟子、菩萨的组合形成一个单位元素，然后形成千佛集群。

金维诺述及敦煌图案时说：“从整个敦煌图案，我们可以看出来：这里有无数丰富而美的形象，这些形象不是对自然的简单摹绘，也不是作者纯主观的臆造。它是吸取了自然与社会中的美的现实形象，经过构思和艺术的加工而创造的。这些艺术形象既简练、真实，又适合于整个图案组织的要求。……同时，那些优秀的敦煌图案不仅整个组织是与组成的形象的规律相适应的，而图案本身也是与装饰的对象（建筑、雕塑、绘画）的要求相符合的，它是美丽的，而又不是多余的附加物。并且，我们还看得出来，敦煌图案从形象到组织结构，也不是停滞的、固定的。每个时代都有新的表现与创造，新的形象与新的表现手法，总是随着生产的发展，随着交通文化的发展以及人民习俗的转变而丰富多样的。”① 尽管武山水帘洞石窟群壁画中的图案在数量上没有敦煌图案那么多，在种类上没有敦煌图案那么丰富，甚至也没有出现敦煌石窟里的三耳兔等杰出的图案代表，但是，这并不影响武山水帘洞石窟群图案的魅力，它们或简练或繁缛；或活泼或严谨；或素雅或华丽；每个时代都有新的表现与创造，都传达出那

① 金维诺：《智慧的花朵：敦煌图案的艺术成就》，《文物参考资料》1956 年第 8 期。

个时代的鲜明气质；它们增添了画壁的美丽，为佛教说教的画面补充了动人的气息。

第三节 武山水帘洞石窟群壁画技法与风格溯源

武山水帘洞石窟艺术兼有东西方文化的因子，就壁画而言，包纳了显宗、唐密的造像体系，西域、中土的技法风格。

一 武山水帘洞石窟群壁画艺术的特点

1. 形式与技法的包容性

水帘洞石窟群壁画艺术的一个突出特点是在形式与技法上的巨大包容性，融民族化与外来风格于一体。跨越时代体现一种包容性，或者两种、多种文化因子体现出主次分明的特点，都是不足为奇的，但是在同一件艺术作品中既有民族化的典范表现，又有异族艺术的鲜明特征，两者在力量对比上甚至是势均力敌的，这是比较叹为观止的艺术现象。拉梢寺摩崖大像以西“听法圣众”的部分造像，人物的衣饰装扮、面貌五官在宗教性质上具有藏传佛教的特点，在民族性质上是非汉族的少数族裔。但是，显然的，线条却是惊人的精湛的汉风表现，尤其塑造手的线条，纤细、柔韧，那是怎样一双纤纤玉手？全在这线条的讲究！灵巧的手之后是怎样一位矜持、含蓄、优雅的人？这双手完全体现得出来！因而手之后的面部表现甚至显得画蛇添足般的多余与笨拙。两种文化在这里都有精彩的表现，而这也展现了古代中国，包括少数族裔，对多元文化的宽容、理解、接纳、融汇，并进而体现出一种在心态上的文化自信与技术上的熟稔把握能力！

2. 题材的单一性彰显宗教的纯粹性

较之麦积山、莫高窟等其他石窟，水帘洞石窟群壁画艺术的题材相对单一，更多地体现出宗教性的纯粹，较少世俗化的繁杂纷扰。尊像画、说法图是几个世纪里维持不变的、占压倒性优势的绘画题材。还有数量颇多的建筑画，内容基本上都是佛塔，全部是单一的叠涩覆钵塔。水帘洞石窟群不可能逃脱宗教世俗化进而宗教艺术世俗化的命运，但是，它的世俗化在题材内容方面显然没有突出的表现。

3. 两位一体，天人合一

麦积山、莫高窟等其他石窟，在石窟建筑形制上，都具有封闭的石窟内部空间，雕塑与绘画在这个封闭的空间里，石窟外是世俗世界，石窟内是宗教世界，外与内是两个截然不同的世界，自然具有截然二致的氛围。当我们跨过石窟的门槛，从石窟外入石窟内，映入眼帘的是满墙满壁的圣像圣境，佛国的意境悠悠然氤氲弥漫，我们的上下左右，全部被佛陀世界包围，心境自然从纷杂烦扰走向单纯虔诚。水帘洞石窟群没有对建筑投注热情，不同于其他石窟的三位一体的艺术结合，忽略那些地位菲薄、数量不多、后期兴建的石窟建筑，它其实是两位一体的艺术，壁画与雕塑不是依凭建筑存在，而是依凭于充满生命气息的大山大水、花草树木、日月风雨。在这一点上，它与岩画具有相同的性质，是在岩穴和崖壁上的彩画、线刻、浮雕。另外，在功能上它也与岩画相同或者接近，一个是为巫术的，一个是为宗教的，而巫术不过是宗教发展的早期阶段而已。因此，武山水帘洞石窟群艺术甚而可以被称之为岩画艺术，当然这也是一个不精确的称呼，因为它不符合人们对岩画的另一个认识，即岩画是人类早期社会的文化现象，是原始先民的文化遗迹。原始先民在岩画面前进入一种巫术的癫狂状态；离开喧嚣的城市，一步步进入静谧幽僻的林泉之地，远道而来的善男信女，也在心境上一步步接近宗教虔敬的状态，当匍匐在壮阔的崖壁大像之前，聆听僧人们的诵经，偶尔飞过的山雀留下悦耳的叫声，又岂不是迦陵频伽的妙声？山林水泉又岂不是须弥山的再现？弥漫于山间的清甜的云雾又岂不是香神的杰作？在露天的壁画面前，古典时期的善男信女和原始先民面对岩画一样，进入迷狂的状态。壁画艺术与天然环境，世俗信众与佛国世界，人与天，不需要跨越某个门槛，而自然地融合为一体。

4. 绘塑结合，构图精妙

拉梢寺摩崖大佛绘塑于石苞峰南壁，在崖面高 42.3 米、宽 43 米的巨大凹平面上，中心和主体为通高 34.75 米的坐佛和两个菩萨造像，周边辅以佛座、壁画等，构成一个主次分明、场面宏大、气势恢宏的绘塑杰作。这一摩崖大佛无疑是整个水帘洞石窟群最具代表性的作品，也是水帘洞石窟群的象征。这一作品将石胎、泥塑、浮雕、壁画等要素手段有机结合，充分利用天然崖面进行创作，又将光线、色彩、浮雕等因素完美统一，形成了立体与平面相结合，壁画与浮雕相统一，浮雕与色彩相映衬，角度与光线互补，作品与周边环境协调的佛教艺术精品。如主佛与菩萨头光，可以说是利用浮雕、色彩和光线，并将三者完美结合的典范，每当阳光照射，数道光圈通过浮雕之凸凹，辅之以红绿相间又连续不断的水波纹、旋涡纹，营造出一种色彩斑斓艳丽、佛光闪烁、耀人眼目的壮美效果。佛祖之庄重、神圣、威严、神秘在佛光的辉映下得到完美展现。这样的巨幅作品，堪称艺术杰作。

二 武山水帘洞石窟群壁画艺术风格溯源

1. 地面寺院艺术的华化探索对水帘洞石窟的影响

我国石窟寺的兴起，在新疆约始于3世纪，4—5世纪是其盛期。在敦煌以东内地始于5世纪。这时距佛画初传入我国已有三四个世纪的历史。更为直接地说："石窟艺术兴起之时，外来的佛教艺术已经经历了一段在日益增多的佛寺内，基于中华民族文化基础上的创新过程，已经发展成为具有民族特色的绘画。在这个意义来说，石窟寺艺术是承袭了佛寺艺术而继续发展到一个新的阶段，因为石窟寺本身就是建立在山崖河畔的佛寺，并互为作用。"① 石窟本身就是寺院的一种类型，是继地面寺院之后发展起来的，对地面寺院艺术有直接而全面的继承。"东汉末年牟子《理惑论》记载'时（公元67年）于洛阳城西雍门外起佛寺。于其壁画千乘万骑，绕塔三匝。又于南宫清凉台及开阳城门上做佛像。'这是内地开始修造佛像，绘制寺塔壁画的最早记载。"② 从这个时间算起，到石窟寺院的兴起，经历了几百年的历史，这个历史时间也是地面寺院逐步探索佛教艺术华化的过程，这为石窟寺院的兴起、成熟的佛教艺术创作与风格上进一步的民族化积累了大量的经验，所以我们考察石窟寺院艺术的时候会发现，即使早期的石窟艺术，也具有民族化的特征，并不是完全地模仿外来的艺术形式，这应该归功于地面寺院艺术创作在民族化方面的探索。在地面寺院民族化探索的基础上，石窟寺院艺术进行了进一步的华化。在陇右

① 张宝玺主编：《甘肃石窟艺术壁画编》，甘肃人民美术出版社1997年版，引言部分。

② 中国美术全集编辑委员会编：《中国美术全集绘画编13寺观壁画》，文物出版社1988年版，第6页。

地区有史料记载的地面寺院数目不少，但是诚如我们所知，地面寺院由于人为等很多因素，较之石窟寺院，保存不易，尤其唐以及唐以前的，几乎荡然无存了，所以无法对其进行比较研究，以进一步追踪这种华化的过程与细节。武山水帘洞石窟群壁画艺术从一开始就具有强烈的中国化的特征。

2. 陇右地画、古墓壁画艺术形式的影响

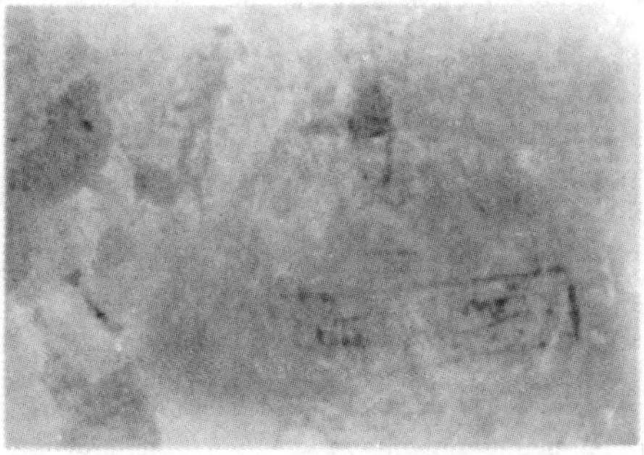

图 6.11　大地湾地画，仰韶文化

"石窟寺艺术是伴随佛教文化一同输入的，天竺石窟虽然正宗，毕竟太远，汉地可供借鉴的主要是'生'的殿堂与'死'的墓室。"① "中国古代寺观壁画是佛教输入后兴盛起来的。在此以前，我国的宗教以及祭祀活动中，已有利用壁画的传统。"② 华夏文明渊源有自，早在8000年前的仰韶文化时期，就有地画出现了。1982年5月，在甘肃省秦安县五营乡大地湾遗址房屋F411居住面的中部靠上方，保存一幅古老的地画（图6.11），面积约1.32平方米，画中有人物、动物等形象，绘制的方式有平涂、线描，尤其画面下方的动物，是以富有骨气的线造型的。这幅地画被认为是中国现存最早的绘画艺术作品。不同的文明，在出发的源头，就表现出各自不同的风格，中国绘画艺术以线作为造型主要手段的性质在中国绘画艺术的源头就表现出来了。在中国绘画艺术的历史发展中，经过

① 易存国：《敦煌艺术美学》，上海人民出版社2005年版，第139页。

② 中国美术全集编辑委员会编：《中国美术全集绘画编13寺观壁画》，文物出版社1988年版，第1页。

一代又一代艺术家的实践探索，发展出了一套高度完备的线条语言体系，线有干湿、浓淡、轻重、缓急、虚实的性质，有高古游丝描、铁线描、钉头鼠尾描、折芦描、橄榄描、枣核描、柳叶描、战笔水纹描等所谓“十八描”的丰富形状。这个体系在陇右古墓壁画等绘画艺术遗存中有大量而出色的表现。这些精彩的线的艺术表现对于武山水帘洞石窟壁画艺术无疑会产生重要的影响。在隋唐及以后的时间里，水帘洞石窟群壁画民族化的程度很高，在线的运用方面有典范的表现，比如显圣池壁画、千佛洞34号壁画，线条富于运动感，或行云流水或抑扬顿挫，表现肌肤的线条具有柔韧的弹性，呈现出肌肤或珠圆玉润或矫健有力的质感。除了历史积淀的技法影响，同一时期、同一地区的墓室壁画也会对同期石窟艺术有所影响，两者之间应该有交互影响、互生共进的性质。但是水帘洞石窟群在民族化方面的作为，较多地集中在形式。从内容而言，鲜有民族题材的表现，没有像敦煌莫高窟等石窟那样，集中了大量的中华传统神话、道教神怪、吉祥图案、社会生产、社会生活、历史事件、历史人物、风俗民情等内容，水帘洞石窟群现存壁画基本上是单纯的佛教内容的展现。

武山水帘洞石窟群壁画艺术闪耀着佛教文化与审美文化的瑰丽光芒，其磅礴宏大的气势，高度的艺术成就，独特的审美境界，丰富的佛学内涵，在今天仍然是画家、雕塑家、舞蹈家、宗教家、工艺家的精神滋养。

一千年，荏苒岁月，沧桑巨变，武山水帘洞石窟群壁画千疮百孔，其深重的损毁令人泣血长啸，扼腕悲叹！尤其是在这一次考察、整理、写作的过程中，我心中一次又一次地升腾起崇仰与叹惜之情！我们创造的艺术，无论她具有多么迷人的魅力，多么伟大的价值，她都和世间任何事物一样，从诞生之日起便向消失的尽头走去。即使从现在起精心保护她，我们也只能延缓她消亡的速度。更遑论我们的保护措施还有很多亟待完善的方面……

第七章

武山水帘洞石窟群雕塑与建筑艺术研究

第一节　武山水帘洞雕塑艺术概览

从目前关于佛教艺术特别是佛教美术的研究来看，佛教美术研究点主要集中在佛教造像，石窟壁画以及佛教建筑三个方面，而佛教雕塑更是研究的重点。

从佛教的发展历程来看，佛教一开始也遵循的是“如来是身，不可造作”的原则。佛教艺术只局限于象征物崇拜阶段，但从宗教的发展来看，视觉形象是佛教传播的最直接的工具，故从公元1世纪古印度的贵霜王朝迦腻色迦时起，在佛徒对佛陀的不断神化和大乘佛教形成后，开始出现了佛造像，并形成受古希腊、古罗马造像风格影响的犍陀罗艺术和古印度传统文化基础上发展起来的秣菟罗艺术。其沿着“丝绸之路”传入中国，五胡十六国时期在北方广为传播，并且在疯狂的宗教信仰的推动下形成了一场大规模的造像运动，特别是在北方重修行，重功德修行理念以及佛教经典[①]诸因素的影响下，“观佛成为一种重要的修行方式，5至6世纪出现了相当多的佛教造像”[②]。在古“丝绸之路”沿途，留下了许多规模大小不一的造像和石窟寺，为中国古代的雕塑艺术增添了重要的一页。

武山水帘洞石窟群便是丝绸古道上一处在艺术价值仅次于麦积山石窟的石窟群，据造像与壁画风格推知，其始建于十六国时期的后秦，经北

---

① 如《妙法莲花经》中说：“若人为佛故，建立诸形象，刻雕成众像，皆已成佛道。”参见《大正藏》第8卷，第476页。

② 刘淑芳：《五至六世纪华北乡村的佛教信仰》，《中研院历史语言研究所集刊》第63本第3分册，台北，1993年。

魏、北周及隋唐宋元明清以后各朝代修建，现存的水帘洞、拉梢寺、千佛洞、显圣池四个单元。共有雕塑六十余身，分布于四个单元的各窟龛中。

一　显圣池及水帘洞的雕塑艺术

显圣池为水帘洞最前面的一个单元，位于火烧山西壁的天然崖面上，为天然洞穴，崖面南侧为壁画，崖面北侧残存一组造像痕迹（图 7.1），为一佛二菩萨的造像组合，只残存泥胎木桩及菩萨存痕下的仰莲，外部塑像已全部脱落，很难辨认其艺术特征。根据其大致造像艺术特征以及南侧崖面上的壁画，可推测为北周或隋代雕塑。

图 7.1　显圣池北侧崖面造像痕迹

图 7.2　水帘洞石窟外景

水帘洞石窟位于莲花山南麓一个天然洞穴中（图 7.2），坐西向东，因雨季水顺崖而下，似帘垂挂所以称为水帘洞，其建筑和塑像为民国初年进入水帘洞的道教神祇，洞内左侧为菩萨殿，是民间传说中的大势至娘的化身，当地居民称为“麻线娘娘”，是民间信仰与神话、宗教多元融合的神像。洞穴前方有一个四合院，主要有三圣宫、四圣宫、五圣宫、娘娘殿、火圣殿、邱祖殿、王母殿、五星阁等，殿内所供神像均为 20 世纪以来民间塑像工匠所塑的道教神像。与佛教有关的内容仅为北侧崖面上的壁画和摩崖浮塑，没有与佛教有关的塑像。

现存壁画大约 88 平方米（图 7.3），原为北周所绘，根据风格和遗迹来看，宋代在原来的基础上进行了补绘，并且壁画上有三覆钵塔和尖楣拱形龛。

图 7.3　水帘洞石窟壁画（北周）

二　拉梢寺和千佛洞窟群的雕塑艺术

水帘洞石窟群的雕塑艺术主要存在于莲苞峰崖面上的拉梢寺和挂青山西壁崖面上的千佛洞。拉梢寺有造像 33 身，窟龛 24 个，千佛洞有窟龛 51 个，造像 25 身，雕塑以北周时期为主，造像时代特征和地域特征十分鲜明。故北周在佛教史上具有十分重要的意义，但在统一北方后，又加上对外经济文化的交流，故其造像艺术一改北魏孝文帝改制以来流行的"秀骨清像"造像模式，转换为人物造型圆润饱满、质朴憨厚的造像特点，在中国佛教造像史上具有承前启后的作用。

1. 拉梢寺雕塑艺术

拉梢寺开凿于北周明帝武成元年（公元559年），在现存的24个窟龛的33身造像中，造像手法多为石胎浮塑为主。在现存的24个窟龛中，编号为1、6、7、8、11、12均为北周时期的作品。3、4、5号为彩绘像龛，9、10为北周舍利塔，13、14、15、22、23、24为元代舍利塔，下面就分别述之。拉梢寺1号造像是该寺最重要的造像（图7.4），为石胎浮塑的一佛二胁侍菩萨像，是全国最高最大的摩崖大佛造像，高达34.75米，其造像面相方圆，低平肉髻，衣纹简洁，其上彩绘方格纹，结跏趺坐于三层莲台之上，左脚踩法轮，双手作禅定印，头部有呈同心圆头光，其造型风格完全为北周时期的佛造像，具有丰状敦厚的特点。

图7.4　拉梢寺1号造像

主佛其佛座在国内石窟中绝无仅有，为多种样式的结合体（图7.5）。这个高为17米，宽为17.5米的方形佛座，由七层浮雕组成的佛座最下层仰莲，仰莲之上九头立象，中间一头为正面，两边分别为四只侧身立象，大象之上又为仰莲，仰莲之上为卧鹿，两侧为侧身向外的卧鹿。卧鹿之上为仰莲，其上为卧狮，从整个佛座的造型看，应为9头现存5头，以拉梢寺2号造像为界，左边三头，右边两头。关于佛座上的狮、鹿、象动物浮雕，美籍学者罗杰伟在其论文《北周拉梢寺艺术中的中亚主题》① 中认为是受中亚文化因素的影响，我认为该佛座是多种文化交流相融合的产物，象来自印度文化，狮来自中亚文化，鹿在中国传统文化中为瑞兽，这些动物一方面是各自文化传统中的瑞兽，同时在佛教造像中，文殊菩萨的坐骑为狮子，普贤菩萨的坐骑为象，故其出现在佛座上，应是多元文化交融的结果。

主佛两侧为胁侍菩萨，左侧菩萨（应为文殊菩萨，专司佛之智慧）脸形方圆，额中白毫相，弯眉高鼻大嘴，大耳下垂，头戴三瓣莲式宝冠，短颈宽肩劲佩项圈，双臂带钏，双手托一莲茎，下着外翻边长裙，腰束带干两腿向下垂，赤足立于坛上，双眼双肘，颈部有部分残损，右侧菩萨与左侧菩萨造型基本相同。

图 7.5　拉梢寺 1 号造像主佛

图 7.6　拉梢寺 1 号造像主佛佛座卧鹿

图 7.7　拉梢寺 1 号造像主佛佛座立象

① ［美］罗杰伟：《北周拉梢寺艺术中的中亚主题》，载巫鸿主编《汉唐之间文化的互动与交流》，文物出版社 2001 年版，第 38 页。

图 7.8　拉梢寺 1 号造像
主佛右侧胁侍菩萨

图 7.9　拉梢寺 1 号
造像佛座浮雕

拉梢寺 2 号塑像为北宋时在破坏 1 号佛佛座的基础上摩崖悬塑的一佛二胁侍菩萨，为浅龛造像，亦称摩崖龛，吴作人先生曾对窟和龛作了解释：“有洞口的叫窟，敞口的叫摩崖龛。”① 主佛低平肉髻，上有卷发（今残存部分）而形丰圆，额间白毫相，双眼微观、直鼻小眼、双耳下垂，头后彩绘有圆形头光、外穿双领袈裟，内着僧祇支，胸以下部分已残损，仅存木骨架。原像应为立于莲台之上的说法图。

图 7.10　拉梢寺 2 号主佛造像

① 吴作人：《麦积山勘察团工作报告》，载天水麦积山文物保管所、麦积山艺术研究会《麦积山石窟资料汇编》（初集），1980 年内部编印，第 8 页。

主佛两侧为胁侍菩萨，左侧菩萨保存较为完整，头戴宝冠，束发高髻，面形方圆，额间白毫相，眉如新月，双眼微视，直鼻小口，双耳下垂，神态与佛相似，内着僧祇支，外穿斜披肩袈裟，右手上举，左手斜曲，立于台上。右侧菩萨现仅存头部，束发高髻，面形方圆，和左侧菩萨相似，但颈以下部分全部损毁。

2 号造像组合为拉梢寺宋代造像的代表作。菩萨塑像被人们评价为可以与蒙娜丽莎相媲美，也有人称其为“东方维纳斯”。中国宋代塑像以世俗化和精致化而著称，拉梢寺菩萨像与麦积山 165 窟宋代左壁菩萨造型极为相似，体态婀娜动人，神情安祥温婉，从技法上看比例协调、线条流畅、做工细致、一改唐以前佛的神秘性，而以纤弱、细腻、婀娜、亲切示人。这些充分说明宋代在程朱理学规范的影响下，实用主义的宗教态度使宗教佛像塑造越来越世俗化、写实化；也表明了中国雕塑受中国绘画的影响，特别是“宋代以后的雕塑较之以前更加注重线条表现而忽略体块造型，使雕塑兼具绘画的细腻精致和洒脱飘逸”[①]。这种造像方式更符合中国传统的文化心理和审美趣味。

图 7.11　拉梢寺 2 号造像一佛二菩萨全图

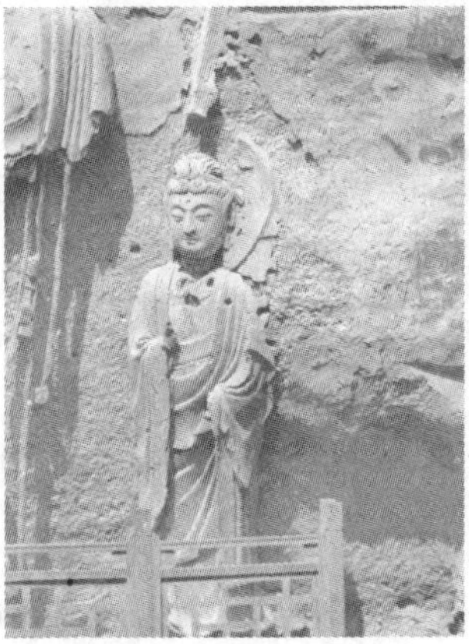

图 7.12　拉梢寺 2 号造像左侧胁侍菩萨

① 阮荣春、仲星明、白小泽主编：《佛教艺术》，辽宁美术出版社 2009 年版，第 66 页。

拉梢寺3、4、5号窟为小型的彩绘佛龛。3号窟系破坏了1号佛佛座狮身而建，为圆拱形小佛龛，龛内正中绘一佛，结跏趺坐于仰莲台上，身后有莲瓣式身光，圆形头光，左右各一弟子，左右壁角绘一胁侍菩萨和力士。由于风化极为严重，根据造像特点推测，其为北周的作品。4号窟位于2号下部，窟内造像全无。5号龛在4号龛左侧，龛内着正中绘一坐佛。由圆形头光及身光，结迦趺坐于莲台上，从残存痕迹看，左右两侧应有胁侍菩萨，从造像样式来推断应为北周时期。

图7.13　拉梢寺2号造像左侧胁侍菩萨

图7.14　拉梢寺第6、7号造像

拉梢寺6、7号龛为圆拱顶小浅龛，龛内正中塑有半身坐佛，低平肉髻，有螺纹卷发，脸型方圆，双眼微视，鼻梁高直，身穿圆领通肩袈裟，结跏趺坐，手作禅定印，应为北周时期的造像作品。

拉梢寺8号龛为摩崖浅龛，龛内残存桩眼及右侧一残像，根据现存桩眼判断，应为一佛二菩萨像，现存造像的头光和身光残迹，根据残存的菩萨、身光及双瓣莲台来看，应为北周时期作品。

拉梢寺9号龛为圆拱形小龛，内塑一佛二菩萨像，该龛塑像保存较为完好，属于北周时期佛教造像的典型风格，主佛低平肉髻，脸型方圆，垂眉，双眼微视，直鼻小口，双手作说法状，上身着圆领通肩袈裟，下着裙，赤足立于莲台之上。身后有莲瓣形光，头部彩绘有圆形佛光，二菩萨中右侧菩萨残损，仅存双臂以下及头光；左侧菩萨束发带冠，细颈端肩，五官清秀，双手自然下垂，袒露上身，下着长裙，披帛垂于腹前，作两道弧形上绕搭肘两侧下垂，赤足立于莲台上。这为北周和隋代的菩萨的典型

图 7.15　拉梢寺 9 号造像

样式。麦积山、敦煌等地的北周菩萨多有披帛横于腹一二道的特征。

拉梢寺 10 号龛尖拱形小龛，内为浮塑的覆钵塔，拉梢寺现在覆钵塔七座，除 10 号为北周时期外，其余（13、15、19、22、23、24 号龛）均为元代摩崖泥塑佛塔。

10 号龛覆钵塔，保存相当完好，下为四层叠涩式方形塔座。中为覆钵，上为十三重式相轮，上绘有宝珠火焰纹式塔刹。

13 号龛为覆钵塔亦为三部分组成，塔基为方形台基，中为覆钵，下有仰莲支持。塔身上为相轮，上部塔尖由三部分组成，由上到下依次为摩尼宝珠，圆形承露台，八棱锤状饰物。15、19、22、23、24 等号龛内泥塑的覆钵形塔均为元代所塑。

拉梢寺现编号为 11、12 号的摩崖悬塑佛像亦为拉梢寺的重要遗存，据考证这两组塑像为北周原作。宋代时，对水帘洞进行了重修，故断定该两组塑像为北周原作，宋代修复过。

11 号塑像为一佛二菩萨，正中佛像已毁只剩木质骨架，二菩萨中左侧菩萨面形方圆，弧形眉，细长目，双鼻阔口，双下颌。右侧菩萨束发高髻，方圆脸，细弯眉，双眼微视，直鼻小口，双耳下垂，颌下部分已残损。

12 号塑像亦为摩崖悬塑，为十身立佛。残损比较严重，从左到右第四身塑像保存较为完整，第 2、6、7、8、9 仅存佛头，其他已毁。

从现存佛像来看，佛低平肉髻，脸略胖，双下颌，颈粗短，身材健壮，穿钩钮式袈裟。跣足立于仰莲台上，为北周之作，宋代重塑。从塑像来看，宋代重塑是尽量保留了原作的艺术特点，将残损的部分进行修复，故该组塑像更多地保留了北周佛像的艺术风格。

图 7.16　拉梢寺 13—15 号摩崖浮雕塔

图 7.17　拉梢寺 11 号造像

图 7.18　拉梢寺 12 号造像

拉梢寺第14号龛为圆拱形小浅龛，仅龛内顶部左上角存壁画残片。

图7.19　拉梢寺11、12号造像全图

拉梢寺第16号龛亦为圆拱形小浅龛，龛内为石胎泥塑的一佛两弟子（正壁）二菩萨（左右两壁）像，主佛已毁，仅存石胎，右侧弟子已毁，左侧弟子上身部分尚存，脸形方圆，弯眉直鼻，双眼微视，短颈端肩，彩绘有头光。左侧菩萨头戴花冠，脸形方圆，双眼微视，直鼻，短肩端肩，脖戴项圈，宝缯垂肩，上着僧祇支，下着裙，披帛下垂于腹前上绕，搭肘下垂，右手上举，置于胸前，掌心向内持花茎。左侧菩萨已毁，仅存石胎。

图7.20　拉梢寺14、16号造像组合

拉梢寺第 18 号窟为摩崖大佛对面山崖上的天书洞，窟内正壁坛台上并列塑三身坐佛，左右各塑一弟子，正中佛头戴花冠，长方形脸，额间白毫相，弯眉，直鼻小口，双耳垂肩，短颈，双手抱握于胸前，着垂颈式袈裟，下着高腰裙，结跏趺坐于莲台上（图 7.22），左侧佛与中间佛造像略同，只是双手左上右下叠放于腿上（图 7.21）。右侧佛左手掌心向上，平放于腿上，右手作说法印，残损较为严重（图 7.23）。两侧弟子头部分损坏已不可辨（图 7.24、图 7.25），均内着小袖衫，外披袈裟，足穿云头履，双手合十立于方形台上，为明代造像。

图 7.21 18 号窟左侧坐佛

图 7.22 拉梢寺 18 号窟正中坐佛

图 7.23 18 号窟右侧坐佛

图 7.24 18 号窟左侧弟子

图 7.25 18 号窟右侧弟子

第19、20号龛造像，既无栈道可通，又残毁严重。仅存石胎，故不作详细说明。

图7.26　拉梢寺20、21号佛龛

2. 千佛洞雕塑艺术

千佛洞位于水帘石窟群西北约一公里的挂青山的南壁上，因曾在其南壁上塑有七佛，故又名七佛沟石窟，原应有塑像九十多身，现残存塑像25身，分七层分布于崖面上，主要为北周前后时期的作品，残损十分严重（图7.27）。

图7.27　千佛洞全景图

现编为1号的塑像为南壁最上层的菩萨像，为摩崖悬塑，从造像特征来看为北周时期塑像。塑像面型圆润，脖颈细长，戴有项圈，左臂披帛，右舒相坐。头部、右臂、腿部残损，下部有彩绘佛座。佛座左侧的彩绘莲台上有彩绘的思惟菩萨的裙裾下摆（图7.28）。

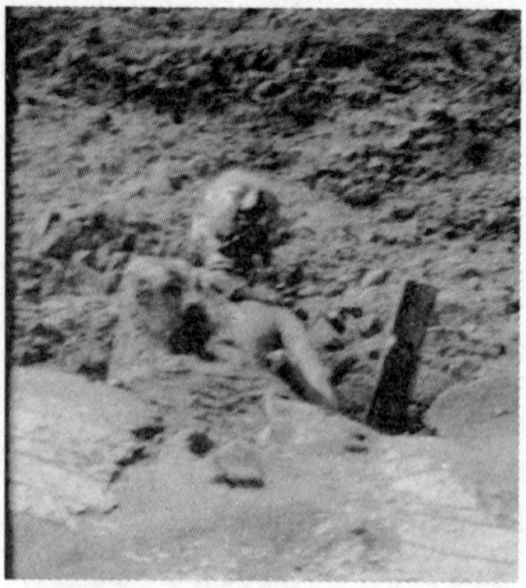

图 7.28 千佛洞 1 号造像

千佛洞现编为 2 号的佛像，应为一摩崖悬塑像，从残存的痕迹来看，仅有宝缯、披帛残迹，应为一菩萨像。

千佛洞现编为 3 号的塑像，从残存的桩眼来看为一组塑像，应为一佛二菩萨二弟子组合像，现中间主佛及两侧菩萨只留有桩眼，仅存左右两侧弟子，左侧弟子头顶残损，面形圆润，身着赤红色袒右肩袈裟，赤足立于莲台之上。右侧弟子头亦残破，面形方圆，五官精巧，身着赤红色袒右肩袈裟，右手下垂提净瓶，左手置于胸前，赤足立于莲台之上，为北周时期弟子塑像的典型特征（图 7.29）。

图 7.29 千佛洞 3 号造像

在 3 号塑像的左侧，为现编号为 4 号的塑像，从残存的痕迹来看，应为摩崖悬塑的菩萨；现中轴线残存桩眼下部为双瓣覆莲台。莲台上有残存的双足，右侧残存的披帛及下部的尖角，周围为残存的莲瓣形身光。

千佛洞现编为 5 号的塑像位于 4 号左侧为摩崖悬塑的一组塑像组合，塑有一佛二菩萨二弟子像（图 7.30）。主佛头部圆雕，身躯半圆雕而成，低平肉髻，（略残）面形圆润，直鼻细颈，内着僧祇支（施绿色）外着低领通肩袈裟（赤红色）衣领呈“U”字形，双腿略分开，立于双瓣形莲台之上，佛四周有莲瓣形彩绘身光，头部有彩绘头光。

图 7.30　千佛洞 5 号造像组合

左侧菩萨已毁，仅存桩眼、双足及覆莲台。右侧菩萨头顶残缺，面形方圆，涂白粉宝缯垂肩，颈戴项圈、饰铃、肩披披帛，绕臂下垂，上着僧祇支，下着长袖，左手提净瓶，手腕有镯，右手上举至胸部。

左侧弟子头顶残破，面形圆润、脖颈细长，身着朱红色敷搭右肩袈裟，衣纹为阳刻线，左手于胸前提净瓶，右手抚胸立于圆形莲台之上。

右侧弟子身材修长，面形圆润，颈稍粗短，肩部较平，身着朱红色双领下垂袈裟，双手合十于胸前，立于圆形莲台上，该组造像组合应为北周初年的作品。

5 号摩崖塑像左侧为 6 号，其为圆拱形浅龛，塑像已毁，仅存宝缯残段，似为菩萨像。

千佛洞第 7 号塑像为一组一佛二弟子立像，但主佛及右侧弟子已毁，仅存桩眼，左侧弟子头部为圆雕、身躯为高浮雕，头顶已残，脸形长圆，大耳高鼻，细眼方唇，身着朱红色双领袈裟，足已残右腿已露出木胎，从造像特点来看，似为北周初塑像。

图 7.31　千佛洞 14 号主佛左侧造像

图 7.32　千佛洞 14 号主佛造像

图 7.33　千佛洞 14 号主佛右侧菩萨造像

千佛洞现编 8 号的为北周所绘壁画千佛像，本章主要对塑像作论述，壁画不多作说明。

千佛洞第 9 号塑像为一组以两身菩萨为主尊佛附以二弟子，四胁侍菩萨造像组合。从现存痕迹来看，中间两主尊像已毁，两身菩萨均存浮塑成的莲瓣形身光及头光。从残存的桩眼来看，两主尊菩萨应为坐像。左右两弟子均有残损，左侧弟子头已残失，身着朱红色双领袈裟，里着僧祇支，双手抱于胸前。右侧弟子面形较圆，身着袒右肩袈裟，里着僧祇支，左手抚腹，右手似提物，四胁侍菩萨中，左侧两身残损十分严重，右侧第一身保留较好，第二身则全毁。

右侧第一身胁侍菩萨面形圆润，额际白毫相、高鼻方唇、发髻束瓣垂肩，颈饰项圈，宝缯垂肩，肩披披帛绕肘下垂于腿两侧，于腹前交穿后环形下垂。此为西魏末至北周初的胁侍菩萨的过渡样式。该菩萨上身袒露，下着长裙，左手抚胸，右手提物。

千佛洞第 10 号为圆拱形浅龛，造像俱无，第 11 号为壁画，不作详细说明。第 12 摩崖泥塑应为两胁侍菩萨像，但主尊已毁。第 13 号摩崖泥塑仅留披帛及桩眼，从残迹看应为一身菩萨像，年代难以辨别。

千佛洞第 14 号造像组合为该处保存较好的塑像，从现存佛像看，应为一佛二菩萨二弟子像，一铺五身立于长方形圆拱尖楣浅龛内，主佛头部为圆雕，身子为高浮雕，磨光肉髻，长圆面形，溜肩，外着褒衣博带衣式袈裟，内着僧祇支，结跏趺坐于方形台上，左手作降魔印，右手作与愿印。

两胁侍菩萨躬身立于两侧，左侧胁侍菩萨，头戴宝冠，面形圆润，高鼻长眼，小嘴，脖颈较细且饰有项圈，披帛宽大，覆肩遮胸，披帛从左胸下垂横于膝前，一道搭于右臂外扬于体侧一端于左臂外侧下垂，右手提至胸前，左手提一物，赤足立于覆莲台上（图 7.32）。右侧胁侍菩萨略有所残，面部圆润，宝缯垂肩，颈饰项圈，腕戴手镯，披帛与左侧菩萨相似，下着长裙，左手抚胸，右手提净瓶（图 7.33）。

两弟子中，右侧弟子已毁，左侧弟子尚存，面部圆润、五官清秀，内着红色僧祇支，外穿红色敷搭右肩袈裟，双掌合十立于莲台之上。此组造像应为北周初年所建，主佛有西魏遗风，菩萨为典型的北周样式。

图 7.34　千佛洞 14 号左侧弟子造像　图 7.35　千佛洞 15 号龛主佛

千佛洞第 15 号佛龛亦为长方形圆拱尖楣形佛龛，位于 14 号龛左侧，从现存残迹看，初为一佛二菩萨组合，现仅存主佛及右胁侍菩萨。主佛头部已失，仅存躯体，外着袒右肩袈裟，内着僧祇支，结跏趺坐于长方形佛座上，手作禅定印；右侧菩萨立于龛内右壁，面部模糊不清，袒长身，下着长裙，宝缯垂肩，肩披披帛，于膝系前横一道，左手抚胸，右手已残，跣足立于台上。从菩萨造像来看，为北周典型样式，故推测其为北周初年所建。

图 7.36　千佛洞 18 号龛主佛

图 7.37　左侧弟子造像

千佛洞第16号佛龛，位于15号龛左侧，为长方形尖拱浅龛，可惜龛内塑像全毁，仅存残迹，从残存的头光，宝缯披帛残迹来看，16号龛似为一坐菩萨为主尊，二胁侍菩萨双足尚存，以菩萨为主尊的造像形式在当时南朝较多，该龛因像已毁，无法判定准确时期。

图7.38　千佛洞19号佛造像

千佛洞第17号龛位于16号龛左侧，为一尖拱型浅型佛龛，龛内已无塑像。

图7.39　千佛洞20号佛头像

位于17号龛左侧为第18号龛，是一长方形圆拱尖楣浅龛，现残存二身塑像，初应为一佛二菩萨组合，现右侧菩萨已毁。主佛低平肉髻，面相半圆，高鼻厚唇，短颈，体型粗壮，内着僧祇支，外穿双领袈裟。衣领凸起，衣纹呈阴刻阶梯状，双手举手至胸前，左手抚胸，右手向外，结跏趺坐于方形台上（图7.36），这种双手手心均向内抚胸的形象在麦积山北周石窟中多见，且主佛造像特点为北周时期的典型样式。右侧菩萨发髻高耸，面部长圆，颈细且饰项圈，披帛覆遮胸，双手相叠抱于胸前，下着长裙，赤足立于台座之上（图7.37）。

千佛洞第19佛龛为长方形尖楣圆拱浅龛，从残存的遗迹看应为一佛二菩萨组合三身像。现仅残存主佛像，主佛像头部已失，左臂亦残，佛内着僧祇支，外罩红色圆领通肩袈裟，衣纹以阴刻线为主，呈阶梯状，结跏趺坐于方形台上，双手作禅定印，应为北周时期造像。

千佛洞第20号造像为摩崖悬塑，残高3.2米。十六国北朝时期，我国的佛教尤其是石窟造像中有一种十分流行的题材——七佛，根据佛经传说，释迦牟尼以前已有六佛，加释迦如来共为七佛。确切地说，完整意义上的七佛窟，形成于北魏中期，以北魏泾州南北石窟寺最早，继而有麦积山北周的七佛阁等。同时，古秦州地区的七佛造像也比较多，麦积山北周石窟有四十多个，其中14个是七佛窟，包括七佛阁、散花楼、第26窟、第9窟（七佛阁）、第12、36、39、109和141窟等。[①] 这说明在北周时期陇右地区七佛信仰流行，武山水帘洞七佛造像是同时期七佛信仰的产物，在挂青山西壁上悬塑大型七佛造像，故千佛洞亦称“七佛沟”，原有大型七佛立像。现仅存一佛头，从佛头造像来看低平肉髻，面相方圆，高鼻方唇，为北周时期典型的造像样式。

千佛洞第21号造像位于9号下方的摩崖泥塑圆拱形浅龛内，从残存遗迹看，应为一佛二菩萨立像。现残存佛躯干部分，头部已失，主佛内着僧祇支，外着红色双领袈裟，衣纹为阴刻阶梯状。

千佛洞21号佛龛左侧为22号佛龛，已毁，塑像全无，仅存佛头光及菩萨披帛。现编为23—33、35—43、45—51佛龛造像全毁，佛龛残迹稀

---

① 麦积山石窟艺术研究所：《麦积山石窟内容总录》，第247—288页，载《中国石窟·天水麦积山》，文物出版社1998年版。

少，不能对其艺术特点作详细说明。

第二节　武山水帘洞石窟建筑艺术概览

佛教建筑是佛教美术中重要的组成部分，主要有塔、寺庙、石窟三大类。中国的石窟建筑是随着佛教的传播，外来的建筑形式与中国传统的建筑形式相结合的产物，既是对外来建筑的融合，又是对民族建筑的改造，在中国历代的发展中，不同地域的建筑具有不同的构造和装饰特点。

中国早期佛教建筑布局和印度相同，参照古印度佛寺的布局，塔位于寺的中央，为寺的主体，塔内藏舍利，为佛教徒的圣物。后随大乘佛教兴起，对佛陀崇拜进一步加强，开始建造佛殿，内塑佛像，并出现了塔殿并重。但在中国传统建筑营造技术理念成熟的情况下，中国的佛教建筑"一般都采用这种中国本土的院落形式，并一脉相承，作为中国佛教建筑的基本特点之一"①。再往后发展，佛教建筑开始选择在远离闹市的山清水秀之处，沿山崖壁凿窟，造像便风靡一时，并且同寺院相结合，称石窟寺。石窟一般建在依山临水，并且和尘世相对隔绝的环境中，其最大的特征是封闭性，以求在封闭的平静的环境中修行，有利于进入"明心见归"的境界。一般的石窟寺给人一种世外桃源的感觉，这与佛清净脱俗，向往彼岸佛国净土的主张相吻合。

武山水帘洞石窟群便深藏于武山县洛门镇正北10公里处的榆盘乡钟楼湾村鲁班峡中。这里群峰高耸，险峻雄奇，是一天然的理想开窟建寺之地。并且在古代的历史演变中，魏晋时笃信佛教的少数民族政权部分地控制过该地区，故在魏晋南北朝时期及以后的各朝代，武山水帘洞石窟成为渭水地区仅次于麦积山的又一个开窟造像中心，到明清时期，水帘洞石窟群已经形成五台（莲花台、说法台、清净台、钟楼台、鸣鼓台）七寺（千佛洞、拉梢寺、显圣池、粉团寺、砖瓦寺、金瓦寺、观石寺）的巨大规模。但经过漫长的历史，随着不断的天灾和人祸，古代的寺院及其建筑现已所剩无几。

---

① 赖永海：《中国佛教百科全书·建筑卷、名山名寺卷》，上海古籍出版社2001年版，第22页。

一　水帘洞石窟现存的建筑

水帘洞石窟群中寺院建筑，明清以前已不多见，从出土的（拉梢寺遮檐下）《元代铜镜题记铭文》中可知，拉梢寺摩崖大佛防雨遮檐为元代所修。从《水帘洞功德碑记》可知，康熙四十九年即公元1710年，本地信徒曾对水帘洞维修。此外其他建筑在20世纪30—90年代重修或新建，主要集中在水帘洞和千佛洞之内。

水帘洞主要有渡仙桥、六角亭，洞内最高处为菩萨殿，为近代修复过的清代建筑。殿宇有五圣宫、四圣宫、三圣宫、娘三殿、火神殿、王母殿、邱祖殿、玉皇阁、鲁班殿，是为道教神祇，本节不作详细说明。千佛洞现有千佛洞大殿为1994年修建是近代建筑，故不作详细论述。

二　摩崖龛

水帘洞石窟在陇右地区最大的特点是摩崖龛造像，该石窟群深窟型制为数不多，大多数造像在天然洞穴、天然崖壁及摩崖龛中塑造，且以摩崖龛为数最多，从现存遗迹来看，水帘洞石窟群中龛多为摩崖浅龛、龛和窟三大类。

1. 圆拱形龛

一为尖拱形龛、圆拱形龛、有圆拱形小浅龛，这类龛在水帘洞石窟群中数量最多（拉梢寺4—7、14、16、20、21、24号和千佛洞6、21、24、26、30、32、33、41、48、49号均为此类型）；亦有平面横长方形圆拱浅龛，千佛洞10、27号为此类型。

2. 尖拱龛

有摩崖浮塑圆拱形尖楣浅龛，如水帘洞6号；亦有平面横长方形圆拱尖楣浅龛（如千佛洞14、18、19、23、28号）；平面长方形尖楣浅龛，千佛洞16号；尖拱浅龛（千佛洞17、39号）。

3. 其他龛形

主要有梯形摩崖浅龛（拉梢寺13、15号），方形浅龛（拉梢寺17号、千佛洞31、49号），塔形龛（拉梢寺19、22号），舟形摩崖浅龛（拉梢寺23号）。

三　塔

水帘洞石窟群中塔的形象较为常见。塔的概念和形制，起源于印度的窣堵坡，后被译成“浮屠”或“浮图”，后又简称成塔。相当于中国古代供奉祖先牌位的灵庙。佛教最初无偶像崇拜，以藏舍利和佛造物的塔为崇拜对象。塔一般是由台座、覆钵、宝匣和相轮四部分构成的实心建筑物，但在中国的发展中和中国传统建筑相融合，出现很多样式。佛塔的一般结构主要分为地宫、基座、塔身和塔刹四部分。目前，中国佛塔主要有三类，分别是汉语言的木结构楼阁式佛塔，巴利语言的缅式塔和藏语系的喇嘛塔。具体从建筑形式上分，可分为楼阁式塔、密檐式塔、喇嘛塔、金刚宝座塔、单层亭阁塔和幢式塔六种形式。从材料上分为木塔、砖塔、铁塔等。在水帘洞石窟群中，塔主要分布于水帘洞石窟和拉梢寺两处，主要为浮塑和石胎泥塑的覆钵式佛塔。

图 7.40　水帘洞石窟壁画中的悬塑塔

水帘洞第 1 号壁画中依崖面并排浮塑覆钵式佛塔五座，现存两座。塔体由塔座、塔身和刹柱组成。造型简洁精巧，位于崖面最左侧，现存一座佛塔，形状与 1 号佛塑塔形状基本相同。

拉梢寺现存有覆钵塔七座，除 10 号塔应为北周的作品，多为元代之作，分别是现编为 10 号、13 号、19 号、22 号、23 号、24 号，造型大致相同。

10 号龛内浮塑的覆钵塔高约一米，下面为方形塔座，中部为覆钵，顶部为 13 重式相轮，宝珠火焰纹塔刹。

13 号为石雕泥塑覆钵式塔，下面塔座、塔身为覆钵，塔顶分别有摩尼宝珠，圆形承露台，有彩绘，现已不可辨。其中 29、22、23、24 龛中塔的造型大约与 13 号相同。由于在元代，水帘洞的建造又迎来黄金时期，不仅对寺院进行了大规模的修缮，而且补绘了很多壁画和塑像。

15 号龛内为覆钵塔，由三部分组成，底部为台座，塔身为覆钵形，下有复瓣式仰莲承托，覆钵上为十三层相轮，最上面为塔尖，塔身彩绘已全无。

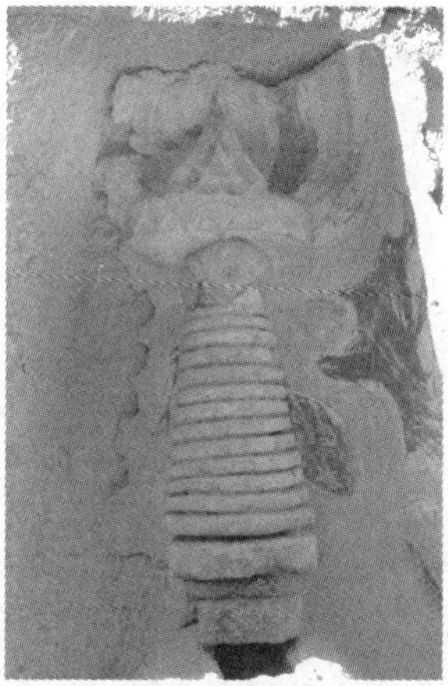

图 7.41　拉梢寺 13 号覆钵塔上部

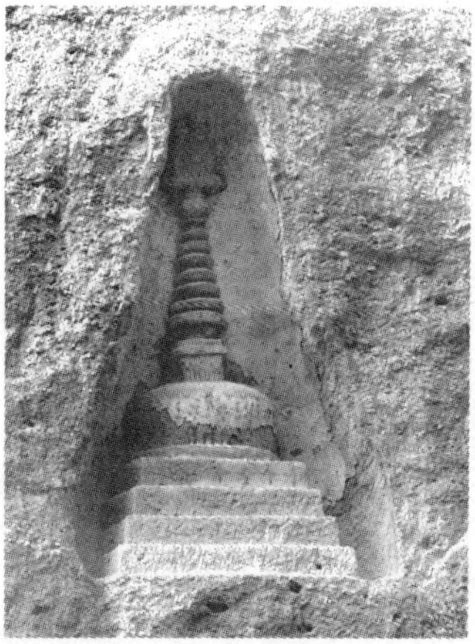

图 7.42　拉梢寺 22 号塔

第三节　武山水帘洞石窟雕塑与建筑艺术及其关系

一　拉梢寺摩崖造像的艺术特点

拉梢寺是水帘洞石窟群中最具艺术代表性的一个单元。该石窟自北周秦州刺史尉迟迥于北周明帝三年（公元 559 年）创建，距今已有 1400 年的历史，经历代修缮，现存窟龛 24 个，各类造像 33 身，主要为摩崖悬塑造像，以北周的 1 号造像为主体，兼有十佛，一佛二弟子，二菩萨，宋代 2、6、7 号造像，融小佛龛、塑像、浮雕、悬塑和壁画于一体，造像手法稚拙古朴，形体端庄，神态凝重肃穆，服饰色彩鲜艳，衣纹简洁流畅，其造像艺术的独特性，对考察佛教美术民族化的进程与北周时期佛教雕塑艺术特点具有重要意义。其艺术特征有如下三点：

1. 拉梢寺摩崖造像规模巨大

拉梢寺俗名大佛崖，其摩崖大佛是亚洲，也是世界第一摩崖浮雕造像。在巨大的天然崖面上，凿塑了石胎泥塑彩绘的一佛二菩萨像，佛像通高42.3米、宽43米、两旁的胁侍菩萨身高五十余米，距地面二十余米，与左右上层五立佛、下层十立佛，及满涂窟面的说法图、千佛、飞天等壁画构成一幅宏大的说法场景；为了显示佛的尊贵与崇高，造像者利用大规模的摩崖浮塑造像，顶天立地，气势非凡，在中国石窟造像中，创造了摩崖造像的最高和最大。如此规模的摩崖浮雕造像，如果没有当时的北周当地政府的支持是不可能独立完成的。这一方面与北周皇室笃信佛理有关，北周五帝，除武帝外，皆崇佛。在这种历史语境中，各地的达官贵人、僧侣百姓、各阶层开窟造像成为一种风气，并且在南北朝时，中国广大信徒对于崇佛的表达方式有南北之别，南方佛教重佛学义理，重般若智慧，而北方佛教重实践上的发展，因而重宗教行为，重修行，重造像。同时北周为鲜卑族建立的政权，他们没有十分稳固的文化传统，他们对佛教的推崇超过汉族人，故在北周统治期间大兴造像之风，就在尉迟迥在拉梢寺开龛造像前后，北周地方长官建平公在莫高窟开窟造像，大都督李允信在麦积山营造七佛阁，充分说明北周时期对佛教的重视与提倡。而拉梢寺便是当时建造的石窟之一，为中国最高最大的摩崖浮雕造像，制造出一种崇高和神秘，具有威慑力的气氛效果，使信徒产生对佛德的崇敬和对佛国天堂的向往。

另一方面，拉梢寺大佛的修建，正如美籍学者罗杰伟所说，“它不仅发挥着宗教的，而且也发挥着政治的功能”①。并且该寺赞助者尉迟迥在造像铭文中有“愿天下和平，四海安乐，众生与天地久长，周祚与日月俱永”的祈愿，也显示了他开凿拉梢寺大佛的政治目的和对民心的安抚。拉梢寺主佛造像高大硕壮，宽圆雄伟，这种高大雄伟、表情端庄肃穆、和

① ［美］罗杰伟：《北周拉梢寺艺术中的中亚主题》，载巫鸿主编《汉唐之间文化艺术的互动与交融》，文物出版社2001年版，第316页。

平而威严的造像，其实在一定程度上既表明了佛的伟大，又象征着帝王的至尊，这也是统治阶级大力推崇佛教之所在。正如范文澜在描述云冈石窟的造像时所说，“这些大佛高大雄伟，显示出举世独尊，无可比拟的气概”[①]。这种气概也恰好是皇权欲追求的。其造像理念固然与汉代以来形成的传统文化中追求高大、宏大、博大、壮大的汉代大美气象的审美品格影响有关，但更深层的因素在于政权与教权密切结合对国家政权的巩固。如被北魏道武帝拓跋珪任命为当时宗教领袖的法果所说的话最能说明问题，“太祖明睿好道，即是当今如来，沙门宜应尽礼，遂常致拜”，又云“能鸿道者人主也，我非拜天子，乃礼佛耳”。[②] 皇帝在现实中是世俗的主宰者，在幻想的佛国中又是精神领袖，这种佛如帝身的认识使佛教获得地位的同时又成为国家巩固政权的工具。故这种高大雄伟的造像在凸显佛之伟大与崇高的同时，也显示王权至大。

2. 造像简练概括，具有庄重朴实的独特风格

在佛教美术的发展中，北周时期佛教造像的特点是在继承西魏的基础上完全转向饱满厚实。佛、菩萨面相丰圆，体态健硕，肩背宽厚，颈项短粗，衣褶疏松，体态浑圆结实的造像特征。拉梢寺大佛及菩萨的造像，也显示了这一特征。拉梢寺主佛造像结跏趺坐于方形莲花座上，低平肉髻，面相浑圆，肩宽脸大、鼻阔唇厚、颈短肩方，身着紧窄的通肩袈裟，胸前有呈弧形的衣纹，施土红色，绘石绿色田相纹，脚踩法轮，双手叠于腹前作禅定印，身后有头光，呈同心圆形，由内到外共八圈，饰有波浪纹和花卉纹。佛两侧为手持莲花躬身肃立的胁侍菩萨像，略低于主佛左边为专司佛之智慧的文殊菩萨，头戴三瓣莲式宝冠，脸方圆，额中白毫相，弯眉，双眼半睁略下视，宝缯于两侧垂肩，颈短肩宽，颈饰项圈，上身穿偏衫，臂腕分别戴钏和镯，左手伸于腹前托莲花一端，右手上举持莲茎，披帛自双肩下穿肘而下垂，下着外翻边长裙，腰束带于两腿间下垂，赤足带环，八字立于法台上。右侧为专司佛之理的普贤菩萨，留高髻宝冠，宝缯垂肩，着绿缘红色缯祇支，披巾绕肩穿肘而下，腰束裙，造像与左侧基本相同。

---

① 范文澜：《中国通史》（第二册），人民出版社 1978 年版，第 656 页。

② 阮荣春主编：《佛教艺术》，辽宁美术出版社 2009 年版，第 37 页。

两胁侍菩萨面带微笑，略侧身向佛虔诚而立，造像两侧壁画绘有成排的弟子、菩萨和力士等群像。

北周时期的佛教造像与北魏、西魏以来形成的以“秀骨清像”为主流风格的造像不同，造像呈现一种健壮感，以丰圆壮硕为特点。那是因为北周时期，佛教艺术为了适应当时政治制度的变化与审美观念的转变，在外来艺术风格的影响下，造像总体上呈“复古”倾向。这里所谓的“复古”，就是造像风格又回到北魏“太和改制”之前的那个佛教造像阶段。之所以有这种复古倾向，这是因为北周统治的历史虽然短暂，但其却“南清汉江，西举巴蜀，北控沙漠，东据伊瀍”①，统一了北方，并加强了与西域的经济文化交流。在这种文化交流中，这种中国化了的“秀骨清像”造像模式在外来文化的影响下逐渐被一种造型饱满、质朴敦厚的造像模式所代替。佛像一般都作低平肉髻，形体敦厚，穿圆领通肩袈裟，拉梢寺北周造像以其概括简练、豪放浑圆的手法也正说明这一特征。从拉梢寺造像整体来看，主佛体魄敦厚结实，肉髻、面部、衣服塑造简洁概括，肉髻低平，施石绿色，与同时代甘肃石窟造像旋纹、螺纹肉髻更显得简练平实，通肩式袈裟轻薄贴体，衣纹以浮雕线为主，简明得体，明显带有笈多式造像的特点。菩萨的塑造亦简练概括，没有长短璎珞、宝珠等华丽装饰，头戴花冠上亦只有简单花纹，下系长裙以阴刻单线来表现，显得简洁而富有形式美；佛与菩萨设色更为简洁，仅以白色、土红、石绿为主，这些造像特点充分说明了拉梢寺摩崖造像既富有强烈的时代共性，也有鲜明的地域特点，其庄重朴实的造像之风，简练概括的造像手法，使拉梢寺北周摩崖浮雕造像在陇右石窟中具有独特的艺术品格。

3. 造型独特、装饰精美，多元文化结合的佛座特色鲜明

拉梢寺摩崖浮雕大佛的佛座从装饰及表现手法为目前佛教美术造像中绝无仅有，整个佛座由卧狮、卧鹿、立象与仰莲间隔组成，高约 17 米，宽约 17.55 米，共有七层，气势宏大。

佛座的最下层为大象，立姿，大耳下垂，双牙前伸，鼻略上卷，中间一只为正面立像，其余为浮雕侧面像，为了突出造像的简练，中间的大象与侧面的大象共用象腿，造像写实程度高，结构十分严谨；这种以白象从

① （唐）令狐德棻：《周书》卷二，《文帝纪下》，中华书局 1971 年版，第 38 页。

正面立像到左右对称排列的造像方式显见于中亚佛教艺术中，从造像的赞助者来看，主持修建造像的尉迟迥本是北方少数民族，而这一姓氏则来源于中亚，其所修建的拉梢寺受中亚因素的影响便很自然。另一方面，在新疆克孜尔石窟壁画中便有类似的造像，这充分说明该造像方式是北周与西域及中亚文化交流的产物，同时象在佛教艺术中具有重要意义，如“乘象入胎”便是佛传故事画中的恒定主题，而普贤菩萨骑白象诵读《法华经》也是佛教造像中经常表现的题材。故以象作为佛座有很多宗教上的象征意义。

佛座仰莲隔开的第二层为卧鹿，弯角竖耳，双腿前伸，跪卧于地，中间为宋代修建的佛龛，中间在初建时应是正面的鹿，鹿左右排开，鹿为中国传统文化中的瑞兽，具有丰富而广泛的吉祥寓意；在远古时曾是四神兽之一，在其被玄武代替后，便开始与成仙思想结合起来，在民间信仰中有“起死回生”的象征，其形象在佛教造像中的出现应与中国人复杂的多元信仰心理有关。

佛座仰莲隔开的第三层为卧狮，卷毛竖耳，张嘴露牙，双腿前趴，气势凶猛，石狮造型与汉代以来中国传统石狮的造像方式迥异，其造像方式与艺术风格皆有中亚的艺术特征。卧狮在当时流行于波斯与北印度的宗教造像中，拉梢寺石窟造像的佛座的石狮造像深受其影响，与该地区当时为少数民族居住地区，人们更易于接受外来艺术有很大关系，同时在佛教文化中，狮子为文殊菩萨的坐骑。整个佛座层次分明，雕琢古朴，形态生动，三排浮雕在总体和谐统一的布局下又有细节刻画，物象处理疏密得当，融中国传统文化、印度文化，中亚文化于一体，充分体现出“北周时期的佛教造像艺术在融合古今中外、南北审美文化趣味的基础上，为隋唐文化正真成熟境界的到来，作好充分的历史铺垫和新准备”①。

北周是中国佛教造像的过渡时期，其上承魏晋，下启隋唐，是佛教美术发展中的关键时期；拉梢寺摩崖大佛造像头丰短颈，肉髻扁平，身体健壮敦实，菩萨面略圆润，高冠危髻的造像特点充分说明了这一点。拉梢寺造像也因其造像规模巨大、手法简洁概括，佛座装饰精美等独特

① 仪平策：《中国审美文化史·魏晋南北朝卷》，山东画报出版社 2003 年版，第 492、461 页。

的艺术特点成为国内佛教美术中的艺术珍品，同时随着甘肃将其列入申报世界物质文化遗产工作的开始，该摩崖造像的保护和研究将会有更大的发展。

二 水帘洞石窟雕塑的艺术特点

石窟艺术是融绘画、雕塑、建筑等多种艺术形式于一体的综合性艺术。为了传教的需要，其在历史的发展中衍化出与其教义、思想相匹配的视觉语汇，在这期间，佛教雕塑在佛教传播的过程中起着十分重要的作用。因为这种“可视化”的视觉形象在弘扬佛法时对一般信徒的震慑作用要比难以领悟的佛教经典有效得多。故在佛教东传的过程中，都十分重视佛像的作用。佛教造像一般高大雄伟，在菩萨、弟子、天王、力士如众星托月般簇拥下，形成一个以佛为主的金字塔形的造像群。在这个金字塔体系中，造像群主尊一般大、厚、平、稳，即个体大，形体厚，表面平，形式稳，与其严肃的表情相一致。而弟子和菩萨一般则小、薄、圆、动，即个体小，形体薄，表面圆，体态富有动感，与其轻松的表情相统一。这样构成主次分明、动静相间的整体，取得感化大众的效果，并引起信徒视觉上的伟大和崇高感。另一方面，在北方重实践、重修行、重功德等修行理念的影响下，人们祈愿或积功德往往以开窟造像来实现，故无形中推动了佛教雕塑的极大发展。

水帘洞石窟群中现存的雕塑充分说明这样的问题，从现存的200尊雕塑来看，其雕塑的艺术特点主要表现在以下几个方面：

1. 时代特色鲜明

佛教雕塑自传入中国后，在其历史的发展中与中国传统雕塑技法相融合，在不同的历史时期有不同的历史发展。武山水帘洞现存的佛像主要反映出三个历史时期的艺术特征：

（1）西魏佛像具有“秀骨清像”的艺术特点

“秀骨清像”风格是南朝在融合中外雕塑艺术特点的基础上形成的一种更加民族化的雕塑样式，后曾风靡全国。这种塑像的特点是一改佛像外国人的特点，以均匀的比例，优美的体态，生动的神情，华丽的服饰来塑造佛像，此时佛像身褒衣博带式袈裟，衣裙下垂遮掩佛座，佛的面相清秀、雍容而华美，嘴角微翘，脸上洋溢着古拙而恬静的微笑。这一时期的菩萨造像也是瘦身秀面，脖颈细长，服饰繁杂华丽，神采潇洒飘逸，洋溢着一种健康而又优雅之美。这种特点在水帘洞该时期的造像中显得十分清晰，如千佛洞第 14 号龛中一佛二菩萨二弟子像，主佛磨光肉髻，面形长圆，内着僧祇支，外着褒衣博带式袈裟，衣裙下垂遮压佛座，两胁侍菩萨身体修长，装饰华丽，神采飘逸充分反映出该时期佛像雕塑的艺术特点。另外，千佛洞的第 9、12、13 号龛，都具有一定的面貌特点。

（2）北周时期雕塑造型圆润饱满，质朴敦厚

水帘洞石窟群雕塑中，北周时期雕塑造型圆润饱满，质朴敦厚。这一时期的佛像多为低平肉髻，面相丰满圆润，粗颈宽肩，腹部平较为突出，佛的衣饰多做紧窄而肩大衣式圆领下垂袈裟，菩萨衣饰复杂多变。从目前水帘洞石窟群造像来看，其遗存以北周造像为主，拉梢寺和千佛洞的大部分雕塑也为北周时所造。如拉梢寺 1 号摩崖大佛便有铭文，显示开凿于北周明帝武成元年（公元 559 年）；再有拉梢寺 6、7、8 号造像，9、11、12 号造像均为北周时所塑。千佛洞 10—19，21—29 号龛中造像均为北周时期所塑。从水帘洞这些北周时期的塑像中可以看出，在佛教雕塑发展史上，北周时造像的“复古”因素在水帘洞雕塑作品中有比较充分的体现。如拉梢寺 1 号造像，主佛低平肉髻，面型丰圆，脖颈粗短，着圆领通肩袈裟，结跏趺坐于莲台之上；两菩萨脸形方圆，额中白毫相、弯眉、双眼微视、高鼻、大嘴、大耳下垂、短颈宽肩、项饰项圈、面带微笑、略侧身向佛虔诚而立，造像形体高大，神情肃穆，布局严整，充分体现了北周时期雕塑丰壮敦厚的艺术特点。

（3）宋代雕塑总的特征

水帘洞石窟群曾在宋代时期对其进行过大规模的修缮和建造，拉梢寺 2 号造像便是在 1 号造像的佛座上塑造的，其主佛造像头顶螺髻，面相丰圆，大耳下垂，细颈宽肩；菩萨束发高髻，方圆形脸，细眉长眼，嘴唇小巧，颈部三道蚕纹，显示出宋代佛像造像艺术的显著特征。

2. 雕塑造像以泥塑为主，手法灵活多变，有很强的地域性

如云冈、龙门石窟造像多以雕刻为主，麦积山、水帘洞地处渭水流域，山崖多为砂砾岩，颗粒粗大，不便进行雕刻造像，故当地民间艺术家

在造像时，通过平整崖面，打木桩，采用“木骨草胎”的方法来塑造佛像。泥塑比起石雕来，有利于艺术家最大限度地发挥其艺术才能，充分发挥泥塑的特点，绘塑结合，线面结合，较之石刻变化丰富。同时，水帘洞石窟群中塑像手法多样，因地制宜，造像多采用摩崖石胎浮塑，半圆雕、浮塑等手法和“挖、贴、塑、压、削、刻”等多种技法来塑造佛像，把自汉代以来形成的浮雕、圆雕与线刻等雕塑技法有机地结合，突破早期佛像受印度影响重实体、快造型的特点，而比较重视雕塑中线条的塑造与表现，与中国人物画一样，重视形象的精致细腻和洒脱飘逸，更符合中国传统的文化心理和审美趣味。将具有中国民族特色的雕塑技法发展到一个新的高度。同时，也为当时的信徒创造了一种崇高美，创造了一个倾心向往的彼岸世界。

3. 雕塑成功地处理了人与神之间的界限

在佛教造像上，既要遵循佛教教义的规范，保持一定的神性，诸如“八十种随形好”，既要使教徒望而起敬，又不能冷若冰霜，要带有一定的人间气息。太神圣化，远离人间烟火则难以引起人们的共鸣，但人间气息太浓又会冲淡佛教的严肃性，即宗教体系中的神往性和一般性，这种神往使信徒既可以产生难以言说的幸福感，也可以产生莫名其妙的恐惧感和敬畏感。[①] 但又不能太遥远，所以图像所描绘的佛国世界要有一定的现实基础。故艺术家塑造佛像时只要准确地把握人与神这个临界点，其所塑造的佛像才有一定的诱惑力。水帘洞石窟佛教造像以北周前后为主，其成功地把握了这点，佛面相既威严又宽容，带有十足的神圣性，菩萨大都显露出神秘的微笑，看起来既有神的威严，又有人的亲切。唐以后的佛和菩萨过分恬美，人间气息渐浓，到宋代及以后彻底地世俗化了。

4. 水帘洞石窟群佛像布局上呈现多样统一

水帘洞石窟在造像上选用天然崖面，因石质缘故，没有开窟造像，而是在天然崖面上直接摩崖造像或摩崖龛造像，再从佛像周边绘以大量的说法图、飞天、西方净土变等经变画，使塑像、浅龛、壁画融于一壁，主次分明，散而不乱。这种造像形式在全国具有独特性。如拉梢寺1号造像在高宽六十余米的大崖面上塑造了顶天立地的一佛二菩萨，同时，在佛周围

---

① 汪小泽、姚义斌：《美术考古与宗教美术》，上海大学出版社2008年版，第111页。

又布置了好多小龛、造像、壁画及覆钵塔，由于构思巧妙，使得整体效果十分壮观，造像多而不乱，多样统一。千佛洞塑像亦在一天然崖面上，造像分七层布置，外层塑大型七佛，形成一幅气势恢宏的佛国图。千佛洞的造像亦是将各时期的造像和壁画融为一体，布局精巧，主次分明，排列有序，以整体的氛围给信徒一种震慑力。

三 水帘洞石窟佛教建筑的艺术特点

武山水帘洞石窟群在漫长的演变中随着不断的天灾和人祸，古时的寺院现已所剩无几，现存造像分布于水帘洞、拉梢寺、显圣池及千佛洞四个单元。武山水帘洞石窟群佛教建筑与本地区及国内其他石窟相比，有一定的独特性，从现存的四个单元来看，其艺术特征主要体现在以下几个方面：

1. 水帘洞现存的寺庙建筑布局精巧，错落有致

水帘洞石窟群现存建筑主要在水帘洞单元，水帘洞在形似斧劈的试斧山东侧山壁上，是一个约50米长、30米高、20米深的拱形自然洞穴。洞内寺庙殿阁分三台而建，上有菩萨殿、老君阁，中为四圣宫，下为圣母殿、三宵殿、药王殿，殿宇建筑样式主要有歇山顶、硬山顶和庑殿顶，在殿宇间参差亭、台、阁，依崖洞等自然布局，布局精巧，错落有致。在中国佛教石窟寺的营造过程中，充分体现了中国古典园林艺术的审美追求，特别是天人合一思想对石窟寺的营造也起到很大的作用，无论是选址还是兴建，都体现人与自然和谐共处的观念，体现中国人的审美观和文化性格。

2. 从佛教石窟的形制来看，水帘洞石窟最鲜明的特征是其造像皆为摩崖造像和摩崖浅龛造像

在佛教思想中，佛教徒获得解脱和超越的方式有“神异”、“习禅”、“诵经”和“兴福”等途径，“而兴福是一个包罗甚广的救赎途径，有造寺、建塔、造像等等”。① 从“丝绸之路”现存的主要石窟来看，国内著名石窟一般是开窟造像作为佛教信徒为自己积功德的一种方式，但水帘洞石窟在造像上却有独特的一面，水帘洞石窟群现存四个单元，其营造皆为

① 葛兆光：《中国思想史》第1卷，复旦大学出版社2003年版，第383页。

利用天然洞穴或相对较为平整的崖面摩崖造像和摩崖浅龛造像。如显圣池现存造像残痕，位于洞内左侧崖壁上，一立佛及二胁侍菩萨，为平直的崖面上摩崖造像。拉梢寺1号佛像，便是在水帘洞莲苞峰南壁一处高六十余米，宽约六十米的弧形崖面上开凿的摩崖石胎浮塑大佛（为世界最大的摩崖浮雕大佛），拉梢寺编号为11、12号佛像，亦为摩崖石塑造像，11号为一佛二胁侍菩萨，12号为十立佛，皆为向下倾斜的平整崖面上造像。千佛洞亦称七佛沟，原在天然洞穴南壁上悬塑大型七佛（现只存20号的佛像头），故水帘洞石窟群主要造像基本是在较为平直的崖面摩崖造像。此外，水帘洞还有大量的摩崖浅龛造像，主要存在于拉梢寺和千佛洞两个单元中，拉梢寺现为2、6、7、8、9、16、17、20、21号的造像皆为浅龛佛塔。千佛洞的造像除20号为悬塑外，其他基本上皆属于摩崖浅龛造像，且皆为中小佛龛。龛形制主要有三种，分别以木骨草胎式的方法制作的圆拱龛、尖拱龛和方形龛，如拉梢寺9号龛，为圆拱形顶小圆拱龛和尖拱龛，龛高1.1米、宽1.1米、进深0.3米，龛外两侧浮塑有半圆柱形龛柱和尖拱型龛楣，内壁一佛二胁侍菩萨像。千佛洞14号佛龛，平面横长方形圆拱尖楣浅龛，内塑一佛二菩萨二弟子像。19号佛龛，平面横长方形尖楣圆拱浅龛，两边塑圆形龛柱，内塑一佛二菩萨像。在佛教美术研究中，石窟分类的标准不尽相同，有的是从石窟的形制来分，分为僧房窟、中心柱式窟、覆斗式窟、毗河罗窟、穹窿顶窟、大像窟等。[①] 其中，宿白先生将石窟形制与功能结合起来将中国石窟寺分为七类，分别是：（1）窟内立中心塔柱的塔寺窟；（2）无中心柱的塔庙窟；（3）僧房窟；（4）塔庙窟和佛殿中雕塑大型佛像的大像窟；（5）佛殿窟内设坛置像的佛坛窟；（6）小形禅窟；（7）禅窟群。但没有提到摩崖龛。摩崖龛这一型制在陇右地区，特别是在渭水流域石窟中占有相当比重，如麦积山石窟共有窟龛194个，摩崖龛就有84个，占洞窟总数的43%，石门、大象山等石窟也有摩崖龛，但这些石窟都是摩崖龛和洞窟相结合的方式，而像水帘洞石窟大多数为摩崖浅龛造像的并不多见。

水帘洞石窟群之所以选择这种摩崖造像和摩崖浅龛造像，有以下几个方面的因素：

---

① 马世长：《中国佛教石窟考古概要》，艺术家出版社2008年版，第62页。

首先，从地质构造看，水帘洞山系典型的以冰川侵蚀而成的丹霞地貌，属第三纪砂砾岩，裸露的基崖中夹有薄层沙砾与合泥砂岩，因而崖体表面粗糙、松散，不利于雕造石窟。

其次，从石窟形制来看，石窟跟直接在崖壁上摩崖造像及浅龛造像有一定的区别，“洞窟内外的造像，不仅在形式上呈封闭或开放状态，同时，其功能作用亦如此，洞窟有利于个人的内在修行，后者是面向大众的对外弘扬。从宗教意义上看，‘窟’具有更多的世俗性和人性，而‘龛’则具有更多的宗教性和神秘性。从造龛者的目的来看，摩崖龛的主要功能是积功德，并有表白宣扬的意味。其意义在于为各阶层，特别是普通百姓以独力形式积功德提供机会和方便”[①]。(经济实力较差的阶层必须依靠合作形式才能造龛)。在客观上为佛教的弘扬、传播、发展起到很大的推动作用。

第三，从供养人的角度来看，尽管当时的地方长官（根据拉梢寺造像记来看[②]，当时地方长官尉迟迥主持该造像的营造）和本地大家族莫折、焦、权、梁、姚[③]都参与了石窟的建造，但相对于支持建造大型石窟来讲，其财力毕竟是有限的，使用摩崖与浅龛造像在很大程度上与其相对有限的财力与物力有关，因为开凿大型石窟必将耗费大量的人力、物力及财力。无论拉梢寺的开凿者尉迟迥或水帘洞的开凿者焦、案、权、莫折等大姓豪族，其财力与开凿莫高窟、麦积山等大型石窟的供养人的财力不可同日而语，故摩崖与浅龛这种营造方式的选择也可能是与供养人的财力分不开的。

第四，从地域经济来看，武山在古代为军事重镇，但不是经济中心，

---

① 胡同庆：《佛教艺术》，敦煌文艺出版社 2004 年版，第 11 页。

② 拉梢寺石窟其中第 1 号摩崖造像有明确的纪年铭文：“维大周明皇帝三年岁/次己卯二月十四日使/持节柱国大将军陇右/大都督秦渭河鄯凉甘/瓜成武岷洮邓文康十/四州诸军事秦州刺史/蜀国公尉迟迥与比丘/释道藏于渭州仙崔敬/造释迦牟尼佛一区，愿天下和平，四海安乐，众生与天地久长、周祚与日月俱永。”表明该石窟群由北周秦州刺史尉迟迥于北周明帝三年（559 年）创建。

③ 水帘洞石窟第 11 号壁画为一说法图，右侧第一身女供养人有“佛弟子莫折永妃一心供养”，水帘洞摩崖浮雕 6 号龛供养人上有“佛北子焦阿帛供养时”“佛弟子梁今超供养时”，水帘洞第 11 号壁画主尊右侧第一身助侍榜题为“弟子权之女供养”，千佛洞残存北周壁画一佛二弟子说法图，佛左侧第二身男供养人，身着圆领胡服，题有“大都督姚□□供养”。

而且曾在秦汉时较为富庶的陇右（“故秦地天下三分之一，而人众不过什三，然量其富居什六”《汉书·地理志》）在魏晋时的长期战乱中走向萧条，汉末的韩遂、马超之乱，魏蜀的陇右之争，晋时的天灾（关陇一带晋时发生灾荒，《晋书》中有“惠帝之庸，七年七月，秦雍二州大旱……而疾疫兼之秦，戎晋并国，朝廷不能振，诏听相卖”）人祸（晋时八王之乱），严重损毁了陇右地区的社会生产力。同时在“陇右诸郡中秦时天水郡遭受破坏最为严重”① 故“从西晋变乱到北魏统一北方是陇右人口丧失最为严重的时期，人口严重流失，带来的后果是生产的萎缩和经济的衰退”。虽然宋时陇右地区经济有一定程度的发展，但元在统一战争中使甘肃的社会经济出现了倒退与停滞，生产力水平下降，加之元代时甘肃灾害频发，故这一地区总体经济较为落后。在水帘洞石窟群营建历史上，其相对大规模营建及修缮主要在北周前后、宋代、元代，故衰退的地域经济无法支持较大石窟的开凿和营造，选择这种摩崖造像和摩崖浅龛造像的营造方式亦与之相关。

第五，从宗教宣传教义因素看，这种造像方式是为追求一种震撼力和石窟的意境之美。水帘洞石窟群的造像选择摩崖造像和浅龛造像，与水帘洞所处地域有一定的关系。水帘洞石窟群除天书洞为开窟造像外，其他都为崖面直接造像，浅龛造像；造像与大型壁画共同组成规模宏大、极具视觉张力的说法图。如拉梢寺单元造像，利用内凹的崖壁创造出结构独特、主题鲜明、色彩艳丽、场面宏大的整体佛国世界，给人以强烈的视觉冲击和精神震撼，这种雕塑、壁画、佛塔融为一体的完美组合，形成一种恢宏之美。这种造像方式的选择亦有利用天然环境之美的因素。水帘洞单元处于莲花峰下，拉梢寺单元莲苞峰，斜对面为象鼻山，其皆为现实版的佛教圣物，这里山势雄伟，风光绮丽，花香鸟语，云气氤氲，佛于现实的灵山秀水中讲经说法，普度众生，飞天翱翔于山间云中，故水帘洞石窟壁画中没有山水、祥云、楼阁等，说明营造者利用自然真实的山水、祥云来代替其他石窟中图画的描述，形成真实的意境之美。

第六，从艺术创造的角度来看，武山水帘洞石窟群的营造是石窟营造者对“中和之美”的艺术追求。

① 赵向群：《甘肃通史·魏晋南北朝卷》，甘肃人民出版社2009年版，第40页。

中国传统美学和传统艺术都主张中和之美，“和”是指多样统一或对立统一，是由不同的甚至相反的事物统一为一个整体，也就是追求多样统一。故中国传统艺术中，艺术家总是在艺术创作中“苦心经营，巧妙地求得对比中的平衡，总是在一对对似乎相互矛盾的概念中，巧妙地达到对立统一的中和之美”①。武山水帘洞石窟群的营造无不体现了中国古代石窟营造者对这一艺术审美的追求。水帘洞石窟群各单元要么利用天然洞，要么在平直的壁面上，把壁画、塑像、塔等元素放入同一壁面，如拉梢寺以1号摩崖大佛为主，于四周辅以多尊造像，铺以大面积色彩绚丽的壁画以及形式多样的塔，共同组成庄严宏伟的说法场面及神秘的宗教氛围，各元素散而不乱，主次分明，多样统一。千佛洞单元亦是在天然崖面上悬塑大型七佛，以七佛为主尊，辅以各时期浅龛造像，再以大面积壁画平铺整个崖面，壁画塑像整体构成一幅气势宏大的说法图，这既是对传统文化中“大美气象”的体现，也是营造者对中国传统文化中艺术创造的中和之美的追求。

3. 佛塔以浮塑、石胎泥塑为主，且大多数为喇嘛塔

佛塔起源于印度，主要用于存放佛祖舍利等佛教圣物，是佛教主要的建筑之一，目前佛塔主要有汉语系的木塔结构及楼阁式佛塔，巴利语系的缅式塔，藏语系的喇嘛塔。水帘洞石窟群中的佛塔主要为喇嘛塔，如水帘洞1号浮塑塔，为北周时作品，原依崖面并排浮塑覆钵式佛塔五座，现存两座；塔体由塔基、塔身和刹柱等几部分组成，塔基叠涩式共五层，下浮塑覆莲瓣衬托，中部为浮塑半圆形塔身，塔顶塑有直三角形刹柱，柱顶塑有摩尼珠，该处塔形“结构简洁精巧，颇有古印度佛塔造型的一些特点”。② 除水帘洞单元外，拉梢寺现存有大量摩崖浮塑的喇嘛塔，除10号为北周浮塑覆钵塔外，其余都为元代所修的喇嘛塔，喇嘛塔的形制直接来源于古印度的形制，在敦煌莫高窟的壁画中可以找到原型。拉梢寺现存13、15、19、22、23、24号的摩崖浮塑塔都为喇嘛塔，皆为石胎泥塑覆钵塔，由塔基、塔身及塔尖三部分组成。塔基为5—6层依次内收的方形台基，塔身由复瓣式仰莲台、球形钵体组成，塔顶为相轮和塔尖，底部为

① 彭吉象：《艺术学概论》，高等教育出版社2002年版，第347页。

② 甘肃文物考古研究所：《水帘洞石窟群》，科学出版社2009年版，第18页。

覆斗形，其上为依次内敛的13层相轮，塔尖下部为八棱锤状饰物，中间为圆形承露台，上部为摩尼宝珠组成。覆钵式塔的造型与印度的窣堵坡基本相同；覆钵式塔的造型在北魏时期的云冈石窟中就已出现，早期流入中国西藏，再从西藏流传至其他地区。随着窣堵坡在中国逐步演化为中国的宝塔，印度的窣堵坡也在不断演化，并在元代随着喇嘛教的兴盛，再一次传入中土，并开始大量在汉民族地区出现。在中国，喇嘛塔起源于元朝，繁盛于明清两朝。在中国现存佛教石窟中，雕刻喇嘛塔群的做法比较普遍，张掖马蹄寺的千佛洞、永靖县的炳灵寺都有大量雕刻的喇嘛塔群，这也说明元代的藏传佛教在这一地区的兴盛。

水帘洞佛塔之所以以浮塑、石胎泥塑为主，且主要为喇嘛塔，有以下两方面的因素：

首先，元代时的西北地区，由于久经战乱，民生凋敝，加之自然环境比较恶劣，土地沙化日益严重，水、旱、蝗、火、地震等天灾频繁，致使田园荒芜、一片荒凉，“尤其在元朝英宗、泰定帝、文宗三朝，甘肃省及西北地区发生的自然灾害共计72次，致使生产水平下降，经济凋敝残破，出现停滞和倒闭”①，在这种情况下，修建石塔、木塔都要耗费大量的物力、财力，而浮雕、石胎泥塑塔则因耗费财力较少成为一般阶层做功德的首选。

其次，元代是水帘洞石窟的一个黄金时期，这一时期对壁画、雕塑进行了大规模的修缮，并开凿了大量的覆钵塔龛。佛教是元代的国教，其中藏传佛教地位最高，元代作为少数民族在中国建立的大一统国家，把推广藏传佛教作为一种笼络西藏上层和加强对汉族精神思想统治的手段，公元1260年，忽必烈称帝后，封八思巴为国师，成为全国最高的佛教首领，使藏传佛教的势力达到顶峰，极大推动了藏传佛教在北方地区的传播，这种覆钵塔的建造可以说是元代“以儒治国，以佛治心”国策的体现。同时，在地缘上，武山与青藏相邻，并且在唐代安史之乱时期，吐蕃占据和统治陇右地区。“宝应元年（762年）陷临洮、取秦、成、渭等州。次年，陇右应失”（《新唐书》卷二一六上《吐蕃传》上），直到唐末才收复这一地区。这段时期为藏传佛教的发展奠定了基础，到五代、宋时，居住这

① 刘建丽：《甘肃通史·宋夏金之卷》，甘肃人民出版社2007年版，第298页。

一带的大多为吐蕃人，藏传佛教为本地区主要信仰，故元时水帘洞所造佛塔多为喇嘛塔。

佛教建筑是佛教艺术的一个重要组成部分，由于建筑本身的独特性，不同地区的佛教建筑呈现出不同的艺术特点，武山水帘洞石窟群佛教建筑所呈现的艺术特征，是同本地区经济状况、信仰特点以及不同时代的历史文化语境共同作用的结果。

四　武山水帘洞石窟雕塑、建筑艺术与壁画艺术的关系

佛教雕塑、壁画、建筑艺术是佛教艺术的重要组成部分，佛教自传入中国以来，随着历史的发展，佛教艺术与中国传统民族艺术相融合，形成一整套表现方式和形式法则。特别是沿山崖凿窟造像成为中国造像的重要方式，并形成中心柱窟、覆斗顶方窟、穹窿顶椭圆窟、崖阁、涅槃窟、大型佛龛、摩崖等多种形制。

石窟最大的特点便是封闭性，这是由佛教的教义和修行方式决定的，修行重在修心、修身，人在这种封闭、幽静的环境中打禅修行，更有利于进入“明心见性”的境界。但武山水帘洞没有遵循这个原则，水帘洞石窟要么直接利用天然洞穴造像，要么直接在适合造像的崖面上造像，这种方式一方面是因地制宜的结果，另一方面也与造像者把水帘洞石窟所处的鲁班峡整体直接作为一个天然的巨大无形的石窟有一定的联系。特别是从显圣池、拉梢寺、千佛洞三处遗迹来看，直接在天然崖面上进行塑像，这与鲁班峡自然地貌有很大的关联。

武山水帘洞石窟群的形成过程，也是外来雕塑艺术、建筑艺术及绘画艺术和本民族文化艺术、建筑特点不断相融合、改进的过程，同时，也是不断和所处地域文化特点、地域特征相融合的过程。水帘洞石窟群雕塑、建筑及壁画的特点就充分地说明了这一点，其雕塑即具有时代共性（如各时代的雕塑能反映出该时代总的雕塑艺术特点），同时，由于水帘洞石窟群所处地区的地质构造的特点，因此造像以泥塑为主，要么在天然崖面上摩崖悬塑，要么摩崖龛内塑像，这一造像方式及其选择亦是因地制宜的结果。佛塔多以中小型浮塑或石胎泥塑为主，也是受地域状况等多种因素制约的缘故。故武山水帘洞石窟群雕塑、建筑及壁画所显示出的艺术特征是佛教艺术与中国传统文化，特别是古代武山地区的地域文化及地域特点

相结合的产物。

武山水帘洞石窟雕塑、建筑及壁画受地域特征的影响，形成独特的整体表现形式，其之间是相互影响、相互支持的关系。与其他石窟不同的是，该石窟是以整体的角度来营造的，崖面上雕塑、壁画融为一体，共同来营造和烘托佛国神圣的氛围。在崖面上以泥塑手法塑造佛陀、菩萨、弟子诸像，由于没有开窟，便在塑像周围布以大面积的壁画，这些经变壁画及说法图场面宏伟，色彩绚丽，线条流畅，神态生动，有力地烘托了佛缘主体的神圣性（如拉梢寺的壁画）。这样，壁画与同一崖面上的小龛、塑像、浮雕融为一体，主次分明，排列有序，整体构成一幅宏大的说法图，这是由壁画、塑像、佛龛等诸多因素综合形成的效果，给信徒的震撼力远要比窟内造像大得多。如拉梢寺在面积约为3600平方米的崖面上，开凿了四十余米的一佛二菩萨，与右侧上的五立佛和下十佛，涂满崖面的说法图、千佛图、飞天构成一幅综合的说法图，制造出一种崇高和神秘的具有威慑力的气势效果，能使信徒产生对佛的崇敬和对佛国天堂的向往。也反映出造像者对“现实生活，自身命运，家庭前程的关心；对自己来世，父母的来世及至七世祖先命运的忧患；对众生、国家的希望”[①]。从水帘洞壁画中的供养题记，拉梢寺的建造者，功德主尉迟迥在造像铭文中“愿天下和平，四方安乐，众生与天地长周祚，与日月俱永”的祈愿，就充分地说明了这一点。

千佛洞亦是在天然崖面上悬塑大型七佛，以七佛为主尊，辅以各时期的造像结合，再以大面积的壁画平铺整个崖面。壁画、塑像、浅龛塑像整体形成气势宏大的说法图，给教徒以心灵的震慑力。故在水帘洞石窟群中的雕塑、建筑、壁画相互影响，相互作用，共同在同一崖面经过统一布局，形成一幅组完整的、规模宏大的造像群。这既与佛教教徒对佛教的信仰相关，同时也与汉代以来传统文化追求高大、宏大、博大、壮大的“大美气象”有一定的联系。

---

① 葛兆光：《中国思想史》第1卷，复旦大学出版社2001年版。

第八章

水帘洞石窟碑铭题记研究

佛教传入中国时，一度曾被称为“像教”，可能缘于其设置佛像顶礼膜拜的缘故。佛教徒也将捐造佛像视为祈福消罪的最大功德，所以在佛教空前兴盛的南北朝、隋唐时期，开凿石窟、建造佛像的风气盛极一时。在建成石窟、佛像后一般还要书刻造像题记，题记内容一般为：造像时间、造像主姓名、所造佛像名称、发愿文（多为颂赞佛法、祈求福佑之辞）。造像属于雕刻美术研究范围，而造像题记则归入碑刻文字研究领域。

造像题记最常见的还是刊刻在石窟或山崖石壁上的题记。题记刊刻前，只需预先在造像旁打凿出一块平整壁面。有些石窟造像经历代刊刻扩建，由于题记太多，密密麻麻，见缝插针，随处就壁面而刻，一直刻列到洞窟顶端，十分壮观，如龙门古阳洞窟顶造像题记。

造像题记中记录了大量造像主姓名、官职、籍贯以及祈福缘由等等，对研究当时风俗、地理、官职、民族等社会情况都具有较高的参考价值。此外，尽管造像题记文字简略，一般为“某年某月某日某人为某事造某种佛像一躯”等，但它往往是石窟修造、壁画绘制起讫年代的可靠证据，对于石窟开凿、历代修缮等考古断代起到了重要作用。通过对大量有纪年的石窟与造像按年代先后排列研究，找出彼此间的特征差异，可归纳出特定年代的规律特征。此项工作的性质，就如同对有纪年的青铜器进行器形、纹饰、文字的排列研究，可从中找出断代的标准器一样，以此来确定同一时期的同类石窟或造像的标准窟、标准像，然后推及那些没有明确纪年窟像的考古断代。每个时期的造像、壁画固然有它的雕凿、图绘与书写特点，但是艺术风格还是不能完全为我们提供精确的开窟造像的年代，因此，碑铭题记成为研究石窟艺术历史断代的可靠依据，同时也为我们展现了时代书法艺术发展的主要特征。

武山水帘洞石窟群现存的碑刻题记，主要有拉梢寺大佛左下部北周时期的造像题记一方，元代重修拉梢寺遮檐时的功德主题名，北周水帘洞壁画造像供养人发愿文、千佛洞壁画功德主发愿文，清代及当代修缮水帘洞殿阁、牌楼时功德碑等四十多处，为我们研究水帘洞石窟开凿时代及当时社会风俗提供了极其丰富的历史资料。

第一节　拉梢寺石窟摩崖题记

历史文献中关于水帘洞石窟群的记载十分有限，清康熙四十八年（公元1709年）冯同宪辑《宁远县志》“古迹”条记：“大佛，县东北五十里石山幽深，上有大佛三尊，传云鸠摩罗什建。”“千佛洞，县东北五十里。”“山川”条云：“水帘洞县东北四十里，祈雨有灵。”[①] 除此之外，再无其他的内容。虽在当地有拉梢寺始建于后秦白雀时期（公元384—385年）的传说，但无明确的文献记载，因此，后秦时建水帘洞石窟群的说法存疑。

一　水帘洞石窟拉梢寺石窟摩崖题记现状

水帘洞石窟群拉梢寺石窟摩崖题记，位于拉梢寺摩崖造像大佛左面菩萨左下部，距地面25米高处的一个横长方形浅龛内，龛高1.55米、宽2.25米，整个龛框凹入崖壁10—20厘米。龛内阴刻摩崖题记，魏碑楷书，从右至左共12行，每行9字，末行4字，共103字，单字字径约为10×10厘米。由于山体石质为红砂岩，岩体伴有大量卵石子，质地粗糙，镌刻文字，砂岩石质受刀后，石子易崩裂残破，刀笔刻痕难以精工，致字迹漫漶不清。为解决石质的缺陷和不足，书丹与刻铭者将字径放得很大，而刻痕较浅，虽然线条斑驳，但此题记高悬于山崖，幸其后世人迹少至，人为破坏少，字迹经一千五百多年霜雪侵蚀、日炙风化，依然可识可辨（图8.1）。

---

① 甘肃省古籍文献整理编译中心编：中国西北文献丛书《西北稀见方志文献》第三十七卷，兰州古籍书店1990年影印版。

图 8.1　拉梢寺摩崖造像题记

题记内容如下：

维大周明皇帝三年岁
次己卯二月十四日使
持节柱国大将军陇右
大都督秦渭河鄯凉甘
瓜成武岷洮邓文康十
四州诸军事秦州刺史
蜀国公尉迟迥与比丘
释道藏于渭州仙崖敬
造释迦牟尼佛一区愿
天下和平四海安乐众
生与天地久长周祚与
日月俱永

二　题记大周明皇帝与秦州刺史尉迟迥

拉梢寺摩崖造像题记的“大周明皇帝三年”为该石窟修造的历史确切纪年，是水帘洞石窟创建断代的重要依据。“大周明皇帝三年”为北周明帝三年，即公元559年。北周明帝宇文毓（公元534—560年）小名统万，代郡武川人，是南北朝时期北周的皇帝宇文泰庶长子。宇文毓“幼而好学，博览群书，善属文，词彩温丽。及即位，集公卿以下有文学者八十余人，于麟趾殿刊校经史。又捃采众书，自羲、农以来，讫于魏末，叙为《世谱》，凡五百卷，又著有文章十卷，行于世”①。他十六岁开始从政，先后被封为宁都郡公，开府仪同三司、宜州刺史，并以大将军身份镇守陇右。三弟宇文觉称帝后，他进位柱国，担任岐州刺史。在任期间，励精图治，政绩显著，深受百姓爱戴。他为人宽容，君臣关系相对融洽，对外又打退了吐谷浑的侵犯，因而威望与日俱增。同年八月，宇文毓正式称帝，年号武成。孝闵帝元年（公元557年）九月，宇文护废了宇文觉之后，派人前往岐山迎宇文毓回长安，立为天王。宇文毓有能力、有主见，虽是由宇文护扶持上台的，却并不愿意当傀儡，急于亲自理政。宇文护见他聪明能干，便于第三年（公元559年）正月上表归政称帝。宇文毓开始亲自处理政事。他注意节俭，不用丝绸锦绣雕刻之物，严禁官吏贪污，努力清明吏治。宇文毓表面看来温弱，其实内里极是明敏有主见。他不肯处处听命宇文护，而且还十分怀念他的独孤皇后，不肯重册新后，久而久之，宇文护便三番两次地设法暗害宇文毓，几次都被机警的宇文毓躲过了。武成二年（公元560年）四月，在一次国宴上，宇文护终于指使宫人在进献的糖饼中下了毒，临终前，宇文毓当着群臣的面，用最后的力气，大声口传遗诏：传位于自己的四弟宇文邕为嗣帝。而且，为了国家利益，临终也没有当众揭穿宇文护的真面目。公元560年北周明帝宇文毓崩于延寿殿，享年仅二十七岁，谥号“明帝”，庙号“世宗”。

尉迟迥（公元516—580年），《北史》、《周书》、《资治通鉴》、《通志》中均有记载。其中《周书·尉迟迥传》记：“尉迟迥字薄居罗，代人也。其先，魏之别种，号尉迟部，因而姓焉。父俟兜……生迥及纲。……迥少聪敏，美容仪。及长，有大志，好施爱士。稍迁大丞相帐内都督。尚魏文帝女金明公主，拜驸马都尉。从太祖复弘农，破沙苑，皆有功。累迁尚书左仆射，兼领军将军。迥通敏有干能，虽任兼文武，颇允时望。太祖以此深委仗焉。后拜大将军。”时值梁元帝弟武陵王萧纪在蜀称帝。梁元

① （唐）令狐德棻：《周书》卷四，《明帝纪》，中华书局1971年版，第56、58页。

帝向周太祖求救伐蜀。太祖遣迥率六军甲士一万二千、骑万余伐蜀，大胜。因平蜀有功，“诏迥为大都督、益潼等十八州诸军事、益州刺史”。“孝闵践祚，进位柱国大将军。又以迥有平蜀之功，同霍去病冠军之义，封宁蜀公。进蜀公，爵邑万户。”①

上述记载中没有提到他出镇陇右之事，该事迹见于《周书·明帝纪》等。明帝二年（公元558年）“冬十月辛酉，还宫。乙丑，遣柱国尉迟迥镇陇右”。明帝武成元年（公元559年）正月，“初改都督诸州军事为总管”②，“冬十月甲午，以柱国、吴国公尉迟纲为泾州总管。是月，齐文宣帝薨，子殷嗣立。以柱国、蜀国公尉迟迥为秦州总管”③。“周孝闵帝践祚（公元557年），进位柱国大将军，以迥有平蜀功，同霍去病冠军之义，改封宁蜀公。迁大司马。寻以本官镇陇右。武成元年……除秦州总管、秦渭等十四州诸军事、陇右大都督。保定二年，拜大司马。”④ 另外，《周书》记宇文广曾先后两次出镇陇右秦州。“孝闵帝践祚，（广）改封天水郡公。世宗即位，授骠骑大将军、开府仪同三司，出为秦州刺史。”⑤《周书·明帝纪》武成元年（公元559年）“九月乙卯，以大将军、天水公广为梁州总管”⑥。宇文广第一次任秦州刺史是在公元557年4月—公元559年9月，之后，公元559年10月尉迟迥继任为秦州总管。保定二年（公元562年）二月，又“以大将军、蔡国公（宇文）广为秦州总管……六月己亥，以柱国蜀国公尉迟迥为大司马”⑦。公元558年10月尉迟迥出镇陇右时，宇文广正在秦州刺史任上，所以尉迟迥不可能在秦州任职，推测他很可能在渭州任上，为渭州刺史。正如题记中称“于渭州仙崖敬造释迦牟尼佛”。第二年9月宇文广被调任梁州总管后，尉迟迥走马上任改为秦州总管，并都督秦渭等十四州诸军事。按北周惯例，都督数州诸军事

① （唐）令狐德棻：《周书》卷二十一《列传》第十三《尉迟迥》，中华书局1971年版，第349—351页。

② 魏晋南朝的军事制度中，中央军也称“台军”。其中屯戍京师的部分称禁军或中军，屯驻外镇的称方镇兵或外军。外军的长官是各方镇的“都督诸军事”。

③ （唐）令狐德棻：《周书》卷四《明帝纪》，中华书局1971年版，第56、58页。

④ （唐）令狐德棻：《北史》卷六十二《尉迟迥传》，中华书局1974年版，第2211页。

⑤ （唐）令狐德棻：《周书》卷十《宇文广传》，中华书局1971年版，第156页。

⑥ （唐）令狐德棻：《周书》卷四《明帝纪》，中华书局1971年版，第58页。

⑦ （唐）令狐德棻：《周书》卷五《武帝纪上》，中华书局1971年版，第66、67页。

者，一般又为首州的刺史，则尉迟迥同时也任秦州刺史。到了他镇陇右的第二年（公元559年）正月，北周改都督诸州军事为总管，但直到十月，尉迟迥才与尉迟纲等被命为秦、泾各州的总管。铭文是这年的二月，与文献记载不符。另有学者认为题记的“二月”可能为“十二月”的误刻。[①]

北周统治者皆崇佛，作为北周贵族的尉迟迥对待佛教的态度在《辩正论》卷四中记载如下：“魏室丧乱，经纶夷阻。周朝建国，匡翊揖让。勋高效重，所在难方，崇善慕福，久而弥著，造妙象寺，四事无阙，法轮恒转，三学倍增。”[②] 从上述记载中可知，尉迟迥极其崇信佛教，曾在长安建造妙像寺。他任职渭州后便在拉梢寺建造摩崖三尊大像，也是十分自然的事。如此大规模的造像，在全国现存的佛教造像中都是少有的，从一个侧面反映了尉迟迥的实力及其崇佛的态度。

“使持节柱国大将军，陇右大都督，秦、渭、河、鄯、凉、甘、瓜、成、武、岷、洮、邓、文、康十四州诸军事、秦州刺史、蜀国公”为尉迟迥官职名称。时尉迟迥领秦（治上封，今天水市）、渭（治襄武，今甘肃陇西、武山）、河（治抱罕，今甘肃临夏）、鄯（治西都，今青海湟水）、凉（治姑臧，今甘肃武威）、甘（治永平，今甘肃张掖）、瓜（治鸣沙，今甘肃敦煌）、成（治洛谷城，今甘肃西和南）、武（治将利，今甘肃武都东南）、岷（治溢乐，今甘肃岷县）、洮（治美相，今甘肃卓尼）、邓（治尚安，今四川南坪）、文（治建昌，今甘肃文县西南）、康（治同谷，今甘肃康县）十四州军政要务。《通典·识官典》记：“后汉光武帝建武初，征伐四方，始权置督军御史，事竟罢。建安中，魏武为相，始遣大将军督之，征孙权还，又使夏侯惇督二十六军。魏文帝黄初三年，始置都督诸军事，或领刺史。”[③] 北周时期沿用该官职名，这也是北朝地方行政制度具有军事化的特点，由于长期处于战争环境，州刺史、郡太守多带将军号，既治民事赋税，又领兵卫疆守土。同时“又出现了以军将为都督，督一郡、数郡，或一州、数州，往往又兼府所之刺史或郡太守，治军又领民的现象”[④]（图8.2）。

① 杨森：《跋甘肃武山拉梢寺北周造大佛像发愿文石刻碑》，《敦煌学辑刊》2005年第2期。
② 《大正藏》第五十二册，第518页。
③ 王仲荦：《北周六典》，中华书局1979年版，第519页。
④ 陈琳国：《魏晋南朝时期都督制》，《北京师范大学学报》1986年第4期。

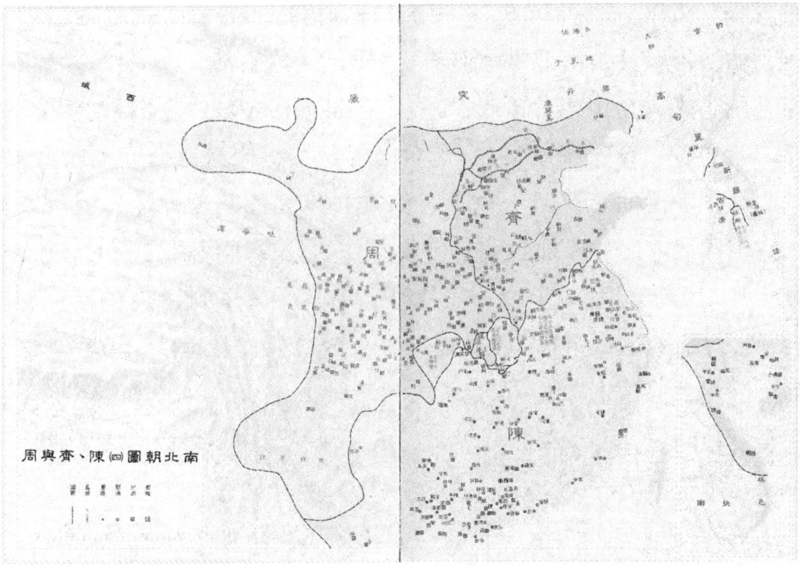

图 8.2　北周疆界及秦、渭十四州地域位置

宣帝即位，尉迟迥出为相州总管。大象二年（公元 580 年）五月，周宣帝宇文赟病故。周静帝宇文阐（公元 573—581 年）[①] 尚年幼，国丈杨坚以大丞相、都督中外诸军事身份辅政，一切军政要务均由杨坚做主。杨坚为稳固其权力，因尉迟迥位望素重，恐有异图，遂以会葬宣帝为名，诏使其子魏安公尉迟惇召尉迟迥入朝；并以韦孝宽为相州总管赴邺取代尉迟迥。六月，尉迟迥借杨坚专权对北周不利，公开起兵讨伐杨坚。七月，青州总管尉迟勤（迥弟之子）从迥反杨。迥所统相（治邺，今河北临漳西南）、卫（治朝歌，今河南淇县）、黎（治黎阳，今河南浚县东北）、洺（治广年，今河北永年东南）、贝（治武城，今河北清河西北）、赵（治广阿，今河北隆尧东）、冀（治信都，今河北冀县）、瀛（治赵都军城，今河北河间）、沧（治饶安，今河北盐山西南）及尉迟勤所统青、齐、胶、光、莒等州（均属今山东）皆举兵从之，有众数十万。另外，荥州刺史

① 宇文衍（公元 573—581 年）后改为宇文阐。北周宣帝长子，大成元年（公元 579 年）二月宣帝禅位于七岁皇太子宇文衍，改大成元年为大象元年，史称周静帝。宇文赟自称天元皇帝。

宇文胄、申州刺史李惠、徐州总管司录席毗罗等，皆据州拥兵响应。整个山东（太行山以东）除沂州外，几乎都为尉迟迥控制。尉迟迥遣兵分路进攻，攻陷钜鹿（今河北平乡东南）、建州（治高都，今山西晋城东北）、潞州（治上党，今山西长治北古驿）、曹州（治左城，今山东曹县西北）、亳州（治小黄，今安徽亳县）、永州（治楚城，今河南信阳北长台关西）等地。时杨坚挟幼帝以号令中外；结好并州李穆，送千金公主与突厥和亲，以消除北方之患；加强洛阳守御，作为进攻讨伐尉迟迥的战略基地；同月十日，杨坚调发关中大军。八月，杨坚所派军到达前线，遂于沁水（今山西、河南沁河）布阵，发起进攻，孝宽军大败迥军。迥与子惇退守邺城（今河北临漳西南），又败，尉迟迥计穷自杀，尉迟勤、尉迟惇溃逃中被追获。随后，韦孝宽分兵进击关东各地降伏尉迟迥的势力，彻底平定了尉迟迥之乱。

大象三年（公元581年）二月，宇文阐被迫禅位于杨坚，改国号为隋，北周灭亡。同年五月，杨坚大杀北周宗室，宇文阐遇害而亡，谥号静帝。

第二节 水帘洞、天佛洞、拉梢寺造像题记

一 拉梢寺功德主题记

拉梢寺摩崖大佛造像上方，为防止雨水淋涮摩崖壁画，设计者在山崖高处建造了遮雨檐。1990年维修南段遮檐时从残留的遮檐上取下长度为84厘米、宽26.8厘米、厚2厘米木板一片，板上原有彩绘图案，现仅在四角残存部分画面，脱落严重无法辨识，板上存有一枚铁钉及一些钉眼，在板面右下角有一处墨书题记："巩昌府陇西/县□□住人/佛弟子崔/汝霖一家……"（图8.3）。由于最早的遮檐年久坍塌，元代对拉梢寺进行了大规模维修，遮檐上的功德主姓名，应是元代维修时留下的僧人或功德主名字。

摩崖大佛背光右侧第2排弟子像的第一至二身项光间朱书"惠普"二字（图8.4）；第四至五身项光间朱书两行，可辨识有"□玄"、"静施力记"等字（图8.4）。

图 8.3　元代遮雨檐墨书题记

图 8.4　摩崖大佛背光右侧题记

二　水帘洞造像题记

水帘洞为水帘洞石窟群中的一个单元，位于拉梢寺对面的莲花峰下，石窟坐西向东，为一个大型的天然洞穴，长约 50 米、高 30 米、深 20 余

图 8.5 摩崖大佛背光右侧题记

米。每当夏秋季来临之际，雨水自崖顶上沿倾泻而下，犹如珠帘垂挂，故名水帘洞。

由拉梢寺经文管所后门拾级而上，东行过渡仙桥顺山坡到六角亭右转，前行五六十米左右即到水帘洞。水帘洞右侧有菩萨殿，依山势修成，精巧巍峨，共两层，清代重建（图 8.6）。1949 年被火烧后重新修复，两层楼顶檐下有陇上著名书法家范振绪先生所书“西山暮雨”横匾，殿内塑有当地民间传说中大势至菩萨的化身——“麻线娘娘”尊像，殿堂前有与“麻线娘娘”成仙有关的传说中的“苕刷树”与“火棍树”，盘根错节，枝繁叶茂，形状奇特，实为罕见。

菩萨殿下的建筑群，多为民国年间重修，20 世纪 80 年代，又进行过大规模的修缮。整个建筑群建于洞穴前方，形成一个四合院式格局，殿堂主要有五圣宫、四圣宫、三圣宫、娘娘殿、火神殿、王母殿、邱祖殿、玉皇阁及鲁班殿等，各殿、台、亭、阁依自然岩洞有开有合，错落有致，工艺精巧。殿内所供尊像，都为道教神灵。四圣宫下方砖砌的墙壁上嵌有清代康熙四十九年（公元 1710 年）的《水帘洞功德碑记》及 20 世纪 50—80 年代撰刻的《水帘洞大势至南无观世音菩萨李真秀降坛诗》、《水帘洞功德主偕四县庶人等善行序》、《修建水帘洞混元门碑记》等碑记十余方。洞穴崖面左侧的崖壁上，多系石胎敷泥彩绘巨幅壁画（现存约 88 平方米）和个别的浮塑，均为佛教题材的内容。

图 8.6　水帘洞菩萨殿

第 2 号壁画，为崖面敷泥彩绘壁画，高 5.5 米、宽 8 米左右。画面上正中绘一佛二菩萨立像（图 8.6）。佛高约 2.5 米，佛两侧绘二胁侍菩萨，高 2.17 米。主佛足下绘一长颈圆腹宝瓶，下绘莲台，宝瓶中绘莲花，两侧绘荷叶，宝瓶两侧各绘一身高髻、袒上身、下着裙、披帛绕肩穿臂、作胡跪状的供养菩萨。宝瓶上方，主佛莲台下方两侧三身男供养人，其中第一身为比丘，身着袈裟，下着裙，手持莲花；第二、三身供养人头戴笼冠，身着圆领窄袖胡服，腰系带，下穿宽裤，足穿圆口鞋，手持莲蕾，虔敬向佛而立。与众不同的是三身供养人均绘有圆形头光。原每身供养人头侧均有墨书题名，现存者有左侧供养比丘题名“比丘蕴化供养佛时”，右侧二、三身供养人分别墨书题名为“南安郡丞都□魏洪标供养佛时”、

“□□□西县吕运供养佛时”。第一则题记南安郡为渭州三郡之一，南安郡领桓道、中陶二县，郡治在桓道，即今陇西县东南。第二则题记虽模糊，推测为陇西郡，陇西郡领襄武、彰县、武山三县。

画面左侧自上而下又绘男女供养人8排，每排人数不等，少则3—5人，多则7—8人或10人以上，现存70身左右，均侧身向佛而立，自上至下：

第1排：绘比丘，身旁均有墨书题名，现大多仅留痕迹，可辨认者有“比丘须□□□”、“沙弥□□□□”、“比丘□□□□”。

第2—3排：绘男供养人，均着斜领交叉的宽袖长襦，其身旁的墨书题名已难辨认。

第4排：绘比丘尼，均着袈裟，身旁墨书能辨认者有“沙弥尼僧晖供养”。

第5、6、7三排：均绘男供养人，戴冠，着圆领窄袖胡服，身旁墨书题名可辨认者有“佛弟子□□□□□□□”、“佛弟子莫折永妃一心供养”、“□□南安郡□□□□”、“杜行供养佛时”等。

第8排：绘女供养人均着“V”形领宽袖上装，下着长裙，旁有墨书题名，大多已不能辨认，可识者有“清信女王真供养佛时”、“□□□供□□□□”、“清信女王女妙□供养”。

第6号壁画位于崖面左侧，3号下方，4号右下侧。摩崖浮塑圆拱形尖楣浅龛，龛两侧泥塑半圆形龛柱，龛内绘一佛二弟子二菩萨像。龛外下方为原绘壁画，正中绘一熏炉，其两侧下方各绘一狮，熏炉右侧上方绘一辆单牛拉车，牛车后方分上下两排绘供养人像，上排供养人已模糊不清，下排五身供养人均系女性。每身供养人旁均有墨书题名，现仅存三身墨书题名，依次为“比丘尼清□/供养佛时”、“□□□□□/供养佛时”、“清信女焦□□/供养佛时”。熏炉之左侧上下亦各绘一排供养人，均系男性，前为比丘，已模糊不清，上排后三身男供养人旁墨书题名，分别为“佛弟子焦阿帛供养佛时”、“佛弟子阿焦祥/供养佛时”、“佛弟子焦阿善/供养佛时”，其后还有“侍人□□□/□□□□”、“佛”、“佛弟子□□□/供养佛时”。下排供养人旁分别墨书题名为“比丘□□/供养佛时”、“佛弟子梁□□/供养佛时”、“佛弟子梁令超/供养佛时”、“佛弟子梁畅/供养佛时”、“佛弟子梁阿罗/供养佛时”、“佛弟子梁阿男（昂）/供养佛时”、“佛弟子梁景延/供养佛时”。该龛形态基本保存完好，由供养人题名可知，此龛应为当时活跃于秦州一带的大姓梁、焦两个家族成员的功德龛，壁画与题记多因烟熏过度而模糊不清。

图 8.7　2 号壁画局部

第 11 号壁画位于 6 号壁画下方，绘一佛四胁侍菩萨像。佛着圆领通肩式袈裟，结跏趺坐于覆莲座上，两侧胁侍菩萨着世俗装，右侧第一身为女性，着“V”形领宽袖长袍，下着裙，足穿云头履，立于覆莲台上，圆形头光，旁有“佛弟子权之女供养”题名；其身后绘一着圆领窄袖上衣，下穿窄裤，足穿靴，双手举于胸前侧身而立的侍男，圆形头光，身旁墨书“佛弟子权□□供养”。左侧第一身为女性，上着圆领窄袖胡服，腰束带，下穿长裙，云头履，向佛拱手虔诚而立，圆形头光，旁有“佛弟子清信女□容供养”的墨书题名，其身后绘一身与其服装相同的侍男，圆形头光，旁墨书“佛弟子□□□供养”题名（图 8.8）。

图 8.8 供养人题记

佛说法图外下方，左右又各绘一排女供养人像。右侧女供养人现存二身，高髻，上着“V”形领宽袖长袍，下着裙；其中第一身旁有墨书“佛弟子莫折永妃一心供养”题名。左侧女供养人存四身，着圆领窄袖衫，下着裙。现画面基本保存完好，龛下方供养人有残缺，由其墨书题名可知，这是一个当时权氏与莫折氏两个大姓家族的功德龛。

水帘洞壁画间现存的这些造像题记，主要有莫折、梁、焦、权氏等题记，这些造像题记，对于研究古代秦州历史、民族以及职官制度有非常重要的价值。

1. 莫折氏题记所提供的古代历史信息

由“佛弟子莫折永妃一心供养”的墨书题记可知，11 号壁画这身女供养人姓莫折。

关于莫折氏，据姚薇元考证，“关西莫折氏，本西羌族”。《姓纂十九铎》、《通志·氏族略》五《关西复姓》下云：“莫折氏，本羌姓，代居渭州襄城。”① 由此知莫折氏是羌族的一支，主要活动于陇右秦州、渭州一带。

① 姚薇元：《北朝胡姓考》第五《西羌诸姓》，科学出版社 1958 年版，第 330 页。

羌族是我国西北地区古老的少数民族之一，甘肃、青海是其主要居住地。从西汉开始，羌人逐渐内迁。《后汉书》卷八十七《西羌传》载："景帝时，研种留何率种人求守陇西塞。于是徙留何等于狄道、安故，至临洮、氐道、羌道县。"这是西羌的第一次东迁。此后，仍有羌人不断内徙，秦、渭一带多羌族聚居。《资治通鉴》卷五十二"永和六年正月"条注：其"居安定、北地、上郡、西河者，谓之东羌；居陇西、汉阳，延及金城塞外者，谓之西羌"。莫折氏正是西羌的一支。魏晋时期，羌人与匈奴、鲜卑、羯、氐等族迁居内地。这些内迁的羌人，与其他内迁的少数民族一样，经过南北朝时期的民族融合，大多融合到汉民族中去了。有些在十六国南北朝时期还在内地建立了政权，如匈奴族的刘汉（前赵）政权，氐人的苻秦（前秦）政权，羌族的姚秦（后秦）等。

莫折氏即为内迁居住于今甘肃陇西、武山、甘谷、天水一带的羌人。从《元和姓纂》载"莫折氏，本羌姓，代居渭州襄城"推断，其内迁时间较早，可能是两汉之际内迁的，其后来被统称为属于关西羌族或"西羌"。见于记载活动频繁活跃时期的十六国南北朝西秦时期。西秦是陇西鲜卑中的乞伏部创立的，于公元 417 年后秦灭亡后占领并据有陇右的秦州，任用秦州羌族大姓为官，以加强对秦州的控制。

《元和姓纂》入声十九铎："后魏秦州刺史莫折大提。孙辉，襄城公，生恭，陈虞部员外郎，生昆。辉次子扞，隋贝州刺史、钟禽，生谦，直监门校尉。"① 又《元和姓纂·十九铎》另有莫者氏，引《西秦录》有"右卫将军莫者投羝，西安太守莫者幼春，尚书郎中莫者阿胡"②。《通志·氏族略》五同。此氏既多西秦显宦，自亦为关西豪族（者、折音近，颇疑莫者即莫折之异译，本一氏也）③。正因为莫折氏世代为官，且为陇右秦州一带具有一定势力的豪族，所以能够在北魏正光年间发动起义。由以上记载可知，莫折（或曰莫者）为主要活跃于今甘肃天水一带的羌族的一支，莫折一族最为活跃的时期当为北魏末年，代表事件为莫折大提父子发动的秦州大起义，据《魏书》等史料记载：正光五年（公元 524 年）六

① （唐）林宝《元和姓纂》卷十《入声·十九铎》，四库全书本。
② 同上。
③ 马长寿：《氐与羌》，上海人民出版社 1984 年版。

月，秦州百姓因不堪忍受刺史李彦的酷虐，经城民薛珍、刘庆、杜超等号召，杀李彦而推羌人莫折大提为首领据城而反，自称秦王。不久莫折大提死去，其子莫折念生代立，自称天子，改号年为天建，并置立百官，率领义军与魏军作战。八月，攻下东秦州州治汧城（今陕西陇县）、歧州（今陕西凤翔），取得重大胜利，进而分兵西征，占领河西重镇姑臧。公元525年北魏朝廷调动大军进攻陇右，迫使莫折念生之弟莫折天生从天水撤退陇西，魏军并勾结吐谷浑军队进攻凉州。孝昌三年（公元527年）九月，北魏朝廷收买义军常山王杜粲，使之杀莫折念生全家，并举秦州城投降，起义告败。西魏大统四年（公元538年）莫折氏又发动了一次起义，这次是在原州（今宁夏固原）一带。《周书》卷二十五《李贤传》云：大统“四年，莫折后炽连结贼党，所在寇掠。贤率乡兵与行泾州事史宁讨之”。据此，可知莫折氏为关西羌中强族，魏、周之世，迭为边患。

北周之时，史书中再难见到有关莫折一族的记载了。因此，水帘洞石窟北周“莫折永妃”的供养题名就显得非常珍贵，对我们了解北周时期莫折一族在秦州及其周围的活动和他们的宗教信仰等问题提供了极为珍贵的资料。

2. 梁、焦、权氏题记的历史价值

水帘洞第6号壁画有题名“佛弟子焦阿帛供养佛时”、“佛弟子焦阿祥/供养佛时”、“佛弟子焦阿善/供养佛时”等；下排题名有“佛弟子梁□□/供养佛时”、“佛弟子梁令超/供养佛时”、“佛弟子梁畅/供养佛时”、“佛弟子梁阿罗/供养佛时”、“佛弟子梁阿男（昂）/供养佛时”、“佛弟子梁景延/供养佛时”等。由题名知，此龛由梁、焦两姓家族共同供养。

梁氏是陇西羌的大姓，前秦时苻生的皇后为梁氏。另外见于记载的还有梁楞、梁安（苻生岳父）、梁平老等。苻生要杀梁安、梁楞，废梁后，惹起众羌的叛乱[①]。《周书》梁御传记载，“梁御，字善通，其先安定人也，从魏太祖征讨，位至扬武将军，定阳侯，从太祖破沙苑，加侍中，开府仪同三司，进爵广平郡公，出为车雍州刺史”。安定郡在今甘肃泾川、镇原县。广平郡，汉置，治广平县在今河北鸡泽县东，后魏移郡治曲梁，即今河北永年县治，北周于郡置洛州。另有甘肃庄浪县水洛城出土北周

① （唐）房玄龄：《晋书》卷一百一十二《苻生载记》，中华书局1982年版，第2873页。

“水洛城梁俗男造像塔”，正面塔铭有“梁俗男一心供养佛时”题名。[①]可证梁氏在陇右的活动范围相当广，势力较大。

西秦有南安人安南将军焦遗及其子尚书民部郎焦华。《高僧传》卷七记载有“下定林寺僧镜，陇西焦氏”。

从以上几条文献记载中，我们知道两晋十六国时期，梁、焦等姓氏为陇西、天水、南安等地的军政要员。

水帘洞第11号壁画女胁侍榜题为“弟子权之女供养”。

前秦残余势力苻登东进陇东时，原据仇池的氐酋杨定取陇右翼城、略阳等地，自称秦州牧、陇西王。休官首领权小成据秦州显亲（今天水西北），称秦州牧。太初六年（公元393年），权小成为苻登所逼，投降西秦，乞伏乾归以其为东秦州刺史、休官大都统、显亲公。后秦皇初四年（公元397年）苻登败亡后，包括略阳休官（杂虏）豪族权小成在内的秦陇各族地方势力，先后归降或为后秦所击降。休官是氐族，常与屠各并见，想系杂居之故。[②]可见权小成既为氐族豪门望族，又受前、后秦统治者的重视，其家族渊源及势力可见一斑。北周时又有名将权景宣、唐有名臣权德舆等，俱出秦州。[③]秦州一带今清水、张川、秦安、甘谷甚至庄浪出土许多权氏造像。[④]如北周保定三年（公元563年）秦安新化《权道奴造像碑》，记有“荡难殿中将军都督渭州南安郡守阳县开国伯权道奴”，其碑主人身份可见为贵族官吏。甘肃省博物馆藏西魏大统二年（公元536年）的《权早郎千佛造像碑》，有供养人题名：“比丘僧朗昌，忘父权逫白供养佛时，忘母文陵供养佛时，□□权□郎供养佛时，忘弟权郎供养佛时……”[⑤]敦煌文书S·2052《新集天下姓望氏族谱一卷并序》记载唐十道诸郡所出姓望氏族，其中秦州天水郡出二十姓，其中就有权姓。[⑥]可见权氏在十六国后直至唐代一直是秦州一带的大姓。

---

① 唐晓军：《甘肃古代石刻艺术》，民族出版社2007年版，第274页。

② 唐长孺：《魏晋南北朝史论丛》，河北教育出版社2000年版。

③ 分别见《周书》《权景宣传》，《旧唐书》卷一百四十八《权德舆传》。

④ 张宝玺：《甘肃佛教石刻造像》，甘肃人民美术出版社2001年版。

⑤ 唐晓军：《甘肃古代石刻艺术》，民族出版社2007年版，第330页。

⑥ 郑炳林：《敦煌地理文书汇辑校注》，甘肃教育出版社1989年版，第323—328页。

三　千佛洞造像题记

千佛洞44号龛壁画，位于43号龛左侧，为摩崖敷泥壁画。崖面上绘一佛二弟子说法图，保存较清晰。中间绘一佛结跏趺坐于束腰叠涩方座上，头顶有华盖，肉髻较低，圆形头光。两侧胁侍二弟子像，右侧弟子着红色双领下垂袈裟，左侧弟子着黄色袈裟，似为老年弟子。弟子两侧有供养人，前各有一身比丘引导。左侧可见七身供养人：第一身比丘穿黄色双领下垂袈裟，榜题为“比丘□艳供养时”；第二身男供养人，着黄色圆领长袍，头顶有华盖，榜题“大都督姚长璨供养时”（图八·九）；第三身男供养人，穿红色圆领紧袖衣，手执细长柄、黄色华盖；再后三身均着黄色圆领紧袖衣；第七身供养人，着黄色衣裙，榜题为“□□□□供养时”。

图8.9　供养人题记

右侧现存四身供养人：第一身比丘，与左侧同；第二身着红色衣；第三身穿黄色衣裙；第四身着红色圆领衫，榜题多不清。从第二身供养人身材高大且身后为其执伞盖的侍从看，姚□□的地位显赫。姚姓更是天水、南安羌族豪门。

后秦建立者姚苌（公元 329—393 年）是南安郡赤亭（今陇西）羌酋，南安羌是汉代烧当羌的后裔，东汉时期在其首领迁那率领下被安置在南安赤亭居住。曹魏时迁那的玄孙柯回曾任魏镇西将军、西羌都督。姚苌的父亲姚弋仲（公元 280—352 年）便是柯回之子，前秦时，姚弋仲被前秦主刘曜任为平西将军，封平襄公。后赵石虎以姚弋仲为奋武将军、西羌大都督。公元 352 年，姚弋仲病死，留下 42 个儿子，死前，他将兵权授予第五子姚襄（公元 331—357 年）。当年符健建立前秦，姚襄趁关东大乱，扩充军队并投降东晋。公元 357 年春夏之交，姚襄军进驻杏城（今陕西黄陵县），前秦王符生派军讨伐，邓羌用计诱姚襄到三原（今陕西三原县），击杀姚襄。弟姚苌率众降秦。

姚苌为姚弋仲第 24 子，“少聪哲，多权略，廓落任率，不修行业，诸兄皆奇之。随襄（姚襄）征伐，每参大谋”[①]。姚苌降秦后，为秦效力，功劳颇著。前秦建元二十年（东晋太元九年、公元 384 年）四月，天水人尹纬、尹详和南安人庞演等推姚苌为盟主，反戈抗秦。“苌乃从纬谋，以太元九年自称大将军、大单于、万年秦王，大赦境内，年号白雀，称制行事。以天水尹详、南安庞演为左右长史，南安姚晃、尹纬为左右司马，天水狄伯支、焦虔、梁希、庞魏、任谦为从事中郎，姜训、阎遵为掾属，王据、焦世、蒋秀、尹延年、牛双、张乾为参军，王钦卢、姚方成、王破虏、杨难、尹嵩、裴骑、赵曜、狄广、党删等为帅。”[②]

公元 386 年，姚苌在长安即位皇帝，改白雀二年为建初元年，建国号为大秦，史称后秦政权。建初八年底（公元 393 年），姚苌驾崩，公元 394 年五月，子姚兴继皇帝位，改皇初元年。至弘始七年（公元 405 年）左右，后秦疆土以陇右为基地，西控河西姑臧等郡，南抵淮水、汉水流域。

---

① （唐）房玄龄：《晋书·姚襄载记》，中华书局 1982 年版，第 2964 页。

② 同上书，第 2965 页。

姚兴优礼士人并知人善任，他统治下的关陇地区再度成为政治修明和文化昌盛的地区。姚兴很重视文教，尤尊崇儒学和佛教。当时的国都长安高僧云集，磬鼓阵阵，西域高僧鸠摩罗什被他从凉州迎入长安并尊为国师，筑逍遥园供其弘法、翻译佛经，姚兴常临逍遥园与鸠摩罗什及其弟子谈论佛经，辨识义理，考订经卷。姚兴尊崇佛教，倡导人心向善，在其影响下，后秦境内奉佛者十室而九，陇右天水、南安一带姚氏羌人自然受其影响最深。

后秦永和二年（东晋义熙十三年，公元 417 年）八月，东晋刘裕军攻破长安，姚泓出降，后秦灭亡。从北魏至北周时期，姚氏在秦州、渭州一带自始至终处于尊荣地位，从千佛洞题名“大都督”的姚氏供养人地位推测，至少在北周时仍为陇右望族。

从以上文献的梳理可见，焦、权、梁、姚氏不仅为当地大姓，且这些世家大姓多出自氐、羌等少数民族，北周时期在秦州的地位仍然还很显赫。当时一些佛教活动，如开凿石窟、供养佛事等，带有一种世家望族家族修造供养的性质。焦、权、梁、姚氏等家族握有当地的政治、经济大权，有足够的实力保证开凿石窟、绘制壁画的物质供给，加之北朝从统治者到普通百姓的崇佛热潮这一大的历史背景，秦州、渭州的世族开窟造像就成为必然。

由这些供养人墨书题记得知，开凿水帘洞石窟的焦、梁、权、莫折等家族在当时名望甚高，在他们带头开窟的影响下，水帘洞石窟群成为北周时期秦州一带佛教石窟兴建最多和最为繁荣的地区之一，为我们研究当时秦州一带佛教与佛教艺术的发展提供了十分重要的实物资料。水帘洞石窟所在地之东百公里左右的天水麦积山也有不少同一时期所开凿的窟龛，距拉梢寺大佛开凿后不久的北周武帝保定、天和年间（公元 561—572 年），时任秦州大都督的权势显贵李允信为其亡父在麦积山石窟东崖最高处凿建了麦积山石窟中规模最为宏大、气势最为壮观的上七佛阁（4 号窟），当时著名的文学家庾信还专为此作铭文。同一地区，同一时间，在两个相距不远的地方开凿为数众多的窟龛，这在中国的其他石窟中也是不多见的。北周时期开凿的水帘洞拉梢寺大佛和麦积山上七佛阁，规模宏大、气势非凡，反映了当时当地的最高阶层的权贵们直接参与和推动了石窟的凿造。

佛教本为产生于古代印度的外来宗教，传入中国后，亦很快被一些少数民族所接受并崇奉。如统治甘肃之十六国的前秦苻氏、后秦姚氏、西秦乞伏氏、北凉沮渠氏等少数民族政权的统治者均极推崇佛教，北魏拓跋氏政权几乎将佛教作为国教，西魏、北周佛教亦极兴盛。故汤用彤论魏晋佛法兴盛之原因时总结道："中原异族错居时，佛教本来自外域，信仰归依，应早已被中国内地之戎狄。"[①] 佛教在魏晋南北朝时大为发展，并逐渐兴盛，关中陇右在十六国后，亦为佛法兴盛之地，用于礼佛建功德的石窟寺也不断开凿，如麦积山石窟、水帘洞石窟群等为陇右兴起的大型石窟寺。在如此的历史背景下，羌族可能已经逐渐淡化了其本身的原始信仰，而以佛教为主要的宗教信仰了。佛教传入前火葬和信仰巫术是西羌特殊而古老的习俗，但后秦姚兴的大力崇佛，对秦州等地的羌人信仰不无影响。北魏亦不遗余力地提倡佛教，而关中第一个造寺立像的就是冯翊李润堡的钳耳羌豪王遇。北周至隋唐，碑铭所见羌人造像礼佛之事层出不穷[②]。水帘洞石窟莫折氏题名说明北周时期莫折一族仍然生活于这一地区，和汉族人一道信奉佛教并作功德。

水帘洞石窟的开凿与发展无不与当时当地的最高统治阶层的人物联系在一起。无论拉梢寺的开创者尉迟迥或水帘洞的凿造者焦、梁、权、莫折等大姓豪族，他们都是当时推动水帘洞石窟群修凿与发展的核心力量，这说明水帘洞石窟的开凿一直受到当地最高权力机构和名门豪族的重视与关注。拉梢寺大佛的修凿所宣扬的不仅仅是佛教，而且也是拉梢寺功德主尉迟迥的政治纲领。尉迟迥造像铭文中"愿天下和平，四海安乐，众生与天地久长，周祚与日月俱永"的祈愿，不仅反映了尉迟迥当时造佛对北周王朝的美好祈愿，体现了他对皇室的效忠，在很大程度上也表明了他开凿拉梢寺大佛的政治目的和对民心的安抚，并使拉梢寺大佛似乎成为当时具有国家级职能的弘扬佛法的道场。

四　其他文物

水帘洞石窟群除了现存于崖面窟龛内的造像与壁画外，1990 年在维修拉梢寺北段遮檐时，在桩眼里发现铜镜一面。铜镜直径 28 厘米，半圆

① 汤用彤：《汉魏两晋南北朝佛教史》，北京大学出版社 1997 年版，第 134 页。

② 马长寿：《碑铭所见前秦至隋初的关中部族》，中华书局 1985 年版。

形镜纽，镜纽内穿用于悬挂的铁条一段。素面，在镜背的边缘有一圈凸棱，宽1.6厘米，上面錾刻一圈铭文，逆时针环读为“大元大德六年岁次壬寅巩昌府陇西县临渭关居住檀信男生骞兴同室丁氏淑玉等发心施镜一面于悬铃山佛上结缘祈一家长稚保佑平安者”。(图8.10)

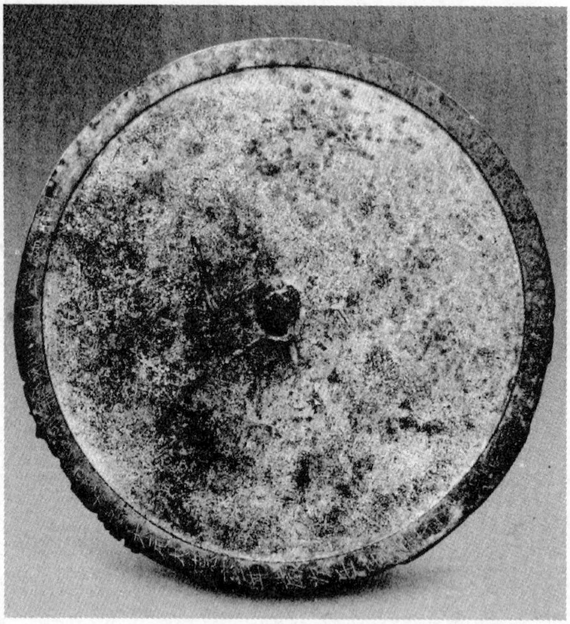

图8.10　拉梢寺遮檐铜镜

大德六年为元成宗年号，成宗，孛儿只斤·铁穆耳（公元1265—1307年)，元朝第二位皇帝，蒙语称完泽笃皇帝，谥号为钦明广孝皇帝，庙号成宗。元世祖忽必烈次子真金第三子，在位14年，即公元1295—1307年，建元元贞（公元1295—1296年)，后改大德（公元1297—1307年)。

元世祖忽必烈尊八思巴为国师，以藏传佛教为国教。元朝时，藏传佛教开始传人内地，在元王朝对藏传佛教的大力扶持下，佛教得到了社会各阶层广泛的尊崇。从现存水帘洞壁画考察，隋代有过较大规模的修缮，唐宋时期的增补修缮少见，元初水帘洞石窟群得到了重视，并进行了较大规模的增补修缮。如拉梢寺南崖西侧小窟龛，多为元初开凿；拉梢寺大佛顶部遮雨檐上下壁画，均为元初绘就；水帘洞壁画东侧泥胎浅浮雕佛塔应为元时壁画的典型作品。

元初拉梢寺遮雨檐修缮过程中，巩昌府陇西县临渭关居住檀信为祈愿全家老小平安，安放了此铜镜一面。从刻字情况分析，铜镜的铸造较早，其素面镜为民间百姓日常家用之物，安放时临时在镜周边缘刻写了一周祈福祝愿之文。

第九章

武山水帘洞石窟艺术的文化价值

第一节 武山水帘洞石窟艺术的美学价值

武山水帘洞石窟群相对于甘肃境内的其他佛教石窟，因其对于自然崖壁的有效利用，尤其是拉梢寺摩崖造像的宏大结构，无论其视觉张力还是建筑、雕塑、壁画等元素所形成的石窟艺术的完美组合，无不体现出宗教艺术的恢宏之美。同时，武山水帘洞石窟艺术作为佛教信徒为营造宗教氛围而创造的宗教美术，是宗教仪轨与艺术形式的完美结合，因此，具有极其重要的宗教与艺术审美价值。另外，武山水帘洞石窟艺术所处的自然与人文因素所共同构成的环境之美，具有其超越宗教与考古等文化价值的特殊的美学价值。

一 武山水帘洞石窟艺术的恢宏之美

武山水帘洞石窟艺术群主要由显圣池、千佛洞、拉梢寺、水帘洞四个单元组成。这四个单元的共同特色就是利用自然崖面进行艺术创作，尤其是拉梢寺摩崖造像，该造像利用内凹的岩壁，创造出了结构独特、主题鲜明、色彩艳丽、场面宏大的宗教艺术作品，给人以强烈的视觉冲击和精神震撼。下面就武山水帘洞石窟艺术群的形制以及建筑、雕塑、壁画的综合构成方式与水帘洞石窟宗教艺术的审美关系进行分析，以便揭示其宗教艺术的恢宏之美。

1. 水帘洞石窟形制是自然崖壁、雕塑、壁画等的完美组合

武山水帘洞石窟群作为一个特殊宗教建筑空间，它既是宗教的场所，又是造像与壁画的载体，因此它的建筑形制与空间直接决定着造像与壁画

的布局与结构方式。同时，也影响着信众及普通观赏者的宗教与审美心理。依据不同时期的宗教仪轨、世俗信仰以及民族审美观念，我国境内的石窟艺术形制，自印度传入中国之后，就形成了一些相对固定的样式。如：

禅窟[①]：主室两侧有供僧侣修行的禅室，面积较大，平面为方形或长方形，窟顶有平顶、人字披与平顶结合。主室内外有绘画塑像，兼有修禅与观像两种功能。这种形制适合礼佛者在坐禅状态中，专注于一境，在静态中观像或壁画，以达到身心澄明入境的目的。

中心塔柱窟[②]：长方形，分内外室，外室为“人字披”顶，内室中心有一根方形柱直通窟顶，方柱的四周凿出较浅的佛龛，内塑佛像，礼佛者可以绕塔巡视观像。“人字披”顶及中心柱四周窟顶分别饰以“人字披”图案和平棋图案，四壁中层绘有尊像及佛经故事，这是壁画的主要部分。其下部处理成较小的供养人群像，墙壁上方绘有伎乐造型，壁画中部空隙被置以小佛像造型。这种形式是印度支提窟形式与中原木结构建筑形式的结合。观看者可以转顾四周，在“绕行”状态中审视造像，在运动状态中观看壁画，礼佛者会产生一种佛路漫漫的修行愉悦。

殿堂式[③]：又称中心佛坛窟，为五代、宋朝的代表窟型。其形式与覆斗顶形窟大致相同，区别在于殿堂中心有佛坛，坛上有塑像，坛前有阶陛，坛后有背屏直接窟顶。窟顶有图案，四角画四大天王，用以镇窟。四壁有尊像及故事画。斗顶形窟与殿堂式窟受中国宫殿建筑的影响很大，佛像立于殿堂之上接受臣民叩拜，这也许是中国佛教世俗化的开始，也是“政教合一”观念在石窟艺术中的体现。这种形式意味着天子即佛，神性与人性的心理距离逐渐开始拉大，前往礼佛者在观赏造像与壁画时，对于佛国世界会产生与对现实世界统治者同样的敬畏之心。

大像窟[④]：窟内塑（或绘）有佛的巨大造像，如敦煌莫高窟96、130窟、榆林窟第6窟等。有学者认为这是“人性最少，神性最多的窟龛”，[⑤]

---

① 季羡林主编：《敦煌学大辞典》，上海辞书出版社1998年版，第22页。

② 同上书，第23页。

③ 同上。

④ 同上。

⑤ 胡同庆、安中义：《佛教艺术》，敦煌文艺出版社2004年版，第10页。

这种窟形的特点是，礼佛者在观看佛像时只能仰视佛的尊容，在佛的伟岸身躯与慈悲目光的俯视下，瞬间你就会感觉自己的渺小与自卑。

通过上述几种典型的石窟形制的比较，可以看出，我国佛教石窟的营造有两个十分重要的方面值得重视；一是石窟形制逐步本土化的过程，如空间处理上早期从印度引入精舍、僧房到借鉴中原建筑空间的覆斗式与殿堂式窟形等。另外一个值得重视的是这种石窟空间的改变，不仅影响到造像、壁画的空间布局与形式构成，它还直接影响到了人们的观赏方式与审美心理的改变。例如：早期禅窟其窟内造像、壁画都是以礼佛者为中心，在禅堂四周罗列，以便礼佛者静观；中心塔柱窟式是一种相对开放的空间，适宜礼佛者在运动状态中的审视和观看，即游观；殿堂式与大佛窟则是一种更加高大宽敞的空间，礼佛者除游观之外，其主要的观看方式是仰观。由此可以看出，这种观看方式的改变，使得信仰者与佛的空间与心理距离越来越大，相反对宗教的依赖与信仰程度却越来越高。

武山水帘洞石窟群地处“丝绸之路”东段，隶属于陇南石窟群，但它的石窟形制却十分特殊，由于拉梢寺大佛是巨大的摩崖浮雕泥塑彩绘佛像，有学者将其归为“大像窟”[①]。但事实上，水帘洞石窟群的四个单元（显圣池、千佛洞、拉梢寺、水帘洞），基本上都是在自然崖壁上利用天然崖壁或洞窟，在开放的环境里，凿浅龛造像或绘制壁画的。也就是说，它与国内其他石窟群明显的不同之处在于其营造方式主要是依据当地的自然环境，结合当地地质状况，利用摩崖、自然山洞开凿而成的浅龛类型。吴作人先生在《麦积山勘察团工作报告》中指出，“有洞口的叫‘窟’，敞口的叫‘摩崖龛’以区别于窟”[②]。由此笔者认为应该将武山水帘洞石窟群归入摩崖龛类。因为摩崖龛类型的特点是在崖壁上开浅龛，放置或绘制佛像，礼佛者可以在相对独立的龛外空间活动。武山水帘洞石窟群的造像、壁画在平面上的组织形式与结构方法虽然也是依据宗教仪轨进行的，比如“一佛二菩萨”组织方式，但由于其造像与壁画主要不是安排在洞窟内，而是暴露在自然崖壁之上，故其礼佛与观看方式，即由常见的窟内

① 胡同庆、安中义《佛教艺术》，敦煌文艺出版社2004年版，第10页。

② 吴作人：《麦积山勘察团工作报告》，载天水麦积山文物保管所、麦积山艺术研究会《麦积山石窟资料汇编》（初集），1980年内部编印，第8页。

礼佛静观、游观等观看方式一变而为窟外，甚至远距离观赏造像与壁画的方式。因此，其恢宏的气势，强烈的视觉效果是武山水帘洞石窟艺术群最为显著的艺术特征之一。

以水帘洞石窟群中拉梢寺摩崖造像这一代表性的结构样式为例，其摩崖浮雕造像、雕塑、壁画的整体结构在宏大、庄严等视觉张力上，可以说得到了最为充分的体现。

拉梢寺摩崖造像位于莲苞峰南壁的自然崖壁上，崖壁高约 60 米、宽约 150 米，崖面笔直险峻，刻有北周时期的大型浮雕“一佛二菩萨”巨像。中间的坐佛像通高近 40 米，它的头顶肉髻低平，面部胖圆，五官宽大，但表情肃穆；双肩微耸着，身穿紧身的通肩式袈裟，双手叠放在腹前，施禅定印。大佛身下坐的是一个方形的仰莲高台座，佛座的表面自上而下分别雕出了九只卧狮、九只卧鹿和九头立象。莲花、狮、鹿、象，分别是佛教中象征洁净的名花和富有奇异传说的神兽，将它们结合在一起组成了这极富装饰效果的佛座，这在国内的其他石窟中极为罕见。

在这组巨大浮雕的顶部，还保存着古代的木构遮雨檐，檐前挂着铜铃，木板的表面有彩绘的佛和菩萨像。大佛的头两侧和菩萨的头上方，还画着成排的坐佛和侍立的弟子、菩萨和保护佛法的力士像，这些人物都是一副正在聆听佛祖说法的姿态，与大佛像共同组成了庄严宏伟的说法场面。拉梢寺大佛像南侧的崖壁上有两层塑像，上层是五身立佛，下层是十身立佛。崖面上还满绘着排列整齐的佛与二菩萨说法图，或千佛、飞天等等。这些壁画除了个别的是北周时期的原作外，大部分是宋元时期补绘的。

其余单元如显圣池、千佛洞、水帘洞基本上都是利用摩崖以及周边的自然山洞，开凿而成的浅龛型龛窟，除少量建筑、造像外，绘制的壁画主要内容有说法图、西方净土变、千佛、坐佛、立佛、菩萨、弟子、力士、飞天、覆钵塔、摩尼宝珠等。另外，水帘洞、拉梢寺等周边建有一定数量的建筑，记载中的“五台七寺”虽然现在已不复存在了，但晚近兴建的水帘洞建筑，与崖壁、造像、壁画相映生辉，构成了水帘洞石窟艺术独特的宗教艺术景观以及武山水帘洞石窟艺术雕塑、造像、壁画的综合之美。

2. 武山水帘洞石窟艺术的宗教氛围与审美特征

武山水帘洞石窟艺术虽然隶属于宗教的范畴，但它的营造方式无疑是根据美的法则，调动艺术的手段完成的。作为宗教美术，石窟艺术的核心是通过相对确定的、具有特定象征意义和特定形式美的形象传达一定的教理、教义，从而实现宗教传播的目的。因此，石窟壁画的绘制，其目的就是为了营造这种宗教的氛围。通过绘制佛像、菩萨、罗汉等偶像，以便冲破语言、文字以及种族观念的束缚，达到弘扬佛法之目的。在武山水帘洞石窟群佛教艺术中，尽管前文提到拉梢寺大佛崖以及其他造像形象高大，神情肃穆，布局严整，但它又不完全只是为了满足审美的需要，而是尽可能营造一种宏大的宗教氛围，从而实现其传播宗教的目的。武山水帘洞石窟造像、壁画所体现出的以佛为中心的森严等级与特定的布局，让观赏者瞬间便可以感受到，在这个佛国世界里，佛是居于中心地位的至高无上的神，因此形体格外高大突出。菩萨、弟子、天王、力士等等，按等级逐渐低矮，侍立两旁，如众星托月。很显然，水帘洞石窟艺术竭力营造的是一种丰富多彩，而又浑然一体的宗教艺术氛围。

武山水帘洞石窟群艺术造像主要以佛、菩萨的尊像为主，壁画内容则是以佛说法图为主要情节展开的绘画。说法图[①]在各个时期均有此题材，内容以佛说法为主体，左右有胁侍菩萨、弟子、天龙八部围绕听法，背景通常只有简单的华盖和树木间或有莲花水池等，是水帘洞石窟群的重要内容之一。如各个崖、龛壁画中的说法图、经变画、千佛、坐佛、立佛、菩萨，都是按照一定的组织方式与构图原则安排的。首先是将以上内容作为主导性内容加以安排，其余如弟子、力士、飞天等则依照布局需要排列于整个崖龛，如水帘洞2、6、7号说法图，拉梢寺摩崖浮雕及壁画，千佛洞5、7、14、34号等以及显圣池佛说法图壁画等都是如此。

千佛也是武山水帘洞石窟壁画艺术中常见的内容，在武山水帘洞、拉梢寺、显圣池、千佛洞壁画中被广泛采用。千佛图是大乘佛教思想的产物。大乘佛教认为，一切众生皆有佛性，有佛性即可成佛。千佛来源于《三劫三千佛名号经》，指三世十方诸佛群像[②]。在过去庄严劫、现在贤劫和未来星宿劫三大劫中各有一千人成佛，而贤劫就是现在世间，释迦牟尼又是排在贤劫千佛的第四位，因此，尤为现世众生崇奉。千佛题材在早期

① 季羡林主编：《敦煌学大辞典》，上海辞书出版社1998年版，第94页。

② 同上书，第160页。

石窟造像、西藏寺院壁画和唐卡画中都有大面积表现。在整个壁面、窟顶和塔柱上，佛像均匀布局呈密格式整齐排列。虽然是千佛一面，造型小如鸡卵，但整体却颇有大气恢宏、庄严神圣的宗教气氛和典雅精细、统一协调的装饰效果，成为佛教壁画和殿堂雕塑中经常采用的布局形式，也是营造宗教艺术氛围最为有效的手段。武山水帘洞石窟群各单元的壁画中千佛也是其主要的题材之一。同时，武山水帘洞石窟艺术与佛像直接相关或融为一体的顶光、身光、佛座、法宝以及佛画中常见的动物，如鹿、狮、象等；植物如菩提树、莲花等有着特定宗教含义的器物、动物、植物，是宗教与艺术，世俗生活与艺术的客观反映，也是佛教壁画形式美的重要组成部分。

此外，武山水帘洞石窟的宗教氛围的营造还体现在其宗教建筑上。水帘洞石窟的建筑分上、中、下三台而建，上有菩萨殿、老君阁，中为四圣公的菩萨楼，下为圣母殿、三霄殿、药王殿等，其上层楼内塑有大势至菩萨，当地民间关于麻线娘娘的美丽传说就源于此，皆为石窟艺术的重要组成部分，为烘托宗教氛围起到了至关重要的作用。

从宗教艺术传播方式来看，世界上的宗教，无不重视用艺术形式来宣传教化，尤其是造像与壁画，它是宗教徒为观想入定而创造的艺术，是一种自觉的宗教与审美行为，因而具有典型的内审美和感官型审美结合的特点。宗白华先生曾说："艺术家往往倾向以'形式'为艺术的基本，因为他们的使命是将生命表现于形式之中。而哲学家则往往静观领略艺术品里心灵的启示，以精神与生命的表现为艺术的价值。宗教其实也是在这'形式'里面也同时深深地启示了精神的意义、生命的境界、心灵的幽韵。"①

佛教作为东方世界影响最大的宗教，更是深谙此道。梁慧皎《高僧传》即云："敬佛像如佛身，则法身应矣。"② 可见寓教义于艺术形象，直接去感化芸芸众生，这是自佛教形成乃至流布到汉地以来一以贯之的历史事实。它主要是给礼佛者以情绪上的感染，如水帘洞拉梢寺摩崖造像中巨大的"一佛二菩萨"，当礼佛者接近它时，只能仰望，这样就造成主尊特

---

① 宗白华：《美学散步》，上海人民出版社 1981 年版，第 394 页。

② 慧皎著，汤用彤校注：《高僧传》卷第十四，中华书局 1992 年版，第 4 页。

别高大而自己特别矮小的效果，佛的威严神秘自然会更加突出。因此，黑格尔认为："宗教往往利用艺术，来使我们更好地感到宗教的真理，或是用图像说明宗教真理以便于想象。"① 铃木大拙在《禅和日本文化》中也说："充满活力与生机的艺术生命，往往脱胎于宗教形式中，有时，宗教借艺术形式表现出来，使美学由艺术走向宗教。有时，艺术借助宗教形式走向美学。"②

综上所述，武山水帘洞石窟艺术所具有的宗教氛围，尽管与陇右其他宗教石窟艺术大致相同，也就是说，作为一种特殊的宗教传播场所，石窟艺术通过其壁画、造像、建筑等共同营造的宗教氛围，无不生动地体现了宗教的教义和精神，实现了传播宗教教义的基本功能，但同时，作为陇右石窟艺术群中一处天然洞窟之内与暴露在自然崖壁之上的特殊的石窟艺术群落，武山水帘洞石窟由常见的窟内礼佛静观、游观等观看方式一变而为窟外，甚至远距离观赏造像与壁画的礼佛与观看方式，其恢宏的气势，强烈的视觉效果无疑具有特殊的审美价值。

二　武山水帘洞石窟艺术的风格之美

武山水帘洞石窟自北周开窟造像以来，经隋唐、宋元、明清各代，历时较长，所以每个时代都留下了各自的风格特点。从大多数佛教石窟的总体风格来看，中国佛教石窟寺艺术的形式尽管深受外来文化的影响，但从一开始就不是印度石窟寺艺术的简单模仿或翻版，而是融会贯通，博采众长，不断创新，逐渐显现出自己的民族特色。这种本土化或曰民族化的过程，学术界认为总体上经历了这样两个向度：一是将印度、西域、中亚地区的佛教艺术在向中原传播的过程中，逐渐被民族化，乃至世俗化。二是中原士人将中原佛教艺术由东向西反向传播，从而使东西方文化通过佛教艺术得以交流与融合，进而形成具有鲜明中国特色的石窟艺术风格。

佛教自公元前6世纪至5世纪在印度创立之后，在向世界传播中主要有两条路线：一条是自印度向南传入斯里兰卡、泰国、缅甸、柬埔寨、老

---

①［德］黑格尔：《美学》第1卷，朱光潜译，商务印书馆1981年版，第105页，转引自马德邻、吾淳、汪晓鲁《宗教，一种文化现象》，上海人民出版社1987年版，第102页。

②［日］铃木大拙：《禅和日本文化》，李英译，《铃木大拙全集》第11卷，波岩书店1970年版，第118页。

挝等国，统称为“南传佛教”；另一条是从印度北部传入中亚地区，然后经中亚、西域传入中国，再由中国传入朝鲜、日本、越南、蒙古等国，统称为“北传佛教”。武山水帘洞石窟就处在中国北传佛教最靠近中原的区域，是陇右石窟群的重要组成部分。这里自西汉张骞通西域后，东西交通日渐畅通，经济文化交流日益频繁，是“丝绸之路”的重镇，也是佛教东传过程中开凿石窟最早的地方。在甘肃境内，武山水帘洞石窟西接敦煌莫高窟，近邻天水麦积山、永靖炳灵寺等众多陇右著名石窟群。从东西文化交流的角度看，这里是西域、吐蕃、中原文化的重要交汇地区，因此，武山水帘洞石窟造像无论从所处的位置以及艺术手法上，都显示出深受西域犍陀罗、印度、西亚以及藏传佛教，尤其是中原艺术的交互影响。因此，武山水帘洞石窟艺术呈现出西域风格的遗韵、藏传佛教的影响以及中原主流画风等多姿多彩的艺术风格。

1. 西域风格的遗韵

武山水帘洞石窟艺术始建于北周明帝武成元年（公元559年），造像铭文记载公元559年，陇右大都督兼秦州刺史蜀国公尉迟迥敬造这处摩崖大佛的事迹。《周书》本传未载尉迟迥曾任“陇右大都督”、“秦州刺史”等事，但同书《明帝记》却载：528年“冬十月辛酉，（帝）还宫。乙丑，遣柱国尉迟迥镇陇右”。又载：559年“冬十月甲午，……以柱国、蜀国公尉迟迥为秦州总管”。《北史》本传说得更为明确，谓其曾“镇陇右。武成元年，进封蜀国公，邑万户，除秦州总管，秦渭等十四州诸军事，陇右大都督”。据《周书·尉迟迥传》记载，尉迟迥祖先为北魏贵族尉迟部落，“尉迟”为西域于阗国王族姓氏的汉译名称。有学者依据更多题记内容，结合文献资料，认为题记中的焦、权、梁、姚等姓氏为当地大姓，是活跃于秦州一带的羌、氐等西部少数民族共同参与石窟开凿的历史证明。[①] 由此也可以看出，武山水帘洞石窟艺术与西域文化的必然联系。

公元前3世纪中，阿育王弘宣佛教，佛教艺术自印度兴起。公元1世纪时，希腊式宗教艺术出现于犍陀罗，并向各国传播。2世纪时从阿富汗传入新疆于阗。与此同时，在以龟兹为中心的北路，克孜尔石窟里出现了

① 魏文斌、吴荭：《甘肃武山水帘洞北周供养题记反映的历史与民族问题》，载《2006年云冈石窟国际学术研讨会论文集》，文物出版社2006年版。

巴米扬石窟一派艺术，当它与龟兹风土人情相结合后，就形成了龟兹特有的菱格故事画。但龟兹艺术中仍然包含着印度艺术成分、阿富汗特色和波斯影响，而更重要的是汉画因素，因而形成了多元型的西域风格。西域风格造像的特点是人物面相丰圆，宽额大眼，直鼻薄唇，肢体粗壮，姿态端正，表情深稳恬静；人物的衣冠服饰及器物有西域式、印度式、波斯式。

拉梢寺大型浮雕一佛二菩萨巨像，其头顶肉髻低平，面部胖圆，五官宽大，但表情肃穆；双肩微耸，身穿紧身的通肩式袈裟，双手叠放在腹前，施禅定印。大佛的两侧分别站立着一尊胁侍菩萨，它们头戴宝冠，面形丰圆，神情和蔼可亲，双手捧着盛开的莲花，恭敬地奉向中间的佛祖。这两尊菩萨的上身显得胖大，肌肤袒露，装饰着项圈、臂钏、手镯、帔巾等物。从佛与菩萨的造型、佩饰、宝座等反映出拉梢寺佛像与印度佛像丰圆适中、深目高鼻、细薄而贴身的“湿衣”以及佛像脑后大大的光环具有明显的一致性。

大佛身下坐的方形仰莲高台座，自上而下分别雕出了九只卧狮、九只卧鹿和九头立象。莲花、狮、鹿、象，分别是佛教中象征洁净的名花和富有奇异传说的神兽，将它们结合在一起组成这极富装饰效果的佛座，既有笈多时期莲花狮子座的特征，又与中亚金属制品、木雕、纺织品等的艺术关系十分密切。有学者提出：“动物形象的多样和变化使人联想起中亚或西亚的原型对拼成这些动物形象的某些因素的分析，显露出它们与西亚金属制品、木雕、纺织品以及其他手工艺那些艺术因素的亲缘关系。”①

另外，武山水帘洞壁画中的供养比丘及供养人，多圆领窄袖胡服，女供养人圆领窄袖长裙，有些还配有牛车等物，此皆应为北周鲜卑族形象的真实写照，有着明显的西域少数民族绘画风格。如水帘洞 2 号说法图②中主佛足下各绘一身高髻、袒上身、下着裙、披帛绕肩穿臂、作胡跪状的供养菩萨。主佛下方两侧三身供养人第二、三身供养人头戴笼冠，身着圆领窄袖胡服，腰系带，下身宽裤，足穿圆口鞋，手持莲蕾，虔敬向佛而立。

此外，西域风格佛教壁画中的人物，均以朱红通身晕染，低处深而

---

① ［美］罗杰伟：《北周拉梢寺艺术中的中亚主题》，载巫鸿主编《汉唐之间文化艺术的互动与交流》，文物出版社 2001 年版，第 318 页。

② 甘肃省文物考古研究所、麦积山石窟艺术研究所、水帘洞石窟保护研究所编著：《水帘洞石窟群》，科学出版社 2009 年版，第 21 页。

暗，高处浅而明，鼻梁涂以白粉，以示隆起和明亮。这种传自印度的凹凸法，到了西域为之一变，出现了一面受光的晕染；到了敦煌又有所改进，并使之与民族传统的晕染相融合，逐步地创造了既表现人物面部色泽，又富有立体感的新的晕染法，至唐而达到极盛。正如画史上评吴道子的壁画时所说的“人物有八面，生意活动”①，“道子之画如塑然”②。所以，段成式赞叹吴道子的画是“风云将逼人，鬼神若脱壁”。③ 这样的形象，在敦煌壁画里比比皆是。这种源自西域的新的晕染法在武山水帘洞壁画中也比较多见。

2. 藏传佛教艺术的影响

公元 7—8 世纪，佛教分别由印度和中国汉区传入中国西藏，到 10 世纪中叶后成为藏语系佛教，后又辗转传到四川、青海、蒙古和俄国布里亚特蒙古族居住的地区。北传一系佛教在西藏与其原始宗教“苯教’结合，形成了藏语系佛教，故又称藏传佛教，俗称“喇嘛教”。

隋唐时期，活动于青藏高原地区的吐蕃政权开始强大起来，唐开元四年（公元 716 年）吐蕃进犯兰、渭（陇西郡今武山县）、秦诸州，公元 763 年吐蕃占据陇右。宋元时期，武山一带是两宋政权与西夏、金等政权对抗、相持的地区。作为古代中原地区通往西域和吐蕃的交通要道，这里也是吐蕃人的主要聚居地。水帘洞在元代修缮与重绘过程中，必然受到藏传佛教艺术的影响。在水帘洞、拉梢寺大佛两侧壁画中，佛与菩萨的造像、服饰都具有明显的藏传佛教造像与壁画的风格，并有密教内容的壁画存在。目前，可以看到明确受其影响的浮塑和壁画是散布在水帘洞与拉梢寺大佛崖上数量较多的覆钵塔。

覆钵塔是中印、中尼以及汉藏、汉蒙等多民族宗教建筑文化交融的产物，不同地区、不同时代其风格特征各不相同。这种塔大体上中部是略呈半圆形的覆钵体，在它的上面刻着高大挺拔的塔刹，塔刹分刹座、重叠的相轮、刹顶三个部分；覆钵的下面有一个高大的须弥座。这些浮塑塔的覆钵中部，一般都开一个方形的深龛，这是安放高僧骨灰的位置，因此它们

① （元）汤垕《画鉴·唐画》，文渊阁四库全书本。

② （宋）董逌：《广川画跋》卷六，《跋李祥收吴生人物》，文渊阁四库全书本。

③ （唐）段成式《酉阳杂俎续集·寺塔记上》。

仍然是属于坟冢性质的。在中国有确切年代的最早的一座大型喇嘛教覆钵式塔，是位于北京妙应寺的白塔，它是由元朝的佛教艺术大师阿尼哥亲自设计并主持修建的。著名的北海公园内的白塔虽然也是同一种类型的，但它却是以后清朝顺治皇帝时代建造的。

据记载，元代水帘洞石窟群一带喇嘛教香火是极其兴盛的，可以想象当时地上宏大的寺院，崖壁上巨型的浮塑、壁画，峭壁间庄严的塔林，组成了一个相当完美的喇嘛教佛寺体系。水帘洞原有浮塑覆钵式佛塔五座、现存两座，其余仅留残迹。[①] 如水帘洞1号、拉梢寺13、15、22号龛都有大小不等的石雕泥塑覆钵式塔，壁画上亦有元代重绘时的覆钵式塔。拉梢寺13号塔龛高2.18米，上宽0.29米，下宽1.24米，进深0.31米。龛内有石雕泥塑覆钵塔一座，塔通高2.15米，由三部分组成。塔基为四层依次递减的内收的方形台阶，下宽1.15米、上宽0.56米、高0.6米；塔身为覆钵形，高0.55米，直径0.63米，下有单瓣仰莲承托，塔身上为相轮13层，底部为束腰叠涩台基；塔尖由三部分组成，高0.37米，下面有楞锤状饰物，中间为圆形承露台，上部为摩尼宝珠。在塔身覆钵左侧残损泥皮断裂处，维修保护过程中见到填塞的墨书藏文纸片[②]，由此可以证明该覆钵塔确实是在元代重修时的藏传佛教塔龛。

3. 中原画风的体现

南北朝时期，在中国南部与北部地区，佛教及佛教艺术的发展都极其兴盛。早期擅长佛像的艺术家，有东吴的曹不兴、东晋的顾恺之、梁代的张僧繇、北齐的曹仲达等人，到唐代吴道子最为著名。起初他们主要是模仿从印度、阿富汗等地传入中国的佛教艺术样式。据记载，三国时画家曹不兴就是第一个临摹西国佛像的人。相继而来的是改造，即画史上所谓“改张琴瑟，变夷为夏”，即不照样模仿，而是“依经铸容”。除了各国通用的造像格式，佛的所谓行、住、坐、卧四威仪等而外，从思想内容、表现形式、人物造型、面相特征、衣冠服饰、神情风采，无不逐步改变，以适应中国各族人民的社会生活、文化传统、思想意识、风俗习惯和审美

① 甘肃省文物考古研究所、麦积山石窟艺术研究所、水帘洞石窟保护研究所编著：《水帘洞石窟群》，科学出版社2009年版，第17页。

② 同上书，第50页。

情趣。

画像是如此，雕像开始的情况也是如此。这其间，中国的艺术家们经过长期的精心研究，逐渐创立了自己的式样。如张僧繇和曹仲达就分别创立了“张家样”与“曹家样”，吴道子所画佛像样式，当时称为“吴家样”。他的衣纹处理方式被称为“吴带当风”，而“吴家样”是继“张家样”、“曹家样”之后的一种中国本土宗教绘画的艺术样式。宋代绘画评论家所说的“吴带当风，曹衣出水”，高度概括了这两种佛画样式在表现人物衣纹上的特点。“曹家样”的作品现在已经看不到了，但从现存的北朝雕刻风格上看，人物的衣纹大多为规则的垂直线构成，衣饰紧贴身体，体积感很明显，所以有“曹衣出水”之说。吴道子运用传统的线描，特别是他中年以后创造出遒劲奔放、变化丰富的“莼菜条”，能表现物像的“高侧深斜，卷褶飘带之势”，产生“天衣飞扬、满壁风动”的艺术效果。这些独具的佛教绘画风格，南北朝之后，成为中原石窟艺术的主导风格。

武山水帘洞石窟群，从总体上看，中原画风占主导地位，比如壁画中有些佛陀的造型，开始由早期采用印度袒肩或者通肩的形式，改为北魏末期士大夫“褒衣博带”式的服饰风尚。菩萨衣饰也由着披巾交叉于胸口转换为女性服装形象。再比如题材中千佛形象的出现和本生题材的减少（千佛洞、拉梢寺、显圣池、水帘洞都有面积不等的千佛壁画，其中以千佛洞面积最大），说明大乘佛教在武山地区的影响。这种题材的转换，是盛行大乘佛教的中原地区石窟艺术的主要特征。如大佛崖北周壁画《说法图》、千佛洞第十龛绘有飞天的菩萨，清秀潇洒、窄眉长颈，均为典型的中原画风。

线描造型是传统中国美术与西方美术的主要区别之一。武山水帘洞壁画创造性地发展了诸如“高古游丝描”、“铁丝描”、“兰叶描”等优秀的线描技法，并在线描基础上填上颜色，使这种艺术表现形式更加符合当地人们的欣赏习惯。

水帘洞石窟壁画是在原北周壁画基础上重绘的，其绘制手法主要以铁线描、兰叶描为主，赋色艳而不俗，具有“迹简意淡而雅正”的时代气息。大佛崖、千佛洞为宋元补绘。千佛洞在长约 25 米、深 8 米、高 25 米的不规则天然石洞的西壁上，保存了佛龛和壁画共 29 个单位。佛龛大部分是北周时期的作品，内容有一佛二菩萨二弟子、一佛二弟子、一佛二菩萨、三菩萨与二弟子、七佛、单身菩萨等不同形式。崖面上还有几方壁画，上方是千佛像，下方有说法图和侍立的供养菩萨、比丘形象。造型优美，结构严谨，用于表现诸天神灵和飞天的线描，皆为中锋所绘，圆润、丰满、朴厚，外柔而内刚，行云流水，极具韵律感。与潇洒清秀的人物形象的结合，天趣自然。其绘制手法极似宋代武宗元《朝元仙仗图》和《八十七神仙图卷》的风格，这种相似性，有可能是因为宋元时期补画的结果。如果将其中的部分壁画与武宗元的作品对读，会让你感觉极其相似。据记载，宋元以降，在寺院画工群体中流行一种小样制度，或用于修缮、补绘的底稿，或作为师徒传授的样本，传说就是以武宗元的《朝元仙仗图》、《八十七神仙图卷》两件作品作为画工们的范本小样，具有鲜明中原风格。在崖面上，满绘了排列整齐的佛与二菩萨说法图，或者是千佛、飞天等，这些壁画的人物造型夸张、比例严谨、用笔细致、姿态生动、衣纹畅快、气势雄伟。

显圣池石窟在拉梢寺东南约一公里处，也是一处天然的石洞，它的平面近似于半圆形，深 17 米、宽约 54 米、高 20 米。窟内的崖壁上原来是绘满了壁画的，现在仅存南壁上的说法图和千佛等。正中的说法图是由一佛二弟子四菩萨所组成的，佛的上方绘着四佛像，胁侍菩萨的旁边还有三方说法图。这些残存的壁画，依稀可见其线条的委婉与色泽柔美，是武山石窟艺术群体中能够体现中原画风的重要部分。

美学家高尔泰在谈到敦煌石窟时认为："文艺风格的递嬗、包含着某种历史的信息。这个变化的曲线值得研究。……奇怪的是，这样曲线运行的轨迹，会与内地（从中原到江左）的大致符合，例如魏窟粗犷略似建安风骨；唐窟华严正如盛唐之音；宋窟清空也像受了程朱理学的影响；元以降愈趋世俗化的倾向，也同内地曲子词、小说家言的流行相呼应……敦煌孤悬天末，政治经济各方面的发展，都比中原慢好几拍，为什么其艺术基调的变迁却能与之同步，也是值得研究的问题。"① 统观武山水帘洞石窟艺术的风格特点，总体上与我国境内石窟艺术的民族化进程也是相一致的，它的丰富与多元，正好说明这一地区社会文化的繁荣与发展。

---

① 高尔泰：《寻找家园》，花城出版社 2004 年版，第 19—192 页。

三　武山水帘洞石窟艺术的技艺之美

武山水帘洞石窟艺术的造像与壁画技艺有两个主要的来源：一是西域传来的表现技法，如造像法式与壁画的凹凸法等等；一是中国传统的壁画技法，具体而言就是中原塑像与线描画法。他们在建造水帘洞石窟群时，因地制宜，在石质疏松、便于雕刻的鲁班峡一带，开龛造像。武山水帘洞石窟群中的壁画制作方法，造型、线描、构图、赋彩、传神等表现技法具有鲜明的民族特色，充分体现了关陇地区佛教艺术民间工匠们的智慧与高超技艺。

1. 高超的雕塑技艺

武山水帘洞石窟群所处的地质构造属沙砾岩，其结构疏松，易于开龛但难于造像，因此其造像主要分为石胎、木胎浮塑、半圆雕悬塑和圆雕悬塑三大类。所谓石胎浮塑，就是泥塑或浮雕内为岩体，表层再敷草泥于石胎，待塑出基本的形体结构之后，再用麻泥塑出各细部形态，最后装色敷彩成像，如拉梢寺释迦牟尼佛及二胁侍菩萨像。这组造像通高四十三余米，是一项极其浩大而又体现工匠高超技艺的工程，为了减轻泥层重力导致的佛塑脱落，工匠们采用了大体大面的雕塑手法，因此确保了该巨大造像在自然崖壁上屹立千年而完好。同时为了突出佛的尊贵与崇高，加强观赏者的视觉效果与心灵震撼，在佛座以及胁侍菩萨造型的处理上可谓独具匠心。大佛对面的山崖有一观佛台，距大佛很近，佛座如果按常规处理，必然影响佛像的雄伟气势，于是他们加高了佛座。这个高度为 20 米的佛座分别由莲瓣、雄狮、莲瓣、卧鹿、莲瓣、白象六层间隔组成，庄严华美，在世界佛教艺术作品中实为罕见。在二胁侍菩萨造型的处理上，巧妙运用上大下小的透视方法，即下身比较瘦小，穿着的百褶长裙既是装饰，又有延伸视线，增强透视的作用。这可能是从仰视的角度出发，对这两尊立菩萨像所作的特殊处理，因为信徒们如果站在下方瞻仰这三位佛教中的圣人，就不会感到它们的比例失调，相反，无论观赏者从崖下仰视抑或从对面山崖观赏台观赏，都能使观赏者感到佛像协调的比例与优美的造型。

半圆雕悬塑与圆雕悬塑是在垂直的崖壁上打孔立木桩，以木构骨架作为内部支撑物的塑像。其制作方法是根据塑像的大小和动态，制作相应的木构骨架，在木构骨架上绑扎草、芦苇等做成草胎，再于草胎上用粗泥

（麦秸泥）塑成基本形态，然后用内掺碎麻或棉花的细泥塑出尊像的细部，有的还要装上预制的构件，如头饰、手指以及各种装饰品等，待泥层干燥后再装色敷彩完成。如千佛洞 14、15 号龛等。

古代艺术工匠们在自然条件极其艰苦、物质条件简陋的情况下，创造出来的杰出的艺术作品，不仅“挖、塑、贴、压、削”等技术手段精湛高超，而且其造像比例匀称，造型优美，堪称陇右石窟艺术的典范，充分体现了关陇地区佛教艺术和民间工匠们的智慧与高超技艺，因此具有十分重要的艺术价值。

2. 丰富的壁画技法

（1）构图与造型

中国几千年来绘画艺术积累了丰富的构图法式。在宗教壁画艺术中，就其外在呈现方式而言，其构图一般多采用主体式、横卷式、立轴式和三联式四种[①]。从壁画内容的展示方式与表现手段来分类，又可分为单幅画、异时同图单幅画、连环画三种。单幅画即以一个画面表现故事的一个典型情节。如敦煌壁画 254 窟《难陀出家缘》、285 窟《化跋提长者及姊因缘》等。异时同图单幅画就是在同一个画面上表现不同时间、不同地点的若干情节，如 254 窟《萨埵太子本生故事》，61 窟、454 窟《太子学艺》等。连环画即依时间、地点顺序发展，情节完整而曲折，并且具有不同延伸方式的绘画形式，如 257 窟《九色鹿本生故事》、296 窟《善事太子入海品故事画》等。

以上组织形式在构成关系上主要依据三种法则，一是平视法，依水平与垂直线布置景色，一切都作平视，如画中的人物、景色，互不掩盖、重叠，突出其平面性与装饰感，且能任意向四周伸展，增加其构图的连续性与自由度。二是立视法，以 45 度斜线作为形象侧面和顶面的依据，使所表现的画面辽阔探远，建筑气象宏伟，室外室内尽收眼底。这种以大观小如人观假山的空间观念多应用于天宫、寺院、屋舍等建筑画和经变、说法图的描绘中。三是平视与立视并用法，一般是指建筑、庭院等呈现俯仰变化，但人物树木及其装饰物皆以平视组织安排的结构方式，其特点是画面丰富多样，有强烈的艺术感染力。这样的壁画构图方式，不仅有很强的装

① 季羡林主编：《敦煌学大辞典》，上海辞书出版社 1998 年版，第 219 页。

饰性，还有一个共同的特征，那就是最大限度地打破了自然和视觉上的局限性，扩大了时间与空间上的自由度，从而使“百里之遥，尽收眼底”，“异时故事，同图发生”。

以上构图法式，作为优秀的传统，在武山水帘洞石窟壁画艺术的创作过程中，曾被陇右民间工匠广泛应用，并突出体现在布局丰富性与统一性之中。水帘洞石窟群的壁画大多与同一崖面上的小龛、塑像、浮雕为一体，整个壁面主次分明、排列有序给人以内容充实、气魄辉煌的感觉，集中反映了北周石窟文化的全貌。如水帘洞大佛崖、千佛洞、水帘洞、显圣池较大幅面壁画的制作，均是巧妙地采用了上述装饰性构图原则，将大佛、胁侍菩萨、弟子、力士等作为构图的中心，再将一排排千佛像、飞天、动物、花卉等充分运用对称、均衡、反复、重叠等手法，疏密有致、轻重适宜地依次延伸开去，在变化中寻求统一，在整体中又有冲突，从而展现为一幅幅气势宏大的宗教场面。

武山水帘洞石窟群的早期壁画内容主要以佛陀、千佛像、说法经变图、众多的菩萨像、飞天像为主，晚期则以儒、道人物及劝善故事的壁画较为普遍。就佛及一切尊者造型特征而言，武山水帘洞石窟中壁画艺术的造型，依佛教经典与宗教仪轨，其尊像或称瑞像都是人间最理想的身相，是一切圆满具足的“三十二相”、“八十种好”的瑞相①。如拉梢寺大佛崖、千佛洞、水帘洞、显圣池壁画中的佛的造型，都是依据“相”与“好”的观念创作的。“相”是标志的意思，即所谓的“大特征”，“好”是妙好的意思，即所谓的“小特征”，故“相好”一语，即是佛在造像上美好极致的特征变化。由于所有的特征变化都是人的理想化与神格化，所以在选择形成过程中又都体现出明确的观念化倾向。譬如人们依据自然理念作为造型原则，要求佛的臂弯曲如象鼻、胸膛如狮身、手如兰花（或豆荚），足如睡莲，面呈卵形，眉如榛树之叶。女性鼻如胡麻叶，下颌如芒果核，眼之美如锦鸽等等。

另外，尊像的特征又大致被分为以下六种：一是印相，是诸尊为表示内心意志，显现于外的手指相，如禅定印、降魔印、转法轮印等。二是衣相，佛教诸尊的着衣相，如大衣相（身披袈裟），略装衣像等。三是“相

① 季羡林主编：《敦煌学大辞典》，上海辞书出版社1998年版，第156页。

好”，即“三十二相”、“八十种好”。四是庄严，即端庄严正的尊像。五是净土相，以灵鹫山净土为背景讲述《法华经》的尊像。六是胁侍相，就是释迦如来像左右两胁的菩萨，以助释尊教导众生的“大士”等。此外还有结跏趺坐法轮像，或双足相叠而卧的涅槃像等等。武山水帘洞四个单元的佛像除具备上述几种基本特征之外，多以坐像、立像、依坐、交脚佛为主。菩萨也以坐、立、依坐、交脚、左舒相、右舒相为其主要特征。

总体来看，北周是水帘洞石窟群的早期阶段，石窟壁画艺术的造型特征最早是伴随着印度佛教艺术的东渐传播而受其影响，并随着佛教在中国的式微而结束，体现出了外来佛教艺术逐渐中国化的过程。因此，壁画中佛、菩萨、罗汉、各类尊者及供养人的形象出现了许多风格面貌上的变化。表现在造型上则是一扫北魏以来近半个世纪之久的那种清俊秀美、面含微笑而又潇洒俊美的“秀骨清像”模式，代之而起的是一种受蜀地南朝造像影响之后的圆润饱满，质朴敦厚，神情庄重肃穆，含蓄深情而又充满活力的艺术形象。水帘洞石窟群中的北周造像，以其概括简练的手法，豪放圆润的造像，体现出一种崇高庄重的气质和神韵，具有鲜明的时代特色。

武山水帘洞壁画的组织形式与构成关系既丰富多样又具有宗教艺术程式的倾向。佛的尊像都居于壁画中央的显著位置，单身尊像多采用立轴式构图，或身着袈裟，左臂屈于胸前，右臂下垂，手指呈各种“印相”；或坐金刚座上，莲花承足，作说法状，周围配以各种饰物，如台座、光背、天盖、宝冠、璎络、环钏等。另外还有千佛等“群像式”构图，此类构图多以东、西、南、北方位而定，或以红、绿、蓝、白诸色有规律交叉配置，皆布局严谨，气氛庄严。最值得一提的是诸佛说法图，其构图多采用“三联式”或通壁甚至四壁布局，内容以说法为主体，左右有胁侍菩萨、弟子、天龙八部护法围绕听法，上有宝盖，两侧有展臂翱翔的飞天，地上树木繁茂，池水碧绿，莲花盛开。如水帘洞2、6、7号说法图，拉梢寺摩崖浮雕及壁画，千佛洞5、7、14、34号等以及显圣池佛说法图壁画等，其宏大富丽的构图与设色，无不展示出一幅充满人间情趣的佛国画卷。

（2）线描与赋彩

中国绘画用线作为主要表现手段的历史悠久，新石器时代的彩陶纹饰、《孔子家语》记载周代宫室绘制的有劝诫功能的历史人物、长沙出土的战国时期楚国帛画《人物御龙》和《人物龙凤》等，皆用线细劲，已是娴熟的线描作品。

魏晋南北朝时期，线描开始脱出形的束缚，显露出体势与风格的变化。他们熟悉笔性，利用提、按、轻、重、徐、疾等书写笔法所呈现出来的线条变化，将以往匀速用力的线条变成可以表达情绪节奏，表现体面转折样态的线条。出现卫协、顾恺之、陆探微、张僧繇等绘画大师，他们一个个都是线描高手。卫协作画，意在人物的情势，他的画“巧密于情思”；顾恺之注重人物的神采，画风“紧劲联绵”，人物用线如春蚕吐丝，流水行地；陆探微强调人物的风骨，曾吸收草书的笔法，“作一笔画，连绵不断”。他笔下的人物，“秀骨清像，似觉生动，令人懔懔，若对神明”①。他们的画风一脉相承，都有紧劲联绵、笔迹周密的共相，史称“密体”。梁朝宫廷画家张僧繇尝试吸收印度笈多画法来绘制佛寺壁画，他笔下的人物，笔简而神全，相圆而色艳，因此唐张彦远评鉴为“笔才一二，而像已应焉”。疏体人物画，自张僧繇辈出，简易标美的人物新画风就得以在南梁、北齐流行开来，疏、密二体，提供了中国画表现的两个向度。密体吸纳书法的用笔，首开以书法入画法的风气，推开了日后绘画书写性的大门；疏体在吸收外来艺术手法的过程中强化了线条的结构功能，打开了简笔画的成长空间。二者的作用很快在唐宋绘画中得以体现。

南北朝时期，在壁画的赋色方面也有较大的变化，开始将印度传入的以明暗晕染表现立体感的叠色法逐渐变化为中国传统的色晕法和平涂法。这种方法相对简单，与印度凹凸相反，只是在面部两颊及上眼睑渲染一团红色，既表现红润色泽，又有一定的立体感。这种方法起自战国，西汉已很成熟，比西域晕染法更简略。壁画施色以耐久的矿物质石青、石绿、土红为主，画面清新明快，肃穆凝重。5 世纪末进入敦煌壁画，与西域明暗法并存近百年，至 6 世纪末的隋代，才融合中西为一体，以色晕为主，又有明暗渲染，至 7 世纪初的唐代色彩更加饱和富丽，五代宋元时期赋色风格又开始变得淡雅清秀。

唐宋时期，吴道子的画风影响深远，吴道子用线极致的白描作品和略

① （唐）张彦远：《历代名画记》卷二《论顾陆张吴用笔》，人民美术出版社 1963 年版，第 35—36 页。

施微染的线描通称之为“吴装”。唐宋时期的道释人物白画有相当数量的留存，敦煌石窟壁画和藏经洞发现的白画，其中都透着活泼如生的特点，诚如鲁迅先生的评语：唐人线画，流动如生。入宋由武宗元、李公麟二位画家将吴道子画风发扬光大。武宗元以吴道子画为范本，长期揣摩临习，终得吴画精神。他的《朝元仙仗图》中的人物线描，确有“冕旒俱秀发，旌旆尽飞扬”的吴画气象。武山水帘洞石窟群中千佛洞崖面上行云流水，极富韵律感的壁画就颇具武宗元画风。千佛洞 34 号壁画原为一铺大型的说法图，现仅存其右侧的一菩萨及四弟子像，菩萨仪态雍容华贵，构图简洁明快，赋彩简淡清雅，人物形象既重视造型的真实生动，又能突出不同人物的个性特征。在线描技法的运用上，创作者根据物像的不同特点，巧妙地运用铁线描、兰叶描和游丝描等手段使作品生动活泼而富有表现力。

水帘洞石窟中的壁画原绘于北周，宋元时期有过重绘。其特点有三：一是技法的多样性，包括白描、工笔重彩、沥粉贴金等，将佛教壁画法相庄严、震慑人心的特点表现得淋漓尽致。同时，鸟兽的人格化和拟仙化手法的运用（如拉梢寺莲台之下的浮雕、壁画合体），也增强了说教的感染力。这一时期的石窟壁画正处于上述摆脱西域“屈铁盘丝”的线条和凹凸晕染法之后，在壁画的绘制方面特别注意线描的运用，同时也考虑到色彩的协调，色彩艳丽，线描清晰、挺拔、劲朗，是典型的铁线描法。飞天的颜面、肌肤全用白色平涂，衣裙飘带则多用红色、绿色，形象十分飘逸，有明显的地域风情特征。同时，在壁画绘制过程中民间画工还尝试以中原绘画的赋色方式，多以劲健有力的朱色线条起稿，勾勒出人物的基本轮廓，然后敷色，再以墨线起稿，无论朱线起稿或墨线定稿，工匠们几乎都能达到“笔不妄下”的纯熟与自如程度，令人叹为观止。水帘洞 4 号壁画与 11 号壁画，是两幅较为突出的中小型佛说法图，虽已残缺不全，但就其现存比较完整的菩萨像来看，不仅造型准确生动，浓淡相宜，而且其线描劲健舒畅如行云流水，菩萨面部及双颊的晕染朴实自然，线条流畅，极具腕力。显圣池隋代壁画继承了北周绘画技法，无论构图形式或线描施色等方面都与北周时期的绘画没有太大的差异，一些供养人的服饰则更具时代特征。

水帘洞石窟群北周壁画在线描的技法上除使用笔力劲健的铁线描之外，线的形态也在变化，尤其是在表现衣纹的长线中已孕育着圆润飘逸而更富有变化的兰叶描，使其表现力更为丰富。水帘洞石窟群中宋、元补绘壁画多是在前代原绘壁画的基础上完成的，既体现了原绘的神采，同时，其线条劲健连绵，流畅自如，与北周原作佛说法图中的佛像在风格上基本保持一致。

元代在水帘洞石窟群中的壁画主要留存于拉梢寺和千佛洞。大佛右侧崖面上之千佛像是由一排排排列有序的一佛二菩萨组成的大场面制作，其人物组合别致新颖而富有创意，其线描技法纯熟，笔力圆转流畅，整个构图体现出一种严整规范的特色，施色多用红、黄、白、石青、黑等色，画面气势恢宏，华美庄重，极具审美价值。

（3）气韵与传神

历史上的魏晋南北朝，不仅是佛教石窟艺术的鼎盛时期，也是中国绘画理论与绘画史开始创立的重要时期。在此之前，画论只有零星片断，东晋顾恺之的画论和晋、宋之际宗炳《画山水序》、王微《叙画》是现存早期的画论著述。东晋画家顾恺之认为："传神写照，正在阿堵中。"①"阿堵"即指眼睛，眼睛是人心灵的窗口，是人性情表达最明显的部位，所谓"传神"就是在作品中表现人的神态、神情、风姿和神采，就是通过人的外部形象揭示人物的内心活动和精神境界。人以眼传神，多被古代画家所注重。

之后南齐谢赫在他的《古画品录》中又提出了古代品评人物画的六项标准②，即气韵生动、骨法用笔、应物象形、随类赋彩、经营位置、传移模写。这些标准被统称为六法，其中气韵生动讲意蕴；骨法用笔讲笔力；应物象形讲写形；随类赋彩讲色彩；经营位置讲布局；传移模写讲临摹。而"气韵"是"六法"的核心，意指艺术作品整体美感效应，要求画家以鲜明生动的形象充分表达出人内在的精神特质，以达艺术审美理想的最高境界，故而后人将"气韵生动"、"骨法用笔"列为六法之首，并在实践中使"六法"贯穿于绘画的各个领域，使原本限于人物画标准的"六法"成为长期规定中国画创作和审美评价的客观标准。

① （南朝·宋）刘义庆：《世说新语》（下卷）（巧艺）第二十一，中华书局1983年版，第722页。

② （南朝·齐）谢赫：《古画品录》，上海古籍出版社1991年版，第1页。

在魏晋南北朝特定的历史与文化环境下，其绘画理论在武山水帘洞壁画中同样得到了充分的体现，因为在当时的绘画领域，无论何种题材，何种人物，都是为了表现主体的内心活动，所以佛教壁画的线描和色彩的运用，无一例外都是为了达到“以形写神”，进而以气韵生动的绘画效果感染观众，最终实现其传教化、助人伦的根本目的。

从现存于水帘洞、千佛洞、拉梢寺和显圣池各个时期的壁画分析，因崖面不易过多地开凿佛龛之故，各窟均以大面积的壁画来填充壁面，无论是佛说法图或千佛像等大多选择了大体大面的绘制方法而形成了一种气势恢宏的场面。如水帘洞 2 号壁画、显圣池 3 号壁画和拉梢寺大佛两侧壁画等，均属此类。

水帘洞石窟群中的壁画以北周和隋代较多，这些壁画中的佛、菩萨像十分注重对人物的神情与精神内涵的描绘，那种平静、安详和凝重的神韵，也在一定程度上体现出当时社会中美的典型。而且，壁画造型简练，线描奔放，赋色艳而不俗，具有一种“迹简意淡而雅正”的强烈时代气息。

宋、元时期武山水帘洞石窟群中的大多数单元内的壁画曾进行过大规模的修缮、补绘或重绘，就现存的题材来看，多以一种构图严谨、题材单一的佛说法图为主，并兼有千佛、七佛、弟子、飞天、供养人等。壁画中的形象，不仅在用线赋色方面皆尽精妙，其严谨的构图，造型的准确，流畅的线条，鲜明的色泽无不体现出各自时代特有的神韵与风貌。从技法上看，壁画在修缮过程中，画面施色多以朱红、石青、石绿、淡黄、淡青及白色为主，色彩浓淡相宜，极少晕染。由于在施色之后，人物形象及轮廓容易有模糊或不清之感，于是工匠们在保持北周壁画原貌的基础上，根据人物个性和物象的不同特点，灵活运用高古游丝描、兰叶描等中国传统的线描手法，进一步以墨线或朱线对人物的五官、形体及服饰等作精心的勾描和定型，使得人物神情的刻画更加突出传神。

由此可见，水帘洞石窟群中的造像与壁画是古代的艺术匠师们根据当地岩石结构特点，因地制宜采用多种雕塑与壁画的技术手段创造出来的佛教艺术精品。水帘洞石窟群中的壁画制作方法、构图、造型、线描、赋彩、气韵、传神等表现技法，极大地丰富了古代秦州一带佛教艺术的形式和内容，充分体现了关陇地区佛教艺术民间工匠们的智慧与高超技艺，这些艺术作品也是我们伟大民族艺术宝库中的重要组成部分。

四　武山水帘洞石窟艺术的环境之美

宗教的传播必须有特定的场所，于是宗教建筑便应运而生了。佛教建筑艺术自印度传入中国，其建筑样式主要有两种：一种是寺院建筑，包括寺院内的佛殿、佛塔、僧舍、园林等；一种是指依山开凿的石窟。无论寺院还是石窟，它们与自然环境的关系从来都是十分密切的，在某种程度上说宗教建筑也是环境的艺术。环境可为石窟造像提供合适的场所，烘托造像的艺术效果。所谓“自古名山僧占多”，杜牧曾在诗中所描绘的“南朝四百八十寺，多少楼台烟雨中”的情景，便是佛教建筑与环境关系的最佳注释。寺庙如此，石窟环境也几乎无一例外地选择在远离闹市的山清水秀之处。

从东汉以来中国佛教发展的总形势看，魏晋南北朝时期，佛教石窟集中地建立在甘肃、山西、河南等地。之所以在这些地区出现大量的石窟寺建筑，大致有两个共同的原因：一是该地都是长期饱受战乱之苦的地区，也是“丝绸之路”的沿线地区；二是都具有建造石窟造像的自然条件。这两个因素中，前者是开凿石窟寺的内在需要，后者则是石窟寺开凿的客观条件。

甘肃石窟群沿“丝绸之路”自西向东又大体分为五个石窟群：即敦煌石窟群、河西石窟群、陇中石窟群、陇南石窟群、陇东石窟群。[①] 武山水帘洞依照地理位置，被划定在陇南石窟群中。陇南石窟群是以麦积山石窟为主体，包括麦积山附近的仙人崖石窟，甘谷的大象山石窟和华盖寺石窟，武山的木梯寺石窟、水帘洞石窟、禅殿寺石窟等。这里是黄河上游渭河流经的主要区域。从地质状况来看，属于中国西北部的黄土高原地带，有的地方黄土厚达一百余米，绝对海拔较高，而相对高差不很大。境内的黄土层中沟壑纵横，在被河流冲刷和沟壑深切的黄土层下面，暴露出了沉积岩的地质结构。这种沉积岩又称红砂岩，石质柔细，很容易进行雕凿。武山水帘洞石窟群恰好就处在这样一个特殊的地区，于是，古代僧侣们在这一地区就选择了一些河流两岸与沟壑崖间的红砂岩断面，开凿了麦积

① 胡同庆、安中义：《佛教艺术》，敦煌文艺出版社2004年版，第2页。

山、水帘洞等为数众多的石窟寺。

武山水帘洞石窟群所处的地质环境为丹霞地貌，地质学家认为，有陡崖的陆相红层地貌称为丹霞地貌（Danxia landform）。丹霞地貌主要分布在中国、美国西部、中欧和澳大利亚等地，以中国分布最广。丹霞地貌主要由红色砂沙岩层构成，砂岩因河流深切可形成顶部平齐、四壁陡峭的山峰，或被切割成各种各样的奇峰，有直立的、堡垒状的、宝塔状的等。在岩层倾角较大的地区，岩层沿垂直方向发生大面积崩塌，则形成高大、壮观的陡崖坡、石壁，壁上常发育有沿层面的岩洞等。武山水帘洞石窟群就镶嵌在这样的自然崖壁与天然洞窟之中，这里山势雄伟，风光绮丽，丰富的地层及众多的褶皱和断层，构成了其特有的“雄、奇、险、秀、幽、旷”等自然特征。水帘洞及其周边有着无数的奇峰异石，这些形状各异的山峰，为当地的民众提供了异常丰富的感受和联想空间，他们依其想象与传说，将这一带的山川地貌分别命名为：一线天、试斧山（传说鲁班在此试锯、试斧的地方）、莲花山、象鼻山、笔尖峰、单乳峰、圣贤壁等等。鬼斧神工般的自然环境也因此与早期佛教出世之思在这里和谐相融，于是这里便成为佛教徒“静坐默念，发明佛心”的首选之地。据《武山县志》记载，后秦僧人、译经家鸠摩罗什从龟兹到姑臧（今武威），途经武山地区，后到达长安，在水帘洞曾建过梵宫僧舍，于是武山水帘洞便从此声名远播。

武山水帘洞石窟群地处渭河上游的干旱地区，这里气候干燥，年降水偏少，加之壁画与造像的选址均为前倾的崖壁与天然的洞窟，于是便为石窟壁画及造像的完好保存提供了极好的自然条件。武山水帘洞石窟群中的显圣池、拉梢寺、水帘洞、千佛洞石窟就依次镶嵌在这幽静深邃的峡谷以及高耸入云的沙砾岩壁面上。其中的水帘洞位于莲花山一块内凹的崖壁平台上，台地东西约100米，南北约40米，是一个约50米长、30米高、20米深的拱形自然洞穴。每当雨季，洞顶、洞壁泉水、雨水一齐涌出，洞檐流水如注，恰似珠帘，故称水帘洞。洞内有四圣宫、观音寺、南殿、菩萨殿等多座建筑，各殿、台、亭、阁依自然岩洞有开有合，错落有致，工艺精巧。水帘洞的崖面上保存着北魏、隋、唐、元各代的佛教巨幅壁画。整个洞内楼台、泉石、雕塑、画像相辉相映，大有天然布景之趣。拉梢寺与水帘洞隔山相对，是一面巨型摩崖，陡峭的崖壁上有浮雕三尊，中间的大佛高达四十余米，两旁是手持莲花躬身肃立的胁侍菩萨。佛坐莲台上，莲瓣间层刻有狮、鹿、象，或站或卧，排列对称，雕琢古朴，形象生动，造型艺术水平较高。周围诸多佛龛伫立着宋代小佛像以及大量的壁画。崖面上部向前突出，有元代加筑的雨檐以蔽风雨。千佛洞、显圣池均为天然洞穴，现残存砂崖面雕像和壁画，造像丰满，神态各异。特别是菩萨像丰盈秀美，颇具北周特点，部分造像含有西魏遗风，是研究我国早期石窟艺术的重要资料。其周边群峰环抱，绿树掩映，漫山遍野的奇花异草，构成了其独特壮丽的自然与人文景观。

如果说水帘洞石窟是一座集雕塑、壁画、建筑于一体的综合艺术的话，那么应该说历史、自然也都参与了它的创造。武山水帘洞石窟群东临麦积山，西望炳灵寺，造像风格一脉相承，但又独具特色，它把浮雕、窟龛、悬塑、壁画相结合，融北魏、北周、隋、唐、五代、宋、元、明、清各代佛教文化于一体。武山水帘洞石窟虽经岁月的磨砺与人为的破坏，其自然与人文景观已让人无法追忆当初“五台七寺”的辉煌壮丽景象了，但诚如著名美学家高尔泰先生曾经面对敦煌莫高窟时所感慨的那样：“那荒野神奇而又深藏若虚的自然景观，不是更增添了它摄人心魄的艺术魅力吗？那些壁画积淀着岁月递嬗的印痕，或深或浅都成了牛黄调子。加上部分变色、褪色、斑驳剥落，隐显之间，倒反而更加丰富，更加奇幻。其沉郁浑厚处，光怪陆离处，更是出乎意表，非人力所能及。正如当初锃亮闪光俗不可耐的祭器，后来变成了绿锈斑驳，古朴凝重的青铜文物。大自然的破坏力量，在这里变成了创造的力量。鬼斧神工，此之谓乎。”①

第二节　武山水帘洞石窟艺术的宗教文化价值

石窟艺术的宗教文化价值，主要体现在其宗教教义是通过艺术化、形象化的语言方式进行传播的。在中国宗教史上，由于信仰和义理不同出现过许多宗教派别，如道教、佛教、伊斯兰教等。且不说各种多神教中的神灵，大多是拟人化的形象，就是一神教的伊斯兰教，声明禁止偶像，但是

① 高尔泰：《寻找家园》，花城出版社2004年版，第181—182页。

真主仍然是有感情意志、能赏善罚恶的唯一至上神，它不仅是形体的拟人化，而且是精神的拟人化。中国的佛、道二教，其净土仙界，固然有生动的刻画；其地狱冥界，更着力于形容描绘，使人毛骨悚然，不敢为恶。石窟艺术要以情动人，就必须用生动具体的形象和情节，用人们可以感受的富有色彩的语言，去感动受众。

武山水帘洞石窟群的总体面积虽然并不大，但这里却汇集了不同时期佛教、藏传佛教、道教以及民间宗教的建筑、雕塑、壁画等宗教艺术内容。由于宗教艺术中的造像、壁画等对于信仰者而言，并不是一般意义上的审美要素，而是一种超越现实的存在，是一种独特的宗教体验。因此，武山水帘洞石窟艺术所具有的完整、多样、丰富的宗教艺术形式，对于多民族聚居地区宗教文化的传播具有独特的宗教文化价值。

一 佛教的传播与武山水帘洞石窟艺术

佛教自公元前6世纪至5世纪在印度创立之后，就开始向世界各国传播。西汉张骞通西域后，东西交通日渐畅通，经济文化交流日益频繁，形成了著名的“丝绸之路”。北传佛教及佛教艺术正是通过这一通道，越葱岭，渡流沙，穿越河西走廊，向中国内地传播。由中国新疆的拜城、库车、焉耆、吐鲁番，甘肃的敦煌、永靖炳灵寺、天水麦积山、武山水帘洞，山西大同云冈和河南洛阳龙门等地，联成一条漫长的佛教石窟艺术的纽带。沿着这条道路带来的石窟寺艺术的种子在中国广阔的土地上开花结果，形成了一个广阔的、星罗棋布的石窟寺格局。

武山水帘洞石窟群始建于北周，北周时期也是中国历史上佛教最为兴盛的时期。据史料记载，北周闵帝元年（公元557年），宇文护以魏恭帝拓跋廓诏，禅位于周。正月，周公宇文觉即位，即北周闵帝。终魏世，“佛经流通，大集中国，凡四百一十五部，合一千九百一十九卷。正光已后，……僧尼大众二百万，其寺三万有余”[①]。也就是说，在公元557年，宇文觉在废西魏恭帝建立北周到隋文帝统一全国的25年统治期间里，不仅“南清江汉，西举巴蜀，北控沙漠，东据伊瀍”[②]，统一了北方，并且

① （唐）令狐德棻：《魏书》卷一一四《释老志》，中华书局1971年版，第3048页。

② （唐）令狐德棻：《周书》卷二《文帝纪下》，中华书局1971年版，第38页。

在统治期间大力倡导佛教"周朝诸帝，并常立寺。有大陟岵、大陟屺二寺为明帝下诏所营造。国家年别，大度僧尼。其时沙门昙延、道安，世号二杰。译经僧人则多得宇文护之赞助"[①]。至武帝废佛时，还俗的僧尼就有300万人，可见佛教之兴盛。

北周时期也是我国佛教艺术发展的一个崭新阶段，武山水帘洞石窟群与陇右其他北周时期的石窟，尤其是麦积山石窟具有共同的特征，即在佛教艺术风格方面上承魏晋以来的精华，下启隋唐民族特色，处于一个非常重要的变革时期。在统治者的提倡下，来自长安的秦州地方显贵也都崇信佛教。《辩正论》卷四《周太师柱国蜀国公尉迟迥》称尉迟迥"勋高效重，所在难方，崇善慕福，久而弥著，造妙象寺，四时无阙，三学倍增"[②]。公元559年（北周武成元年）乙卯"冬十月甲午，……以柱国、蜀国公尉迟迥为秦州总管"[③]，水帘洞拉梢寺壁画题记载其开凿年代为"大周明皇帝三年"，即北周明帝武成元年（公元559年），开凿该窟的功德主正是当时统领秦、渭两州军政事务的大都督尉迟迥。由此可以看出，武山水帘洞石窟开凿时佛教在当地的盛况，以及秦州总管尉迟迥崇佛并开凿石窟的历史事实。

隋唐时代，全国统一，政治经济大发展，佛教蔚然兴起，极大地丰富了造像与壁画的内容。且不说各种域外风光及世俗民情使人耳目一新，单就题材而言，就新添了变相画、经变画等品种。这种经变、变相的创作，至唐而臻于极致。这一时期，武山水帘洞石窟群有小范围的开凿与修建。公元581—618年，即隋开皇元年至大业十四年，显圣池进行了开凿造像。[④] 武山水帘洞石窟群中的拉梢寺经变画、楼台亭阁、金碧辉煌，呈现出一派歌舞升平的欢乐景象。五代十国、宋、元时期，武山一带是许多少数民族对抗、相持、聚居的地区，也是茶马互市的重要地区，经济繁荣，佛教兴盛，水帘洞石窟壁画艺术在此期间曾进行过整体修缮与重绘。明清

---

① 汤用彤：《汉魏两晋南北朝佛教史》，北京大学出版社1997年版，第378页。

② （唐）释法琳：《辩正论》卷五《周太师柱国蜀国公尉迟迥》，台湾新文丰出版公司1987年版。

③ （唐）令狐德棻：《周书》卷三《孝闵帝纪》，中华书局1971年版，第58页。

④ 甘肃省文物考古研究所、麦积山石窟艺术研究所、水帘洞石窟保护研究所编：《水帘洞石窟群》，科学出版社2009年版，第119页。

时期，武山水帘洞石窟的宗教活动范围进一步扩大，据文献记载，该地区内分布有五台七寺，宗教活动十分兴盛。

综上所述，武山水帘洞石窟为研究各个历史阶段陇右佛教文化的传播提供了极其重要的实物资料。

二　藏传佛教与武山水帘洞石窟艺术

唐初北传佛教在西藏与其原始宗教“苯教”结合，形成了藏语系佛教又称藏传佛教，俗称“喇嘛教”。这一时期，活动于青藏高原地区的吐蕃政权开始强大起来，唐开元四年（公元716年）吐蕃进犯兰、渭（陇西郡今武山县）、秦诸州，公元763年吐蕃占据陇右。

五代十国、两宋至元代，陇右一带是中国历史上西北少数民族建立政权，割据纷争的时代。武山所处的秦州、陇西一带地处陇右要冲，其西部为吐蕃所控制，居住在这一带的主要是吐蕃人。同时，武山一带也是两宋政权与金、西夏等少数民族政权主要活动的地区，当地佛教非常兴盛。据文献记载，当时这一地区吐蕃人占有相当比例，藏传佛教已开始在这里传播。宋代武山水帘洞石窟一带佛事大盛，其信众主要由当地汉藏居民和屯住于此的官兵组成。在拉梢寺、水帘洞和千佛洞单元均有这一时期重绘的壁画，其中的藏传佛教内容就产生于这一时期，应该说，这种现象的出现不是偶然的，它与当时的历史背景有着密切关系。

元代初年，即公元1247年，吐蕃宗教领袖萨迦派第四代祖师萨迦·贡葛坚赞（又称萨迦班智达，简称萨班）应蒙古大汗阔端的邀请，举行了具有历史意义的凉州会谈，这次会谈不仅开始了元朝对吐蕃的统治，也为藏传佛教向全国的传播铺平了道路。萨班死后，其侄八思巴继位，他被元世祖忽必烈尊为大元国师，并任总制院总管，专门掌管全国佛教及吐蕃地区事务，喇嘛教也被尊为国教，获准在全国推广，藏传佛教的势力可谓达到了顶峰。史载：

> （朝廷）乃立宣政院，其为使位居第二者，必以僧为之，出帝所辟举，而总其政于内外者，帅臣以下，亦必僧俗并用，而军民通摄。……百年之间，朝廷所以敬礼而尊信之者，无所不用其至。虽帝

后姑主，皆因受戒而为之膜拜。[①]

研究认为，元代是继北周之后水帘洞石窟修建的又一个黄金时期。根据实地考察，在拉梢寺和千佛洞单元均有大规模重修的痕迹，特别是在拉梢寺，几乎整个崖面壁画全部进行了重新彩绘，并重修了崖面上方的木质防雨檐，同时，还在拉梢寺及对面的崖壁上开凿了多个大小不一的有藏传佛教特色覆钵塔龛。20世纪80年代，水帘洞石窟文保所工作人员在重新整修拉梢寺上方的防雨檐时，发现了一面元大德六年（公元1302年）素面铜镜、铁风铃等[②]，对准确推断拉梢寺崖面壁画的重绘年代具有重要价值。

上述事例表明，地缘上与青藏地区相邻，以及元代统治者的推崇是陇右一带藏传佛教兴盛的重要原因。此后，藏传佛教在陇右地区广泛传播，不仅大建新寺，就连许多前代名寺，如莫高窟、炳灵寺、马蹄寺等佛寺都被改成藏传佛教寺院。由此可见，元代藏传佛教显然是当时陇右地区的主流宗教，藏传佛教在这一时期的兴盛，无疑也对武山水帘洞石窟的营建和延续起到了重要的推动作用。

三　本土宗教与武山水帘洞石窟艺术

本土宗教主要是指最早产生于中国的道教，包括所有的民间祭祀活动等。武山水帘洞石窟自明清以后，虽然再没有进行大规模的开龛造像，但宗教活动却体现出世俗化、本土化的倾向。

据文献记载武山水帘洞一带自明清以后，道教便在这里开始兴盛，道教主要供奉的是“三清”、原始天尊、灵宝天尊和道德天尊。道德天尊是老子在人间的投影，所以道德天尊也称太上老君，即是道教的教祖。作为本土宗教，道教以“道”为最高信仰。“道”无形无象，而又生育天地万物。“道”在人和万物中显现的就是“德”，故万物莫不尊道而贵德。道散则为气，聚则为神，神仙既是道的化身，又是得道的楷模。神仙以济世

① （明）宋濂等：《元史》卷二〇二《释老传》，中华书局1976年版，第4520页。

② 甘肃省文物考古研究所、麦积山石窟艺术研究所、水帘洞石窟保护研究所编：《水帘洞石窟群》，科学出版社2009年版，第89页。

度人为宗旨，故道教徒既信道德，又拜神仙。清末至民国初年，道教开始入住水帘洞，并逐步占据了主导地位，使其逐渐成为陇西、通渭、甘谷、武山等地的宗教活动中心。信徒与当地民众在原有水帘洞石窟建筑的基础上，大兴土木，修建了诸多楼台观宇，同时也吸引了众多信徒参与水帘洞石窟的建设、保护与维修。据史料记载，在水帘洞石窟群方圆2.5公里的范围内早期分布有五台（莲花台、清净台、说法台、钟楼台、鸣鼓台）和七寺（千佛洞、拉梢寺、显圣池、粉团寺、砖瓦寺、金瓦寺、观台寺）等多处宗教建筑，其中多数现已损毁无存。水帘洞洞内现有四圣宫、观音寺、南殿、菩萨殿等多座建筑，都是后来重新建造的。各殿、台、亭、阁的修建都是依据道教崇尚自然的理念，在选址、形制、色调、体量等方面都与周围的自然环境相统一，错落有致，和谐相融。

“山不在高，有仙则名。”道教的名山宫观，自然与人文、宗教与哲思有机交融的理论与实践，使得水帘洞周边民众每逢节庆便云集于此，因而香火不绝。这些庙会宗教活动色彩浓厚，除进行祭祀、庆祝、祈祷等法事外，一般进香群众以求神问卜为主，戏剧演出和物资交易则为辅助形式。每年水帘洞庙会期间，这里有民间艺人吹拉弹唱；有修行道士诵经礼拜；有人来人往的庙市节场。莲花山下，拉梢寺内，来自四面八方的香客在此相聚，他们祭神、朝拜、祈福、许愿。一年一度的水帘洞传统庙会热闹非凡。在水帘洞石窟及其周边地区除道教宫观及法会之外，还有众多的民间信仰与传说，如山神庙、土地庙、财神庙、药王庙、娘娘庙、泰山庙、老君庙、鲁班殿等等。当地民众对这些掌握人间命运，助人招财进宝、金榜题名、驱邪避恶、除灾治病等具有各方面法力的天地等自然神的崇拜与祭祀活动，大多都是以“社”的形式组织起来的，它既是一种民间宗教组织，又是一种乡村基层组织。这种看似平常的民间宗教组织，许多年以来，在水帘洞石窟历经战乱以及自然与人为破坏，在政府文物部门财力不足，无暇保护与维修的情况下，庙会组织的主持者则通过信仰的感召力，以民间捐款、出工投劳等方式，有效地保护了水帘洞石窟及周边的环境，同时也为地方经济、文化的发展作出了积极的贡献。

综上所述，武山水帘洞这所从开凿之初就明显带有民间性与地域特征的石窟，在明清之后直到现在，本土宗教尤其是道教的“宫观生态”意识对水帘洞及其周边的生态保护、石窟修缮、道路及公共设施建设等方面起着极其重要的保护作用。各种民间庙会在资金投入以及各项公益事业中更是让水帘洞石窟艺术香火不绝，熠熠生辉。

第三节　武山水帘洞石窟艺术的文化价值

武山水帘洞石窟地处“丝绸之路”与唐蕃古道的交会点上，历史上这一地区曾是关陇要冲，茶马贸易的重镇，也是一个多民族聚居地区，因而形成了多彩的风土民情以及丰富的民间文化。反映在石窟艺术上，其独特的文化价值则主要体现为它的多民族性与民间性，是陇右文化的重要组成部分。

一　武山水帘洞石窟的多民族性

武山水帘洞石窟位于古“丝绸之路”的东段，是“丝绸之路”通往关中地区的必经之地。“丝绸之路”是历史上连接东方和西方文化的一条最重要通道，自从张骞出使西域、佛教沿“丝绸之路”传入中国内地，这条漫长的商旅要道就从没有停歇过文化传播的脚步。然而，商贸的往来，佛教的传播，如果只有这条通道则远远是不够的。佛教文化的传播，首先需要民众的参与，而这些人又绝不仅仅是来自西域的鸠摩罗什，以及西去求经的法显、宝云、玄奘等高僧大德。在这条通道上，自汉代起就居住着汉族、匈奴、塞人、大月氏、大夏人、帕提亚人、塞流古人、吐火罗人、罗马人。唐代有汉人、吐蕃（藏族）、回鹘、匈奴、突厥、粟特、安息、阿拉伯人、东罗马人、伦巴第人。西夏有党项、藏族。元朝有蒙古、维吾尔族、党项、藏族。公元前3世纪以后，印度佛教逐渐向国外传播，由印度西北传到安息、大夏、大月氏、康居。“丝绸之路”开辟以后，佛教逾葱岭传入中国西北地区，经龟兹、于阗等，进玉门关、阳关而传入中国内地。由此可见，西域一带的各少数民族率先接触并接受了佛教，积极推动了佛教向内地的传播。

十六国时期，黄河流域战乱频繁，陇右地区先后经历了前秦、后秦、西秦、前凉、后凉、西凉、南凉、北凉等少数民族割据政权。由于社会的持续动荡，这些少数民族政权大都扶植佛教，其中以羯人建立的后赵、氐人建立的前秦、羌人建立的后秦、匈奴人建立的北凉，崇佛比较突出。佛教因此成为战乱与动荡中各民族的精神支柱。这一时期的后秦至西秦是麦积山石窟的初创时期，武山水帘洞石窟与麦积山石窟处于同一地区，所以这里很早就受到了佛教的影响。当时的鲜卑族政权对佛教的推崇远远超过了汉人。“周朝诸帝，并常立寺。有大陟秙、大涉屹二寺为明帝下诏所营造。国家年别，大度僧尼。其时沙门昙延、道安，世号二杰。译经僧人则多得宇文护之赞助。”① 据《周书》、《北史》、《隋书》等文献记载，宇文纯、尉迟运、于翼、豆卢绩、侯莫陈琼、刘昶等北周皇室及重臣都先后做过秦州、渭州刺史。

武山地处渭河上游，不仅是古代中西交通的咽喉要道，也是古代中原与西北各少数民族交往和融合的重要区域之一。魏晋南北朝时期，此地是南迁的氐、羌等少数民族的主要居住地。据史书记载“秦州险厄，地接羌夷”②，“处势迫近羌胡”③。如前所述，当时先后统治这一地区的很多少数民族政权的最高统治者都非常笃信、推崇佛法，如后赵、后秦、西秦、仇池等，关于他们信奉佛教的事迹，许多古代文献中均有记载。当时陇右一带开凿的诸多石窟寺都与他们的极力倡导和直接参与有着密不可分的关系，如天水麦积山、永靖炳灵寺等石窟。正是在这种大环境影响下，当时的达官贵戚、僧侣百姓等社会各阶层开窟造像便成为一种风气，这对武山一带佛教的兴盛发展和石窟开凿起到了推波助澜的作用。

北周时期，在统治者的倡导下，时任秦州总管的尉迟迥在武山水帘洞主持开凿了全国最大的拉梢寺摩崖造像，从而也掀起了这一带开窟造像的高潮。据实地考察，千佛洞、水帘洞均开凿于这一时期，从相关的窟龛造像和壁画内容来看，很多窟龛都具有名门大姓家族功德窟的性质。拉梢寺大佛崖铭文中明确标明拉梢寺大佛的凿造年代为“大周明皇帝三年”（公元559年），功德主之一就是时任“使持节柱国大将军、陇右大都督、秦州刺史”的尉迟迥这位北方少数民族（鲜卑族）地方官员。

尉迟迥在《周书》卷二十一、《北史》卷六十二皆有传。《周书》谓其先祖为“魏之别种，号尉迟部，因而姓焉”，又谓：“迥少聪敏，美仪

① 汤用彤：《汉魏两晋南北朝佛教史》，北京大学出版社1997年版，第378页。

② （清）费廷珍：《直隶秦州新志》卷十一李冲《谏遣戍南郑表》，清乾隆二十九年刻本。

③ （汉）班固：《汉书》卷六九《赵充国传》，中华书局1962年版，第2998页。

容。及长，有大志，好施爱士。稍迁大丞相帐内都督。尚（西）魏文帝女金明公主，拜驸马都尉。从太祖（宇文泰）复弘农，破沙苑，皆有功。累迁尚书左仆射，兼领军将军。迥通敏有干能，虽任兼文武，颇允时望。太祖以此深委仗焉。后拜大将军。”因“诏迥为大都督、益潼等十八州诸军事、益州刺史”，又因“平蜀之功，同霍去病冠军之义，封宁蜀公。进蜀公，爵邑万户”。

另外，水帘洞壁画供养人题记中所载的莫折、梁、焦、权等姓氏均是十六国北朝时期活跃于陇西、天水一带的世家大族，这些名门望族具有很强的政治与经济实力，是开凿武山水帘洞石窟的主要力量。如千佛洞石窟中现编 44 号壁画外下方左右两侧所绘的供养人，其左侧供养人中第二身男供养者身着圆领宽袖衫，头戴笼冠，旁有“大都将姚庆子供养”的墨书题名，顶绘华盖，说明其地位的尊贵。在水帘洞石窟 2 号壁画的第五排供养人中发现有“佛弟子莫折永妃一心供养”题名。据专家考证[①]，焦、梁、权、莫折等是活跃于古代秦州地区的少数民族大姓豪族，其中“莫折”氏是古代羌族的一支，其活动中心多在秦州一带，活跃于北魏末年，当时曾因不满北魏的统治，发动反魏大起义而被北魏王朝残酷镇压，其势力也受到损伤。北周时期史书典籍中也很难见到有关“莫折”氏的记载，水帘洞石窟中的“莫折”氏供养人题名，说明当时在秦州一带仍有“莫折”家族的活动。

水帘洞石窟第 6 号为摩崖浮塑尖楣圆拱龛，北周原绘，宋代重修。上层宋代重加薄泥皮绘画，大部脱落，露出北周原绘一佛二弟子二菩萨二供养弟子像，仅存左面，俱站立。龛基右边绘单牛拉车，其右侧上下各一排供养人，上排不清，下排五身女供养人，其中三身附墨书榜题“比丘尼清□/供养佛时”、“……/供养佛时”、“清信女焦□□/供养佛时”。左侧上下亦各有一排供养人，均为男供养人，俱圆领窄袖胡服，其中前一人为导引比丘。上排题名有“佛弟子焦阿帛供养佛时”、“佛弟子焦阿祥供养佛时”、“佛弟子焦阿善供养佛时”，下排墨书题名有“……梁……/供养佛时”、“……梁令超供养佛时”、“……梁畅供养佛时”、“……□阿洛/

---

① 甘肃省文物考古研究所、麦积山石窟艺术研究所、水帘洞石窟保护研究所编著：《水帘洞石窟群》，科学出版社 2009 年版，第 5—6 页。

供养佛时”、“佛弟梁阿□（帛）供养佛时”、“佛弟子梁景延/供养佛时”。水帘洞石窟第 11 号壁画说法图主尊右侧第一身女胁侍榜题为“弟子权之女供养”。从文献可知姚、焦、权、梁氏等不仅为当地大姓，且这些世家大姓均为少数民族。

唐初之际，建立于青藏高原的吐蕃政权开始强大起来。中央政府恩威并施的政策，特别是文成公主入藏以后，汉藏关系在总体上和睦相处。唐玄宗开元二年（公元 714 年），吐蕃军队进犯兰、渭、秦等陇右诸州，安史之乱爆发后，唐军大量东调平叛，吐蕃趁机占据了陇右地区，唐宝应元年（公元 762 年），吐蕃攻陷临洮，取秦、成、渭等州。五代、宋时，居住在武山一带的主要是吐蕃人。同时，武山一带也是两宋政权与西夏、金等少数民族政权相持对抗时期。2002 年 2 月，武山县滩歌镇卢坪村出土了一块北宋墓志，全文 10 行，共 116 字[①]。正文：

> 维大宋国巩州下滩哥镇古积焚宫也。哀哉！亲教师德俊掩化于古会慈胜禅院，依法汝徒众楚唱……净将自骨迁葬于此，上石塔为记，政和壬辰（1112 年）四月初二日。行香院主小师道义、道能，师孙法启、法净、法霜、法洪、法深、法浩，重孙法颗、法春二百余，不到不书名。

据有关藏语专家解释，文中的“滩哥”系藏语译音，意为“山下平川”。“滩哥”又作“滩歌”或“滩阁”，原称威远寨，始建于五代，旧称泉饱寨，汉人贬称为枭蓖寨，为吐蕃族泉波部所建，是当时吐蕃人聚居的主要村寨。他们在吸收汉文化的同时，也创造了多姿多彩的具有少数民族特点的物质与精神文化，如毡袄、毡帽、打龙湫及民歌、舞蹈等，闻名全国的滩歌旋鼓舞，正是吐蕃踏歌的歌舞艺术形式。

上述记载表明，历史上的武山由于其特殊的地理位置，不仅是陇右各少数民族政权角逐的战场，也是各民族文化艺术的交流融汇之地。佛教传入以后，很快成为这一地区各族人民共同的宗教信仰。佛教的教义和宗旨

---

① 甘肃省文物考古研究所、麦积山石窟艺术研究所、水帘洞石窟保护研究所编著：《水帘洞石窟群》，科学出版社 2009 年版，第 14 页。

深入人心，各族人民在崇佛这一共同背景下，密切了相互间的关系，减少了民族间的隔阂，从而促进了该地区民族融合的进一步发展。武山水帘洞石窟艺术，不仅充实了这一地区各民族人民的精神世界，丰富了人民的精神生活，还给我们留下了极为丰富的文化遗产，也为研究陇右地区历史文化留下了极为珍贵的资料。

二　武山水帘洞石窟的民间性

从佛教在我国的传播情况来看，不论统治者提倡也好，排斥也罢，中国的佛教始终是作为一种广泛的民间信仰而存在，民众永远是这一宗教的基础。武山水帘洞石窟利用石窟艺术这一宗教形式，将佛教艺术以及佛教的教义一并传给当地的各族民众，充分体现了其石窟艺术的民间性。

首先，从武山水帘洞石窟的形制来看，它既没有敦煌莫高窟和与其比邻的麦积山石窟那样历代都有大规模的开窟营建，也没有云冈、龙门等皇家石窟的帝王气、贵胄气。水帘洞石窟的开凿与修缮虽然与当地的最高统治阶层的人物联系在一起，但是无论拉梢寺的开创者尉迟迥还是焦、梁、权、莫折等秦州当地的大姓豪族，他们只是以功德主的身份，参与了水帘洞石窟的修建，所以依然只是推动水帘洞石窟群修凿与发展的民间力量。

其次，水帘洞石窟群在选址上，多为天然洞穴或垂直崖面，这种利用自然垂直山崖或洞穴的做法，虽在其他石窟如炳灵寺等石窟中也有所见，但没有像水帘洞石窟群如此集中和普遍。如果说炳灵寺石窟开创时期利用位置险峻的自然洞穴，主要是为了禅僧们更好地习禅修行，那么水帘洞石窟中利用天然洞穴或垂直崖壁造像或彩绘，则更多地是为了开凿石窟时更省时省力，这种节约财力物力的做法，完全符合民间开窟建寺的普遍施工方式。

再次，从拉梢寺的命名也可以证明，“拉”当地方言意思为“砍断（树木）运来”，“梢”意思是“树枝末端”。由此可以看到当地民众举民间之力开凿石窟时的艰辛。另外，武山水帘洞石窟由于其造像与壁画主要不是在洞窟内，而是暴露在自然崖壁之上，故其礼佛与观看方式，已由常见的窟内礼佛方式一变而为窟外游观，甚至是远距离观赏造像与壁画。因此其恢弘的气势，强烈的视觉效果最适宜信众在庙会期间群体性祭拜礼佛。因此，是武山水帘洞石窟艺术群民间特色最显著的特征之一。

据史料记载，明清时期，水帘洞石窟仍有一定规模的宗教活动，且范围有所扩大，在水帘洞石窟群周围分布有莲花台、清净台、说法台、钟楼台、鸣鼓台、千佛洞、拉梢寺、显圣池、粉团寺、砖瓦寺、金瓦寺、观台寺等五台七寺，其中多数现已无存。从宗教内容看，这一时期的宗教已呈现出本土化、民间化的趋势，儒、释、道三教合流，观音救苦救难的特点较为突出，特别是道教成为水帘洞这一时期的主要宗教。作为民间宗教信仰，这一时期寻求神灵保佑，就成为当地人的一项不可或缺的精神生活。从现藏于水帘洞的清康熙四十九年（公元1710年）碑刻《水帘洞功德碑记》和清末的《水帘洞大势至观世音菩萨李真秀降坛诗》碑中的内容来看，当时主要信仰大势至和观音转世的“麻线娘娘”，同时，这里还流传着老君与鲁班换庙传说等。

从水帘洞石窟群碑刻中，我们可以看到，以钟楼山为中心，辐射甘谷、陇南礼县、岷县、陇西和通渭的各乡村堡，几乎都有庙会组织，而且根据其会大小及重要性，又分为头会、二会、三会等。[①] 这些庙会组织，不仅仅只是化缘布施、收受供费，而主要的职能或作用，就是组织散居在各村各寨各堡信教的人，筹办参加庙会的各种民间艺术活动。这种以地缘为主的民间活动，有助于形成邻里团结、互帮互助、谦让和睦的乡风民俗，也是几千年来农业社会民间特有的娱乐活动。这种既愉神又愉人的民间活动，大约在清末至民国初年，道教开始入住水帘洞之后，便逐渐成为陇西、通渭、甘谷、武山四县的宗教活动中心。道教徒们在水帘洞大兴土木，修建了诸多楼台观宇，吸引了众多信徒，使水帘洞石窟成为当地一处主要的民间宗教场所。

至此，佛教文化所具有的开放性、兼容性，尤其是在武山水帘洞石窟传播过程中所体现的多民族性、民间性等文化特质，在这里得到了进一步的、完整的体现。

三　水帘洞石窟艺术与文化是陇右文化的重要组成部分

水帘洞石窟群是“丝绸之路”佛教文化的重要组成部分。陇右是汉唐“丝绸之路”的必经之地，其所处的地理位置，决定了它成为“丝绸

① 武山县志编纂委员会：《武山县志》，陕西人民出版社2002年版。

之路”佛教文化艺术传播和影响的重要地区，因而具有深厚的宗教文化土壤。天水—武山地处古丝绸之路的要冲地带，丝绸古道的兴盛使武山成为石窟兴盛发展的沃土，以麦积山石窟为代表的石窟寺星罗棋布地点缀在天水大地上。这些石窟沿交通要道分布，一是沿着通过古秦州“丝绸之路”的主干道自东向西分布，如仙人崖、麦积山、大象山、华盖寺、显龙洞、水帘洞、木梯寺等石窟；而另一条则是沿着秦州入川的道路（白水路）由北向南分布，如法镜寺、八峰崖、三眼洞、佛爷崖、罗汉洞等。这样，无论是北上进入河西走廊，还是南下进入巴蜀之国，沿途洞窟崖阁相连不断，佛陀菩萨形影随伴。特别是在天水境内的甘谷、武山一带，几乎是五里有佛窟、十里见崖阁，僧侣行吟的身影和梵乐鼓鸣之声相继不绝。这些石窟或高居于绝壁悬崖，或息隐于峡谷丛林，或近处于乡村之旁供善男信女参拜，或远处于崇山幽谷供僧侣禅思苦修。这就在天水境内形成了一道纵横数百里、奇特而神秘的佛教石窟走廊景观，也就构成了天水—武山一带独特的文化现象。

这些分布于各地的石窟，由于各种原因，如所处的地理位置、艺术形式的传承、发展的时间段等，都突出地表现出各自不同的文化面貌。这条石窟走廊，从时限讲，上起公元4世纪末的十六国时期，下至清代，涵盖了一千六百余年的历史。从地域上看，贯通了古代天水—武山的大部分地区。各石窟之间内容相互补充、完善了以麦积山—水帘洞石窟为代表的天水石窟文化。麦积山—水帘洞石窟走廊似一条宽阔而美丽的文化纽带，不但将本地区的区域文化结为一体，更重要的是它将天水和其他地区紧密地沟通起来，使天水—武山地区源源不断地从“丝绸之路”上接受新的文化形式和思想源泉，从而补充和完善了区域文化的内容。这些石窟主要是以佛教题材为表现形式，承担了大量的历史文化信息。身处这个石窟走廊，如同穿越时空而置身于历史长河中，可以清晰地触摸和感受天水—武山地区的历史脉络和文化踪迹，如美术（雕塑、绘画、书法）、建筑（宫殿、民居、宗教建筑）、民俗（服饰、仪礼、祭祀、葬俗）、宗教思想、民间崇拜、道路交通等。因而，这些石窟可以说是一部无字的史书，它们以独特的形式传达出深刻的文化内涵。在这条走廊上，所看到的不仅仅是一种石窟的物化形式，更是直接或间接地反映出中原（长安、洛阳）地区的文化面貌以及中亚、西亚乃至更远地区的文化章节和片段。以宏观的历史文化观点来看，它的价值和意义已经远远地超越了地域限制，而成为探索更广泛区域文化面貌的一个良好切入点。

陇右地区是中原与西域的交通要道。“丝绸之路”的开辟，更引进了多方文化，尤其在唐代，陇右地区利用所在的地理优势成了当时最富庶的地区之一。“丝绸之路”犹如历史的丰碑，它不仅为以丝织品为主要贸易内容的中国和西方各国间的经济交流建树过辉煌功绩，而且还成为中西人民交流思想、文化的“宗教之路”、“文化之路”，各国人民之间的“友谊之路”。从而使得陇右地区可以长时期地吸收、汲取这条道路上荟萃的东西方文明成果来滋养自己，促使自身经济文化的发展与繁荣。商贾、僧侣、传教士、学者、官宦、牧民、农夫等在这交通枢纽来来往往，伴着清脆的驼铃、悠扬的胡琴、崩雷振聩的旋鼓，高亢入云的信天游，留下了一串串豪迈、开放的多元的文化足迹。

如果说黄河流域是中国文明的摇篮，陇右文化则是摇篮里的皇冠，而“丝绸之路”就是这顶皇冠上的一颗明珠。“丝绸之路之所以引人注目，是因为它是世界文化之母。在它的东西两端，产生了中国文明、埃及文明、印度文明、中亚文明、希腊文明等许多古代文明，从而成为后来世界文明的先驱。”① 陇右这个特定的区域为各民族的轮流演出和各个文化的相继展现提供了舞台，成为世界文化的大熔炉。美国学者谢赫在《唐代的外来文明》中描绘唐代陇右首府凉州时这样说：“凉州是一座地地道道的熔炉，正如夏威夷对于20世纪的美国一样，对于内地的唐人，凉州音乐既融合了胡乐的因素，又保持了中原音乐的本色，但它又不同于其中的任何一种，这样就使它听起来既有浓郁的异国情调，又不乏亲切熟悉的中原风格。”② 这是对陇右文化特质的形象说明。所谓“胡”与“异国”情调，概指唐朝西北边疆诸少数民族与西方各国，所谓“中原风格”即汉文化。唐朝诚然是我国历史上敞开胸怀，无所畏惧地吸纳异域文化气魄雄伟的时代，作为陇右地区是多元文化异彩纷呈的熔炉，是丝绸古道上中国与西方文化、中原与西北少数民族文化大交流、大融合的舞台。这种交融

① 薛长年：《西塞雄风·陇右长城文化》，甘肃教育出版社1999年版，第85页。

② ［美］谢赫（Edward H. Schafer）：《唐代的外来文明》，吴玉贵译，中国社会科学出版社1995年版，第38页。

虽以唐代为盛，却绝不以唐代为限，而贯穿于古代历史之全过程。这种多民族混融的文化景观，不但见诸史籍，而且古代诗文中尤多描绘，时至今日，陇原大地上也还俯拾即是。

第十章

武山水帘洞石窟艺术的历史地位

武山水帘洞石窟壁画主要是利用天然内凹的崖面进行大面积的绘制而成的，其佛教壁画内容丰富、主题鲜明、色彩艳丽、场面宏大，极富视觉冲击力与宗教感染力。武山水帘洞石窟壁画原绘于北周，宋元时期进行过大范围的补绘与重绘，主要内容有说法图、经变画、坐佛、立佛、千佛、菩萨、弟子、力士、飞天、覆钵塔、摩尼宝珠等。开凿初期各单元均有数量不等的彩塑，但因在露天，故损毁非常严重，现存的拉梢寺摩崖造像以浮塑一佛二菩萨最具代表性。武山水帘洞石窟是陇右石窟群的重要组成部分，为了进一步阐明武山水帘洞壁画艺术的历史地位，拟将其纳入陇右佛教石窟艺术的总体框架之中，通过与敦煌莫高窟、麦积山石窟以及马蹄寺、炳灵寺等石窟艺术（主要是北周石窟壁画与雕塑艺术）的比较，说明其特殊的文化价值与历史地位。

第一节　武山水帘洞石窟与敦煌莫高窟壁画艺术的比较研究

敦煌位于甘肃的最西部，从敦煌出发，经过安西、玉门、酒泉、张掖到达武威，南面是雄伟壮丽的祁连山脉，北面是包尔乌拉山、龙首山、合黎山和马鬃山，中间是一条东西长约一千公里，南北宽几公里至一百多公里的狭长地带，形同走廊。由于它位于黄河西部，又是中原地区通往西域的重要交通通道，所以被人们称作“河西走廊”。出河西走廊便是地形较为广阔的陇中、陇南、陇东地区。甘肃境内的石窟群就是依照这样的地理位置，自西向东分布。[①] 陇南地区由于地理位置偏僻，社会经济发展水平相对落后，石窟的开凿较省内其他地区偏晚。武山水帘洞石窟就位于陇南石窟群中。

敦煌石窟群是集建筑、绘画、雕塑三位一体的佛教艺术石窟群。敦煌石窟群在陇右石窟中不仅开凿时间早，规模也最大，从十六国时期开凿建窟，历经北魏、西魏、北周、隋、唐、五代、宋、西夏、元等朝代营建，至今保存着公元4世纪至14世纪绵延千余年的石窟五百多座、彩塑三千余身，壁画五万多平方米，还有藏经洞出土的数万件敦煌文献和纸布绢画等，被学术界视为当今世界上无与伦比的佛教石窟艺术宝库。其最主要的艺术特征是在特定的建筑空间（即石窟形制）里，将壁画与彩塑完美地结合在一起，即所谓绘塑联壁。同时，塑像是石窟的主体，壁画是敦煌石窟艺术的重要部分。其中壁画在石窟空间中有各自特定位置，各尊像以及故事画、图案画等依照等级、方位按严格的仪轨程式排列，是一套设计完整、井然有序的宗教艺术样式。这一设计不只是反映了思想体系的完整性，也表现了艺术构思上的完整性。也就是说，依据石窟艺术建筑和壁画结构原则，壁画不仅仅是平面的装饰，而且是石窟空间构造的一个组成部分，如藻井壁画、龛楣等处的壁画等，其壁画的空间和建筑空间之间的关系是密不可分的。

武山水帘洞石窟群则始建于北周明皇帝三年，即公元559年，主要为北周初期所建。之后的隋、唐、宋、元、明、清均有所修缮，水帘洞石窟群中的窟龛数105个，其中千佛洞内存51个，拉梢寺内24个，水帘洞内16个，显圣池内14个。造像（包括现存于水帘洞内的道教造像）大小百余尊，壁画七百余平方米，碑刻题铭18通，石胎泥塑舍利塔12座。从壁画风格分析，应为宋代重新绘制。

依据上述基本状况，武山水帘洞石窟壁画与敦煌莫高窟壁画的比较研究，则主要从武山水帘洞石窟群与敦煌莫高窟北周时期的石窟形制、武山水帘洞石窟与敦煌莫高窟北周时期的彩塑、武山水帘洞石窟与敦煌莫高窟北周时期的壁画艺术三个方面展开。

---

① 胡同庆、安中义：《佛教艺术》，敦煌文艺出版社2004年版，第2页。

一 武山水帘洞石窟与敦煌莫高窟北周时期的石窟形制之比较

敦煌石窟是甘肃省敦煌一带的石窟总称，主要是敦煌莫高窟和安西榆林窟，其次还包括敦煌西千佛洞，安西东千佛洞和水峡口石窟、肃北五个庙。

敦煌石窟总体上是人工凿山岩而成的洞窟形制，部分石窟有窟檐、栈道等土木建筑，洞内有多姿多彩的塑像和灿烂辉煌的壁画，这种洞窟与土木构造结合的石窟形制，是佛教石窟艺术的主要载体，其窟型有单室、前后室，有中心柱式、殿堂式等。

历史上的北周政权虽然为时短暂，共 25 年（公元 557—581 年），但在敦煌开窟却不少。周武帝通好西戎，结姻北狄，聘娶突厥公主阿史那氏为后，西域的音乐、舞蹈以至美术，不断经过河西传入中原，中原的文化特别是精美的丝绸也大量地运往西域。北周诸帝都崇信佛教，上自帝王贵族，下至庶民百姓，兴起了造寺、建塔、写经的热潮。敦煌大姓令狐氏、京兆望族韦瑱、贵戚陇西李贤、建平公于义，先后执政敦煌，政治清明，社会安定。当时北周境内名僧云集，各地佛教石窟、寺院的兴建，盛况空前。

敦煌莫高窟至今保存北周洞窟 14 个[①]，是莫高窟北朝各时期洞窟中保存数量最多的，如第 432、461、438、439、440、428、430、290、442、294、296、297、299、301、441 窟。西千佛洞有第 8、11、12、13 窟四个洞窟；五个庙石窟的全部五个洞窟似均建于北周。如此来看，敦煌石窟群中有北周窟总共多达 25 个，它们主要分布在莫高窟和西千佛洞等处，其中以莫高窟第 428、301、290 窟最具为代表性，个别洞窟规模空前，如 428 窟，平面面积竟达 178. 38 平方米。[②]

北周时期莫高窟的洞窟形制多为中心柱窟、三壁三龛窟、覆斗形顶、大型仿木结构建筑的殿堂窟，另有单立像窟等形式。北周时期中心柱窟莫高窟现存四个，即第 432、428、290、442 窟，内容也有较多变化，如中心柱四面开一龛的形式增多，有第 290、428、442 窟。覆斗形顶、西壁开一

---

① 段文杰、樊锦诗：《中国敦煌壁画全集：敦煌北周》，天津人民美术出版社 2006 年版。

② 樊锦诗、马世长、关友惠：《敦煌莫高窟北朝洞窟的分期》，文物出版社 1982 年版。

龛的窟型，如第438、291、294、296、297、299、301窟，比中心柱窟多一倍。少数洞窟窟型是前部人字披顶、后部平顶，西壁开龛，如第439、430窟；或人字披顶、西壁开龛，如第440、441窟；或平顶、西壁开龛，如第250窟；或覆斗形顶，西壁不开龛，如461窟；或只有人字披顶，不开龛，如第298窟。

武山水帘洞石窟群位于武山县洛门镇正北10公里处的榆盘乡钟楼湾村鲁班峡中。鲁班峡在地质构造上属第三纪红砂岩，系经冰川运动后，风蚀而成的丹霞地貌，石质疏松，不宜开窟。水帘洞石窟群中的水帘洞、拉梢寺、千佛洞、显圣池四个单元基本上都是利用自然崖面与天然洞窟建造而成的。

水帘洞位于莲花山南麓一块内凹的崖壁平台上，台地东西约100米，南北约40米，是一个约50米长、30米高、20米深的拱形自然洞穴。洞内有建筑，均系20世纪30—90年代重修或新建。文物遗存主要是北侧崖面上的壁画和摩崖浮塑。壁画现存面积约88平方米，壁画编号16个，系北周原绘，宋元时期进行过大规模补绘和重绘。摩崖浮塑为北周原作，包括覆钵塔和尖楣拱形龛两种题材。

拉梢寺指莲苞峰南壁崖面及对面的天书洞崖壁上的窟龛，现存大小窟龛24个，各类造像33身，覆钵塔7座，壁画约365平方米，摩崖题记一方。北周时期的窟龛多为大型摩崖浮塑或圆拱形浅龛。

千佛洞位于挂青山西壁崖面上，现存大小窟龛51个，造像25身，壁画约150平方米。窟龛多为圆拱形浅龛，造像多为摩崖悬塑，大部分为北周原作。壁画除保存部分北周原绘外，宋元之际还进行过大规模重绘。

显圣池位于火烧㞧西壁天然崖壁上，分为两个部分。南侧崖面上主要为壁画，多为隋代绘制，现存面积约100平方米，壁画编号14个。北侧崖面上仅残存一组造像痕迹，时代可能为北周或隋。

综合上述，莫高窟北周时期的部分石窟与武山水帘洞石窟虽然同为北周时期开凿，但莫高窟的洞窟形制则主要为中心柱窟、覆斗帐形与殿堂并存的营造方式，且造像、壁画均在洞窟之内。而武山水帘洞石窟群中各个单元的选址，则基本为依天然洞穴或自然垂直崖面开凿而成的摩崖窟龛，其造像主要是暴露在崖面上的摩崖浮塑、圆塑、悬塑等；壁画也都是在天然洞穴或露天崖壁上加以简单修整（先用粗泥填平壁面，再用细泥和麻筋等混合而成的泥土进一步加工之）后，绘制而成的。这种利用自然垂直山崖或洞穴的做法，有别于敦煌莫高窟窟内造像、绘制壁画的形制，同时在陇右石窟群中也极为罕见。

二　武山水帘洞石窟造像与敦煌莫高窟北周造像之比较

敦煌莫高窟的雕塑艺术（即彩塑艺术），也叫造像艺术，是石窟的主体。因均施彩绘，故称彩塑。莫高窟所在的鸣沙山属玉门系砾岩，因其石疏松，不易雕刻，故造像均用泥塑。敦煌莫高窟除几尊巨像为石胎泥塑外，其余均以木头扎草作骨架，外表再用泥塑，干后敷彩施色；也有用手捏、模压、刀刻等方法制成的彩塑。敦煌莫高窟的塑像题材主要是佛、菩萨、飞天、弟子、天王、力士等。

敦煌彩塑上起十六国，下至清代，历时千余年，现存三千余身，基本完整的原作一千四百余身，其余大半经过后代上彩或者重塑。敦煌彩塑有三个发展演变时期：发展期——十六国、北魏、西魏和北周，历时一百八十多年。彩塑以弥勒为主尊，与当时传自西域流传的弥勒信仰有关。鼎盛期——隋唐时期，历时三百多年。洞窟以方型殿堂为主，并出现大像窟。衰落期——五代至元，历时四百六十多年。

北周时期由于历史跨度较小，莫高窟塑像的时代特征主要体现为上承北魏下启隋唐的过渡性特征，属于敦煌莫高窟的泥塑的发展时期，这一时期，敦煌战祸频仍，人们期盼“弥勒下生”，因此，北周尊像以弥勒菩萨、禅定佛、说法佛为主。这一时期菩萨做主尊的现象较为多见。弥勒、菩萨大都沉思俯视，垂悯下界。佛像造型体态健硕，神情端庄，色彩明快，手法简练。装饰性衣纹密集，纱薄透体，有西魏遗风。也有部分尊像，广额丰颐，体态健硕，腹部微凸。菩萨身着艳丽长裙，活泼大方，清秀灵丽，精神饱满，有隋唐气象。其余题材多为一佛二菩萨、一佛二弟子二菩萨。如第432、第438、第290窟等。

武山水帘洞石窟群的北周造像主要是崖面上的摩崖浮塑、圆塑等，其造像手法均以石胎摩崖浮塑，木头扎草作骨架的悬塑为主。水帘洞石窟现存摩崖浮塑为北周原作，包括覆钵塔和圆拱形浅龛两种题材。拉梢寺北周时期的窟龛为大型摩崖浮塑与圆拱形浅龛。千佛洞造像多为摩崖悬塑，大部分为北周原作。显圣池位于火烧疕西壁天然崖壁上，北侧崖面上仅残存一组造像痕迹，时代可能为北周或隋，现已完全损毁。

武山水帘洞石窟群北周时期的造像题材以一佛二菩萨、一佛二弟子二菩萨为主，一佛二菩萨龛内壁画在佛与菩萨之间常绘有弟子形象，这种形式显然是一铺五身塑像的过渡与前奏，一铺五身塑像是北周造像的主要形式，这种形式在敦煌、麦积山等石窟的北周塑像中比较多见。另外，在武山水帘洞以菩萨作为主尊的内容也比较常见，这也是敦煌北周造像的特点之一。

武山水帘洞石窟群的北周时期造像特点主要体现为：佛像大部分肉髻低平，面相方圆，腹部突出，身体呈现一种健壮感，表现出一种新样式，与北魏、西魏以来的秀骨清像为主流的造像不同，以壮硕为特点。菩萨面型圆润，头大，上袒、下有长裙，裙边于腰际外翻，披帛宽大，覆肩遮胸，一端从左（右）胸横于膝前一道，为北周—隋的典型样式。弟子秀骨清像型与丰圆壮硕型并存，以丰圆壮硕型为主，秀骨清像型也显示出丰圆壮硕的趋势。这些特点均与敦煌、麦积山北周弟子造像风格相同。女供养人高发髻，外披圆领式长袍，领前结带垂至胸际，下着长裙或上着“V”字形领宽袖高束腰长袍，下着长裙，双手拢于胸前，再现了北周贵族妇女形象。男供养人，面相长圆，头戴笼冠或不戴冠，均身着圆领窄袖胡服，腰系带，下穿宽裤，足穿圆口鞋，也与敦煌、麦积山北周供养人形象相似。①

通过上述比较，可以看出，北周时期由于历史跨度较短，无论敦煌莫高窟、武山水帘洞石窟以及邻近的麦积山石窟，其造像手法与造像风格均具有上承北魏下启隋唐的过渡性特征。其中武山水帘洞石窟造像因其有效地利用了自然崖壁，故以浮雕与悬塑为主要特征，无疑是这一时期陇右石窟造像的独特部分。另外，武山水帘洞石窟造像均在露天，千百年来，历经风雨侵蚀与人为损毁，其完好程度远不及敦煌莫高窟，急需有关保护部门高度重视。

① 甘肃省文物考古研究所、麦积山石窟艺术研究所、水帘洞石窟保护研究所编著：《水帘洞石窟群》，科学出版社 2009 年版，第 117—118 页。

三　武山水帘洞石窟与敦煌莫高窟北周时期壁画艺术之比较

敦煌壁画艺术是指在石窟甬道、四壁及窟顶上所绘的图画。敦煌石窟崖体由卵石和积沙沉淀黏结而成，卵石坚硬，金石难琢，沙层疏松，极易散碎，不适合雕刻。所以，古人在凿窟之后，在窟顶和墙面涂抹泥灰，刮填平整，然后再绘画于上。

敦煌壁画现存约五万平方米，最大画幅四十余平方米。时代从十六国到元代，千年不衰。敦煌壁画内容主要有尊像画、佛传故事画、本生故事画、因缘故事画、汉族神话故事画、佛教史迹画、经变画、供养画、装饰图案画等。此外，还有不少世俗生活画，如山水、动物、出行图等。由于壁画延续千年，其艺术和内容为研究中国绘画史和古代社会史，尤其是西北地区历史的重要资料。

北周时期，敦煌一带佛教极其盛行，佛教壁画艺术有了新发展。这一时期敦煌为鲜卑族宇文氏统治，时间虽然只有短短25年，但对敦煌来说却是一个极重要的阶段，从敦煌壁画艺术的演进历程来看，这一时期可以说正是敦煌壁画从早期进入中期的一个过渡、变革时期。这一时期壁画的风格和画法，在继承西魏画风的基础上有较大变化，如采用了线条粗细对比的画法；衣服、身体用线较粗，给人以厚重、结实的感觉，而五官和手足则用细线勾描，给人以清秀、灵活的感觉，粗细相间，很富有层次感。在精神氛围上也有很大的变化，即从沉闷压抑的情调逐渐过渡到和平、安祥、朴素、自然的格调，中原画风成为这一时期的主导风格。

敦煌北周时期的壁画内容主要以千佛、飞天、伎乐、说法图、各种故事画、供养人画像等为主，并新出现了经变画。千佛是指三世十方诸佛群像，大乘佛教有三世三千佛之说，在石窟造像中，“千佛”最早见于炳灵寺169窟，此窟建于西秦建弘元年（公元420年）。在敦煌莫高窟，北周千佛的代表洞窟有始建于北周时期的西千佛洞第8窟，属保存较完好的北周洞窟之一，洞窟以千佛、说法图及供养人为主，辅以飞天、花纹图案、金刚、力士等，营造出佛国世界庄严肃穆的氛围。

敦煌壁画中的典型艺术形象是飞天。飞天又名乾闼婆、紧那罗，飞天、伎乐是乾闼婆和紧那罗的合称。他们是佛教天国中的香神和音神，即专施香花和音乐的佛教专职神灵。北周到隋代是飞天艺术各种风格相互交融且发展时期，中原式飞天形象有了很大的发展。第285窟飞天，裸露上身，脖有项链，腰系长裙，肩披彩带。飞天的人物形象全是中原秀骨清像形，身材修长，面瘦颈长、额宽颐窄、直鼻秀眼、眉细疏朗、嘴角上翘、微笑含情，手持各种乐器凌空飞翔。四周天花旋转，云气飘荡，颇显身轻如燕、自由欢乐之状。

北周时期，莫高窟壁画在故事画的发展上达到了高潮。故事情节更为丰富曲折，造型健壮、结构严谨、线描豪放、色调清新、生活气息浓厚。从人物形象、衣冠服饰到章法技巧，都与中原画风很接近。在人物造型上，中原式与原来的西域式互相融合，形成了“面短而艳”的新形象，如故事画中的世俗人物和供养人画像。

供养画像主要是指那些出资造窟的功德主及其家属的画像，也叫供养人画像。出资造窟者为了求福、祈愿，在窟内彩绘窟主（功德主）和家族成员的画像，有几种类别，有出资者每人一像者，也有家族成员集体入画的。前者如莫高窟428窟，供养人多达一千二百余身，每一像侧都有题名。从这些供养人画像及题记中，可以窥见敦煌社会的政治变化、家族沉浮以及周边民族的变迁和民族关系的发展，也可以从他们的着装上看到古代服饰文化的发展演变，是时代精神的集中体现。

武山水帘洞石窟群壁画原绘于北周与隋代，其中北周壁画所占比例最大。之后的宋、元时期曾进行过大规模的修缮与重绘。从现存的水帘洞、千佛洞、拉梢寺和显圣池壁画的绘制情况来看，水帘洞一带由于崖壁疏松、不易开凿洞窟的缘故，大多数壁画都是在天然洞穴或垂直崖壁上，加以简单修整后，先用粗泥填平壁面，再用细泥和麻筋等混合而成的泥土进一步加工之后，才进行壁画的绘制。与敦煌莫高窟壁画在窟内绘制不同，水帘洞壁画在自然崖壁上大面积绘制的壁画，无论是说法图、千佛像等，都有一种窟内壁画所无法达到的恢宏气势与视觉震撼。如水帘洞2号壁画、拉梢寺两侧壁画、显圣池3号壁画等。

武山水帘洞石窟群壁画内容主要以说法图为主，北周时期的说法图，多绘有大小不同的佛、菩萨、弟子、力士、飞天、供养人等，人物错落有序，场面宏大，构图饱满，布局严谨，各种饰物点缀其间，飘逸灵动。佛、菩萨像十分注重神情的描绘，神态平静庄严。如水帘洞2、6、7、11号，拉梢寺1、14号，千佛洞34、44号等。

武山水帘洞北周壁画中千佛的题材与敦煌莫高窟西千佛洞8窟中的千佛均面形圆润、体形敦厚，绘有头光、穿圆领通肩袈裟，禅定印，结跏趺坐于圆形莲台上。技法采用朱线或墨线勾图后再填色的绘制方法，画面清新艳丽，极富秩序感和装饰性。如水帘洞石窟群的千佛洞8号壁画，显圣池1号壁画。

飞天在水帘洞壁画中虽然数量并不多，但造型极有特色；即面相方圆，高髻，上身袒露，戴项圈，下着裙，披帛自双肩搭下穿臂飞扬，于脑后形成环状，小腿弯曲。如水帘洞7、2号壁画，与敦煌北周壁画中中原秀骨清像形，身材修长、面瘦颈长、额宽颐窄、直鼻秀眼、眉细疏朗、嘴角上翘、微笑含情，手持各种乐器凌空飞翔之飞天风格相同。

水帘洞石窟群北周壁画中的供养人男性面相长圆，头戴笼冠或不戴冠，均身着圆领窄袖胡服，下穿宽裙裤，足穿圆口鞋。女供养人均发髻方平，外披圆领式长袍，领前带结垂至胸际，下着长裙。如水帘洞2、6、7号壁画，千佛洞14号壁画等，与敦煌莫高窟北周壁画中的北周供养人形象极其相似。

通过上述三个方面的比较，可以看出武山水帘洞石窟群壁画艺术，除了与北周时期敦煌莫高窟在洞窟形制上存在较大差异，造像、壁画在内容的丰富性与形式多样性方面存在一定的区别（从北周时期敦煌莫高窟壁画的题材来看，水帘洞石窟只是以一种构图严谨、题材单一的说法图为主，并兼有千佛、七佛、弟子、供养人等）之外；武山水帘洞石窟的造像、壁画艺术与莫高窟壁画艺术这一时期在艺术风格、制作手法方等面均具有诸多一致性；他们共同继承和沿用了西魏时期西域式的传统画法，总体上是受中原新的绘画技术的影响，大多已开始采用了中原的线描造型技法。北周壁画深受儒学思想和儒家审美观念的影响，在壁画艺术中追求外表与内涵的统一。北周时期的壁画表面上显得较为写实，但更注重人物的内在气质刻画，给人以敦厚、稳重之感。这样的美学精神及绘画表现方法，为隋唐质朴、雄强、生机勃勃的壁画艺术气质开创了先河。武山水帘洞石窟与敦煌莫高窟北周时期的佛教石窟艺术均为逐步以民族绘画观念、创作方法、艺术语言和表现技法熔铸民族风格的重要开端。

同时，武山水帘洞还发现了一些值得重视和具有研究价值的造像墨书题记。如拉梢寺“使持节柱国大将军陇右大都督秦州刺史尉迟迥”铭文，千佛洞石窟中现编44号壁画外下方左右两侧所绘的供养人旁书写的“大都将姚庆子供养”墨书题名，水帘洞石窟2号壁画的第5排供养人中旁的“佛弟子莫折永妃一心供养”题名，第6号壁画中有“佛弟子焦阿帛供养佛时”、“佛弟子焦阿祥供养佛时”、“佛弟子焦阿信供养佛时”及“佛弟子梁口口供养佛时”等，这些供养人墨书题名为我们研究当时秦州一带佛教艺术与民族史的发展提供了十分重要的实物资料。

第二节　武山水帘洞石窟与麦积山石窟壁画艺术的比较研究

由于武山水帘洞石窟群比邻麦积山石窟，无论从地理位置还是行政区划上，武山水帘洞石窟都隶属并深受麦积山石窟的影响。曾经创建拉梢寺摩崖大佛的北周秦州刺史尉迟迥，与开凿麦积山七佛阁的北周大都督李允信先后都是北周时期秦州的最高行政和军事长官，在他们的带动下，曾极大地促进了当时秦州地区佛教的发展和石窟寺的开凿。因此，两地石窟在选址、造像形式、壁画绘制技巧以及风格特征方面自然会有很紧密的联系和交流。

一　武山水帘洞石窟与麦积山北周时期的石窟形制之比较

麦积山位于甘肃省天水市东南约45公里处。这里是秦岭山脉的西端，小陇山林区的边缘，长江流域与黄河流域的分水岭。麦积山山形奇特，在陇山层层苍松翠柏的包围之中拔地而起，“状如农家积麦之垛”，故名“麦积山”。山前有瑞应寺，石窟分布在山的西崖和东崖，窟龛编号221个。因山体石质疏松，石窟造像大多为泥塑，共3519身；石雕造像仅60身，若包括碑刻千佛在内，约计3900余身；造像约计为7866余身，是现存麦积山石窟艺术的主体。壁画1065余平方米，大多残损模糊。据宋人祝穆《方舆胜览》卷六十九载：“瑞应院，在麦积山，后秦姚兴凿山而修，千崖万像转崖为阁，乃秦州胜境。”可知石窟寺创建于十六国后秦姚兴统治时期（公元394—415年），此后经过西秦、北魏、西魏、北周、隋、唐、宋、元、明、清各代的开凿和重修。

武山水帘洞石窟位于麦积山的西北部，距离麦积山石窟大约一百多公里。两座毗邻的石窟在选择天然生成的断壁绝崖和砂砾岩石质开凿洞窟方面有共同性。因为石质较松软的沙砾岩易于开凿，但在相似性中，不同点也是显而易见的，水帘洞石窟主要是利用天然生成的洞穴，并以此为基础开凿浅龛而成，从而构成石窟外观都是断壁绝崖这一特点。而麦积山石窟则是在距地面 80 米的悬崖峭壁上开凿洞窟与浅龛，层层叠叠，状如蜂房。各个洞窟与洞窟之间由栈道凌空连接，形成宏伟立体的石窟建筑群。

麦积山的洞窟形制大致可分为窟、龛、崖阁和摩崖四大类，共有窟 86 个，龛 103 个，崖阁 11 座，摩崖九处，经过西秦、北魏、西魏、北周、隋、唐、宋、元、明、清各代的开凿和重修，各个朝代的洞窟都体现出鲜明的时代特征，十六国和后秦、西秦现存洞窟六个，以平顶敞口高坛基型龛为主。北魏现存洞窟 92 个，以方形平顶和圆拱顶窟居多，内有三壁一龛、二龛、三龛等形式。现存西魏洞窟 15 个，沿袭北魏形制，出现四角攒尖顶窟。

麦积山石窟现存北周洞窟 46 个，以四角攒尖顶窟为主。这一时期的麦积山石窟艺术，涌现出了一组规模宏伟的大型洞窟：位于东崖最高处的第 4 窟，俗称七佛阁或散花楼，距地面约有 80 米，是由北周的秦州大都督李允信出资营造的。它的前面是八柱七间的殿堂式崖阁，列柱以内是高大的前廊，前廊后部并列凿出了七所方形大窟，窟内都安置着佛、菩萨等众多的彩塑像；第 9 窟俗称中七佛阁，是一组并列开出的七所大佛龛；第 3 窟俗称千佛廊，是依着山崖雕出的六列千佛像，像前是人字披顶的长廊。这些极为壮观的窟龛造像，说明了北周时期的麦积山佛教活动同样保持着兴旺的景象。除大型石窟外，北周在这里还开凿了一批中小型洞窟，它们的平面一般是方形的，顶部呈四角尖顶，在窟内的四角雕出石柱，四壁的顶端还雕出横梁，窟顶四个坡面的相交处还有斜梁，这些仿木构的梁柱相互连接，组成了窟内象征性的梁架结构，具有一定的装饰效果。由于麦积山石窟位于甘肃南部，其地理位置接近中原，所以石窟形制集合了中原文化的精华，和云冈、龙门、须弥山等石窟风格相互影响。石窟建筑完全按照我国传统风格，流行于莫高窟的早期中心塔柱式洞窟已不见于麦积山。

武山水帘洞石窟群开凿于北周，其石窟形制以较浅的窟龛为主。与北周时期麦积山石窟相比，水帘洞石窟群中各个单元多为天然洞穴或垂直崖面上的浅龛，也没有像麦积山位于东崖最高处的第 4 窟七佛阁那样的八柱七间的殿堂式崖阁等建筑。窟龛数目达105个，其中千佛洞内存51个，拉梢寺内24个，水帘洞内16个，显圣池内14个。

通过上述比较可以看出，武山水帘洞石窟形制与麦积山石窟除了选址方式上具有相似性之外（同为沙砾岩断崖），其洞窟的类型则完全不同。不过这里要特别指出的是，麦积山石窟与水帘洞石窟群中的拉梢寺在营造方式上确有着相同之处。当年开凿麦积山石窟的时候，历尽千难万险，自平地堆积木材，一直达到崖顶，然后镌凿龛室，雕塑佛造像。工程完毕，逐渐拆薪而下，然后梯空架险而上。由山下仰望，这佛龛殿宇自然悬置于崖壁之。拉梢寺的营建过程，从命名就可以看出，“拉”当地方言意思为“砍断（树木）运来”，“梢”意思是“树枝末端”。由此可以想象，在营造拉梢寺时，当地民众也是采用了“自平地积薪，至于崖巅，从上镌凿其龛室佛像。功毕，旋旋拆薪而下”[①] 的方式建造的。

另外，武山水帘洞石窟群开凿的最大特点是利用自然崖壁或洞穴的壁面进行造像或绘制壁画，其主体拉梢寺摩崖石胎泥塑浮雕大佛及其胁侍菩萨即是利用凹进去的崖壁雕造。除此之外，有许多悬塑的造像以及一些小龛。小龛的构造，一是利用崖体泥塑成龛，如千佛洞10号龛等；二是开凿的小龛如拉梢寺10号龛。水帘洞和千佛洞中的泥塑龛一般较浅，龛相比较宽，龛柱较短，这种做法与麦积山石窟北周时期龛的做法基本一致，如拉梢寺51窟正壁上方左右北周重修的龛以及麦积山第12窟正壁龛。由此也可以看出，历史上同处于秦州地域范围内的石窟，其营造方式具有一定的相似性。

二　武山水帘洞石窟造像与麦积山北周彩塑之比较

麦积山石窟最大的特色就是泥塑，塑像有的交头接耳，有的低眉含嫣，形态栩栩如生，被誉为“东方塑像馆”。麦积山石窟的彩塑与敦煌彩塑相比较，敦煌彩塑起于十六国而极盛于隋唐，在制作方面，塑工细腻，色彩艳丽，达到了它的高峰。然而，由于过分追求技巧，忽略了人物内心世界的刻画，使部分雕塑过于规范化、程式化，缺少生活气息。麦积山石

① （五代）王仁裕撰：《玉堂闲话》，载《太平广记》卷397《麦积山》，中华书局1995年，第3181页。

窟雕塑的丰富性首先表现在种类齐全，包括泥塑、石胎泥塑、石雕、木雕；其次手法多样，包括圆雕、浮雕和影塑；第三题材广泛，不仅有佛教内容，还包括很多世俗内容，而且成就更高、更精彩；其中许多作品完全可以代表同时代的最高水平。所以麦积山遗留的艺术作品，真实地记录着自东晋至清的雕塑艺术风格的演变历程，它是中国古代自东晋至清以来，审美思潮流变的重要的实证材料，不论是北朝的“秀骨清像”，还是隋唐的“丰满圆润”，都刻画得栩栩如生，温婉可亲，极富生活气息。

麦积山石窟的彩塑艺术，各窟无论在开创的年代，开窟数量，造像规模，使用材料，表现题材，艺术风格等，都不尽相同。

北周时期是麦积山石窟兴建的又一重要阶段，麦积山石窟现存北周时期洞窟有四十多个。根据研究，开凿于北周天和年间（公元566—569年）的上七佛阁是北周时期的代表性洞窟之一，其开凿年代比拉梢寺的略晚一些。创建者北周大都督李允信是北周时期秦州的行政官员，又是石窟的功德主，在他们的影响下，两地石窟在造像形式、造像组合以及特点方面自然会有借鉴和交流。

七佛阁（麦积山第4窟）雄伟壮观，窟面宽三十余米，七个佛龛内塑有佛、菩萨、弟子七十余尊（现存塑像多为宋明各代重塑）。每两龛之间华帐处，塑有浮雕“天龙八部”。有戴狮头冠的，有脚踩雄狮的，有手持金刚杵的，神态各异。这些浮塑与龛楣上的璎珞宝珠、流苏帐幔等富丽堂皇的装饰物是庄严而神秘的宗教殿堂中不可分割的一部分，是建筑、雕塑、绘画三位一体的大组合。

麦积山北周佛像一变西魏“秀骨清像”的风格，出现了低平肉髻和饱满浑圆的形体。如22窟、135窟、60号龛等，佛像的造像面形长圆，发髻扁平，着田相纹袈裟，阴线衣纹。两侧弟子均塑为成年和尚的神态。左侧菩萨，头部略大，身体略显粗短，造型饱满，特别是手部塑造得十分生动，长而大的璎珞自肩部下垂，酷似莫高窟290窟中心龛柱的北周胁侍菩萨。置于135窟的一尊北周小坐佛，高仅60厘米，双手抚于胸前，恬静地微笑着，一副若有所思的神情，深刻地反映出人们对美好的“极乐世界”的渴望，也倾诉着人们无言的却又是美好的期盼。武山水帘洞石窟群的北周佛像也有与上述麦积山北周佛像明显的风格，如低平肉髻，形体敦厚，穿圆领通肩袈裟，这基本上是北周佛像的共同特点，即丰壮敦厚型特点。这种特点应该是北周复古因素的体现。

武山水帘洞石窟群的北周造像除了拉梢寺第1号摩崖石胎泥塑浮雕造像外，绝大部分也是泥塑造像，塑像大多造型饱满，十分生动。武山水帘洞石窟群的北周造像，多为一佛二菩萨或一铺三尊，另外还有一佛二菩萨二弟子的简单组合，这种组合在麦积山的北周或北周末隋代洞窟里也能见到，如麦积山第18、22、45、67、94等窟。此外，武山水帘洞石窟群中的千佛洞原有大型的悬塑七佛造像，现仅存一身，与麦积山石窟北周七佛造像的题材相同，如麦积山第4、9、7、12、26、27、36、39、141窟等，都反映了北周时期麦积山与水帘洞七佛信仰在秦州地区的广泛流行。

综上所述，武山水帘洞石窟群与麦积山石窟的北周雕塑，除造像规模大小不同之外，其鲜明的时代特征，在当时的麦积山与水帘洞石窟均有显著的体现；如造型憨厚逼真、形体饱满、手法洗练、表情生动，着重于写意和对人物内心世界的表现等，尤其在弟子、供养人等塑像中的体现尤为突出。这种明显的时代风格都是在继承前代宗教造像艺术的同时，有了大的创新和突破，它们在陇右石窟造像艺术方面共同体现出一种前所未有的新风格。

三　武山水帘洞石窟壁画与麦积山北周壁画之比较

麦积山石窟现存壁画有一千多平方米。曾是“有龛皆是佛、无壁不飞天”，但由于当地多雨潮湿，壁画大多已经剥落，但仍保留有北朝时期的西方净土变、涅槃变、地狱变及睒子本生、萨埵那太子舍身饲虎等本生故事，壁画中描绘的城池、殿宇、车骑和衣冠服饰多具有汉文化特色，反映这一时期的现实生活。其中北魏洞窟壁画数量较多，除飞天、莲花等装饰性图案外，还有在窟顶或四壁绘出内容连续的大型佛本生故事。如睒子孝养盲父母、萨埵那太子舍身饲虎等。大型经变画有维摩经变、西方净土变等。127窟形制不大而壁画特别丰富，为麦积山诸窟之冠。窟中右壁所画《西方净土变》，人物和建筑众多，构图严谨，气势宏伟，这是中国石窟中已知年代最早、面积最大的一幅净土变。这一时期的壁画中的人物服饰趋于世俗化，人物形体修长，面容消瘦清秀，画法古拙，色彩强烈，风格独特。

北周时期麦积山开窟数量较多，当时，大都督李允信为亡父在麦积山石窟建造规模宏大的七佛阁（即现编第4窟），该窟为麦积山石窟最宏伟的北周洞窟，也是目前保存最大最好的仿木结构建筑形式的崖阁式洞窟。同时，这一时期的壁画也极具特色，出现了以绘为主、绘塑结合的新形式，在题材、构图、创作风格方面都达到了很高的艺术水平。各龛上方大型壁画飞天，裸露部分的肢体均作薄肉雕，绘塑结合的做法，加强了立体效果和艺术表现力。第4窟创建于北周，又称上七佛阁，为麦积山最为精彩的一窟。窟内第1—5龛龛楣上的五组飞天，为我国古代唯一的绘塑结合的作品，既富于立体感和真实感，又具有空灵飘逸的特色，实为石窟艺术品中的佳制。

北周时期麦积山壁画的内容主要有方形窟中四壁及顶部的千佛（如104、108、109、062、065、036窟），还有较大窟龛环形顶部的千佛等（如074、078、011窟）。另外，还有部分经变画（如026、027、035窟）的《法华经变》、《涅槃经变》等，壁画中众多的飞天、弟子、供养人、菩萨等错落有致，林木、城郭、建筑等自然和人文景观井然有序，极具形式美感。第4窟壁画《出行图》绘一妇女端坐于双轮车上，前有四马并驾拉车，左右各一驭手，体态强健，戴襆头、穿圆领袍，腰束带，合裆裤，足蹬靴，马车四周，数名武士护卫，该画真实地记录了北周社会生活的场面。此外，麦积山石窟北周时期的壁画也能见到以三佛、七佛、西方净土等内容，反映了北周时期麦积山与水帘洞七佛信仰的流行。

武山水帘洞石窟群的壁画面积有一千多平方米。与麦积山总体面积相近，内容主要以说法图为主，水帘洞北周时期的说法图，多绘有大小不同的佛、菩萨、弟子、力士、飞天、供养人等，场面宏大、构图饱满、布局严谨、人物错落有序，各种饰物点缀其间，飘逸灵动。佛、菩萨像十分注重神情的描绘，神态平静庄严。如水帘洞2号、6号、7号、11号、拉梢寺1号、14号，千佛洞34号、44号等。佛的造型为低平肉髻，面相方圆俊秀，颈部较短，着通肩式圆领袈裟，双手举于胸前，作说法状。菩萨高髻宝冠，上身袒露，胸前饰墨线绘出华丽项圈，下着长裙，足穿圆口鞋立于覆莲台上。水帘洞石窟群的北周壁画题材，多为一佛二菩萨简单的一铺三尊组合，还有一佛二菩萨二弟子等，另外还有千佛、飞天、供养人等。这些组合在造像特点与形式方面，与麦积山石窟的北周作品存在许多共同点。

综合石窟艺术的特点来看，武山水帘洞北周壁画与麦积山北周时期的壁画由于处于同一地区，作为同一时期的壁画其题材、绘制技法与艺术风格也基本相同。水帘洞石窟群北周至宋代的遗存与麦积山北周时期的壁画有着非常紧密的关系。其壁画艺术摆脱了以前“秀骨清像”的特点，代以敦厚壮实的风格，是隋唐珠圆玉润、丰满夸张之壁画风格的过渡与转换阶段的真实写照。

武山水帘洞石窟与麦积山石窟虽然都开凿在绝壁断崖上，但前者是利用原有的天然形成的洞穴开凿浅龛，后者则是在崖壁上人工开凿洞窟。因此，与麦积山在崖壁上开窟造像，并在窟龛内绘制壁画不同，武山水帘洞石窟的壁画则主要是绘制在露天自然崖壁上，其观看方式与视觉效果也明显不同，相比较而言，水帘洞壁画的窟外展示方式以及视觉冲击力远远超出了麦积山北周时期的壁画。

第三节　武山水帘洞石窟与马蹄寺、炳灵寺石窟之比较

在甘肃省境内，沿古“丝绸之路”自西向东依次分布有敦煌石窟、马蹄寺、炳灵寺、武山水帘洞、麦积山等石窟群。唐以前，由长安经河西至西域，多经由渭河河谷逾鸟鼠山至狄道（临洮），再过洮河至枹罕（临夏），由风林关渡河，经炳灵寺东侧附近的一条崎岖山道至古鄯州，再沿湟水经青海乐都至西平（西宁），由浩门川（大通河）过大斗拔谷（扁都口）入河西走廊至张掖。尤其是魏晋南北朝时期西行求法及东入传教之僧人多经此道，如东晋法显西行[①]、法勇求法西域[②]、酒泉慧览入中原[③]、玄高入凉[④]等。因而马蹄寺、炳灵寺、武山水帘洞等以其优越的地理位置及其风景独特的自然环境，成为古“丝绸之路”上的佛教圣地，并成为

① （晋）法显：《高僧法显传》，《大正藏》第51册，台湾新文丰出版公司1987年版，第857页。

② （梁）释僧佑：《出三藏记集》卷十五《法勇传》，《大正藏》第34册。

③ （梁）慧释皎著，汤用彤校注：《高僧传》卷十一《慧览传》，《大正藏》第50册，台湾新文丰出版公司1987年版，第399页。

④ （梁）慧释皎著，汤用彤校注：《高僧传》卷十一《玄高传》，《大正藏》第50册，台湾新文丰出版公司1987年版，第397页。

我国内地较早的石窟艺术中心。

唐代以后，随着西藏高原上吐蕃王朝的逐渐崛起与强大，也因为陇右地区在地缘上与青藏相邻，唐王朝与吐蕃的交往成为唐与周边少数民族中最为重要的关系。于是历史上又一条重要的通道“唐蕃古道”逐渐形成和发达起来。唐朝通过“唐蕃古道”，将文成公主嫁给了吐蕃赞普松赞干布以后，佛教的信仰也随之来到了这个世界屋脊之上。西藏的佛教又称“喇嘛教”，喇嘛是上人、师长的意思，是信徒们对西藏僧侣的尊称。因为藏族地区的佛教是全民化的，因此那里的人们非常尊崇上层喇嘛，从生产到日常生活都要接受他们的指导，并且用大量的财物和劳役为寺庙服务。到了元朝的大一统时代，即公元1246年，吐蕃宗教领袖萨迦派第四代祖师萨迦·贡葛坚赞（又称萨迦班智达，简称萨班）应蒙古大汗阔端的邀请，举行了具有历史意义的凉州会盟，这次会盟不仅开始了元朝对吐蕃的统治，也为藏传佛教向全国的传播铺平了道路。于是在原来汉传佛教盛行的地区，就出现了一些喇嘛教的石窟艺术。其中，马蹄寺石窟、炳灵寺石窟以及武山水帘洞等是受藏传佛教影响较大的石窟寺。

一　马蹄寺石窟概述

马蹄寺地处河西走廊中部，祁连山北麓，肃南裕固族自治县马蹄区临松山下，张掖城南62公里处。因山顶一石窟内的岩石上留有深深的马蹄足迹，史载系天马神迹，马蹄寺由此而得名。马蹄寺石窟群包括千佛洞、南北马蹄寺、上中下观音洞和金塔寺七个小石窟群。每个小窟群，多的有三十余窟，少的有两窟，总共有七十多窟。其中北朝九窟、隋朝一窟、西夏三窟、元朝19窟、明朝二窟，其余为清朝窟，分布在一百多平方公里的区域内。

马蹄寺石窟群开凿于十六国北凉（公元401—439年）时期，距今约一千六百多年的历史。金塔寺、千佛洞等石窟内一些早期洞窟形制主要以中心柱窟最具代表性，壁画八百多平方米，彩塑二百八十多身，造像与壁画都保留着古拙挺拔和朴实的特点和风格。马蹄寺是我国河西走廊的佛教圣地之一，早期崇信汉传佛教，元代以后藏传佛教在此兴盛，形成汉传和藏传佛教同时并存。藏语为“卓玛让象”，意为菩萨自然出现的地方。三世达赖索南嘉措也曾来此朝圣。

马蹄寺元朝开凿的巨大的北寺第3窟，又名“三十三天”，最高处距地面42米，从外观上看分为五层：第一、二、三层都是并排开凿五个洞窟，第四层有一排三窟，最上层只开一窟，共有19个洞窟，很像一座宝塔。3号窟内有石胎泥塑佛像，结跏趺坐，四壁残留元明时期的影塑千佛和壁画。7号窟又名藏佛殿，内塑坐佛，左右壁残存大型元代壁画菩萨立像和金刚力士。拜殿两侧及后部为甬道，甬道两侧开46龛，龛内塑像为元代坐佛。北寺石窟共有洞窟22个，其中四个中心柱支提窟，壁画有四层之多，底部发现西魏供养人像，表层绘元明壁画。金塔寺分东西两窟，东窟现有壁画为明代所绘，惜多已模糊。

上、中、下观音洞石窟位于大都麻乡西北三公里处。石窟分布在三个不同山谷的红砂石岩壁上，相距0.5—2公里。观音洞现存窟龛十余个，有编号的洞窟三个，窟内残存明代和清代的密教壁画，内容为千佛、菩萨、罗汉、曼陀罗、宗喀巴画像等。中观音寺有洞龛十余个，大部毁坏，崖岩留有元明时期的舍利塔。下观音洞有洞窟五个，只有一窟保存较好。中心柱分两层开龛造像，四壁有明代重绘的壁画，内容为佛、菩萨、天王、护法、乐伎、曼陀罗等。

千佛洞中心柱正面龛内有石胎泥塑立佛一身，高5.7米，龛内有壁画两层，底层背光为火焰纹和禅定坐佛，外层为明代重绘。2号窟前部坍塌，窟宽5.7米，深4.4米，窟内中心柱挺拔，高5米，每面分四层开龛造像，中心柱南面接窟顶处有开窟所绘十方佛像，坛基右面绘有乐伎，并有“贞观十八年四月十七日”的墨书题记。8号窟内西、北两面壁画为后代重绘，唯在西面下层龛内剥出底层壁画，为北魏时原作，内容为释迦、多宝佛并坐说法图，说法图绘有释迦、多宝二佛并坐莲台，着双领下垂袈裟，颇具北魏晚期“秀骨清像”的造像风格。

马蹄寺的南寺和千佛洞区的北段，保存着众多的浮雕佛塔，可以看出，马蹄寺是从印度地区引进梵式的石窟，与此同时，西藏的喇嘛也将印度的覆钵式塔又直接引进了汉族地区，均为仿照印度覆钵塔的形状雕刻成。这种塔的中部是略呈半圆形的覆钵体，在它的上面刻着高大挺拔的塔刹，塔刹分刹座、重叠的相轮、刹顶三个部分；覆钵的下面有一个高大的须弥座。这些浮雕塔的覆钵中部，一般都开了一个方形的深龛，这是安放高僧舍利的位置。以上浮塑佛塔与武山水帘洞石窟群中水帘洞、拉梢寺崖面上的覆钵塔风格一致，同为藏传佛教的标志性内容。

二　炳灵寺石窟概述

炳灵寺位于甘肃省永靖县西南35公里的小积石山大寺沟内。炳灵寺石窟始建于西秦建弘元年（公元420年），即从十六国起，历经北魏、北周、隋、唐、宋、元、明、清各代，距今约一千五百多年。炳灵寺石窟包括下寺、上寺、洞沟等几个部分。现存窟龛212个，石雕泥塑佛像八百多身，壁画约1000平方米，浮雕佛塔近40座。其中高达27米的大坐佛，面带微笑，端祥和蔼，传说为文成公主进藏时随带的工匠雕塑而成。炳灵寺唐代以前称作“唐述窟”，是羌语“鬼窟”之意。唐代称炳灵寺为“灵岩寺”，宋代称“炳灵寺”，“炳灵”藏语的意思就是“十万佛”。炳灵寺北壁的169窟第6龛内塑的是西方极乐世界的无量寿佛和观世音、大势至菩萨，还绘有释迦牟尼佛、药王佛、弥勒菩萨、十方佛和男女供养人列像。该龛的左上方崖面上，有一方高46厘米、宽87厘米的墨书发愿文，最末一行有“建弘元年岁在玄枵三月廿四日造”的字样。建弘，是十六国时期西秦国王乞伏炽磐的年号。这是一项重要的发现，因为时至今日，第6龛的这方发愿文，是中国石窟有明确纪年的最早题记，它与水帘洞石窟群中拉梢寺摩崖题记一样，为我们研究中国早期石窟的发展和判定石窟艺术的年代，提供了重要的标尺。

炳灵寺西秦时期的石窟，并不直接在崖间开凿洞窟，而是充分利用天然的溶洞稍加修整，再依靠洞中的岩体来塑像、绘壁画。这一点，与武山水帘洞石窟利用自然崖壁的营造方式极其相似。

炳灵寺地接吐蕃，尤其是河州在唐高宗时期已处于唐蕃战争的重镇和前线，炳灵寺对岸凤林关为渡河入蕃驿道的要害地带。唐朝宝应二年（公元763年）河陇之地陷于吐蕃，大中五年（公元851年）张议潮虽收复河陇之地，但河州一带仍由吐蕃盘踞。唐代是炳灵寺石窟开凿的鼎盛时期，炳灵寺在吐蕃占领时期所开凿窟龛，从洞窟形制看，主要有尖拱龛（13、14、25、26、48窟）、平面马蹄形附低坛基的平顶窟（9、10、11窟）、平面长方形浅龛（12窟）。造像题材有一立佛（13、14、25、26、48窟）、一佛二弟子二菩萨（9窟）、一佛二弟子二菩萨二天王（10、11窟）、二菩萨一弟子（12窟）。

炳灵寺现存藏传佛教艺术作品绝大部分是壁画。壁画主要分布在元、明以前开凿的各朝洞窟。炳灵寺第3、168、172、69窟都是这一时期藏传佛教壁画的代表作。炳灵寺藏传佛教壁画所反映的题材比较广泛，大致有诸佛、菩萨、弟子、天王护法神及飞天、欢喜佛、罗汉、佛教故事画、高僧大德、经变、佛事活动、装饰纹样等等。诸佛、菩萨是炳灵寺藏传佛教壁画中经常表现的一种题材，常见的有释迦牟尼、阿弥陀佛和弥勒佛等，造型为典型的藏传佛教艺术风格。如佛顶为高肉髻、舟形头光、背光、着袒右肩袈裟，左手持钵，一般为结跏趺或半结跏趺坐于莲台日轮或月轮垫上。手势各异，有的作禅定印，有的作说法印，有的呈触地印不等。菩萨一般为站立式，头戴宝冠，着菩萨装。观世音菩萨也是炳灵寺中表现最常见的题材，有八臂观世音菩萨和千手千眼观世音菩萨等造型，如3窟南壁元代的八臂观世音菩萨和西壁千手千眼观世音菩萨以及68窟南壁的明代八臂观世音菩萨都是这类题材的代表作。欢喜佛也是炳灵寺藏传佛教壁画中表现最多的一种题材，属于典型的密宗绘画艺术。有大黑天，密集金刚等形象，造型十分独特，人物动作舞蹈化，动感很强，为藏传佛教密宗艺术所独有。除此之外，壁画题材还有罗汉，以莲花和几何纹样为主的装饰纹样。另外还有描绘高僧大德和佛事活动的壁画题材，比如3窟北壁中上层描绘的就是一系列藏传佛教的高僧大德、历代师传的形象。其中有头戴黄色桃形尖帽的格鲁派大师，可能是宗喀巴的形象。还有描绘身着袈裟的僧人激烈辩经的画面，场面轻松活泼而又紧张炽热，富有现实意义与生活情趣。

以上记载说明，炳灵寺除名字本身体现了该寺和藏传佛教文化乃至藏族文化之间的关系之外，其宋元时期的部分藏传佛教内容，与武山水帘洞石窟群在宋元修缮时所绘的少量藏传佛教内容一样，为我们保存了藏汉佛教绘画艺术之间相互交流、借鉴的历史画卷。

三　武山水帘洞石窟与马蹄寺、炳灵寺石窟艺术之比较

水帘洞石窟群始建于北周，之后的隋唐、宋元以及明清各代都有过修缮与重绘，在宋元修缮与重绘过程中，新增了一定数量的密教内容以及大量的覆钵塔。“覆钵塔”，当地人称之为喇嘛塔。这类塔的形象在水帘洞出现较早，在北周原绘壁画中就能看到。武山水帘洞石窟的覆钵塔主要分

布在水帘洞和拉梢寺两个单元，水帘洞原有浮塑覆钵式佛塔五座、现存两座，其余仅留残迹。拉梢寺13、15、22号龛都有大小不等的石雕泥塑覆钵式塔，壁画上亦有元代重绘时的覆钵式塔。拉梢寺13号塔龛，龛内有石雕泥塑覆钵塔一座，塔基为四层依次递减的内收的方形台阶，塔身为覆钵形，下有单瓣仰莲承托，塔身上为相轮13层，底部为束腰叠涩台基；塔尖由三部分组成，下面有楞锤状饰物，中间为圆形承露台，上部为摩尼宝珠。在塔身覆钵左侧残损泥皮断裂处可见填塞的墨书藏文纸片[①]，由此可以证明该覆钵塔确实是在元代重修时的藏传佛教塔龛。

元代是水帘洞石窟修建的黄金时期。根据实地考察，在拉梢寺和千佛洞单元均有大规模重修的痕迹，特别是在拉梢寺，几乎整个崖面壁画全部进行了重新彩绘，元明时期重绘壁画主要分布在拉梢寺大佛两侧，内容以说法图、千佛、菩萨、弟子、力士为主，亦有部分密教壁画。底层为北周原绘，元代重修了崖面上方的木质防雨檐，同时，还在拉梢寺及对面的崖壁上开凿了多个大小不一的覆钵塔龛。20世纪80年代，水帘洞石窟文保所工作人员在重新整修拉梢寺上方的防雨檐时，发现了一面元大德六年（公元1302年）素面铜镜、铁风铃等[②]，对准确推断拉梢寺崖面壁画的重绘年代具有重要价值。

我们从马蹄寺、炳灵寺、武山水帘洞石窟的发展历史与现状可以看出，马蹄寺、炳灵寺、武山水帘洞石窟毗邻青藏高原，均处在藏传佛教流传的线路上。从元代忽必烈开始，喇嘛教被奉为国教，喇嘛庙与喇嘛塔因而得到了进一步的发展与流传。流传有南北两条线路，其中北线是从西藏到青海，再由青海传入甘肃，进而传到内蒙古，同时传到山西、北京、河北承德，然后流传至全国各地。因此，三所石窟共同受到藏传佛教的较大影响。

马蹄寺、炳灵寺、武山水帘洞石窟均在元代先后经历过较大规模的修建与重绘，保存有一定数量藏传佛教的壁画内容与覆钵塔。如马蹄寺现存的30个洞窟中，有元代19窟、明代2窟，总计21窟；壁画有四层之多，

---

① 甘肃省文物考古研究所、麦积山石窟艺术研究所、水帘洞石窟保护研究所编著：《水帘洞石窟群》，科学出版社2009年版，第88页。

② 同上。

底部发现西魏供养人像，表层绘元明壁画。马蹄寺的南寺和千佛洞区的北段，保存着众多的覆钵式喇嘛教浮雕佛塔。元代之后，萨迦教派僧人入驻炳灵寺，将炳灵寺前代洞窟内的壁画进行了大量的重绘，佛教造像艺术在炳灵寺得到兴盛发展。炳灵寺第 3、168、172 以及 69 窟都是这一时期藏传佛教壁画的代表作。武山水帘洞石窟群中的水帘洞、拉梢寺也有部分密教壁画内容与大量的覆钵塔等。

上述三所石窟的基本情况表明，由于地缘上马蹄寺、炳灵寺、武山水帘洞与青藏地区相邻或相通，以及元代统治者对藏传佛教的推崇，使得陇右一带藏传佛教自宋元之后较为兴盛，炳灵寺、马蹄寺、武山水帘洞曾先后成为甘肃藏传佛教的主流石窟。武山水帘洞石窟现存元代的喇嘛塔雕刻和部分反映藏传佛教的珍贵壁画，是甘肃东部地区少见的藏传佛教遗存，是藏传佛教在这一地区的传播历史见证。这些资料对于研究这一地区元代的佛教情况以及绘画等具有很重要的参考价值。

第四节　武山水帘洞石窟艺术的历史地位

一　在陇右石窟群中具有独特的美学价值

武山水帘洞石窟利用自然崖壁与洞穴的浅龛形制，以及在露天绘制的大型壁画艺术，不仅与环境显得十分和谐，其宏大的结构极具视觉张力与鲜明艺术特性，在陇右石窟群中具有独特的美学价值。

武山水帘洞石窟在众多陇右石窟中，规模并不算大，但在选址与形制上却有其独特的一面。武山水帘洞窟群中各个单元的选址，多为天然洞穴或垂直崖面，这种利用自然垂直山崖或洞穴的做法，虽在其他石窟如麦积山、炳灵寺等石窟中也有所见，但没有像水帘洞石窟群中如此集中和普遍。同时，它们的石窟形制也完全不同，敦煌、麦积山石窟是依崖壁开凿的各种类型的洞窟；炳灵寺石窟开创时虽然也利用位置险峻的自然洞穴，但其功能主要是为了禅僧们居住与更好地习禅修行，而水帘洞石窟群的四个单元（显圣池、千佛洞、拉梢寺、水帘洞），则是利用自然崖壁或天然洞穴，在开放的环境里，凿浅龛造像或绘制壁画，建造开放的宗教场所。其营造的形制主要是依据当地的自然环境，结合当地地质状况，利用摩崖、自然山洞，开凿而成的浅龛类型。吴作人先生在《麦积山勘察团工作报告》中指出，“有洞口的叫‘窟’，敞口的叫‘摩崖龛’，以区别于窟”。[①] 由此可以断定，武山水帘洞石窟群应属于比较少见的大型“摩崖龛”类型，它的功能也由常见的窟内礼佛方式一变而为远距离观赏造像与壁画。因此，其恢宏的气势，强烈的视觉效果是武山水帘洞石窟艺术群最为显著的艺术特征之一。

另外，武山水帘洞石窟艺术群相对于甘肃境内的其他佛教石窟艺术，有效利用天然崖壁与洞穴的方法，不仅省时省力，体现出古代的佛教信徒和工匠们因地制宜，充分地借用地理环境的民间特质与创新精神，同时，武山水帘洞石窟也因自然与人文因素所共同构成的环境之美，使得水帘洞石窟艺术具有其超越宗教与考古等特殊的实用的美学价值。

二　对于研究当地的历史、民族、宗教等具有丰富的史料性与宗教文化价值

武山水帘洞石窟群始建于北周，尽管不像甘肃境内的敦煌莫高窟、永靖炳灵寺和天水麦积山石窟那样，绵延千年，开窟造像不断，而只是在北周、宋、元时期较为繁荣，且未能很连贯地反映出这一地区佛教艺术的发展，但它仍然是甘肃东南部重要的石窟寺之一，与天水麦积山、仙人崖、甘谷大象山、武山木梯寺等石窟连成一线，形成了甘肃省境内渭河上游的石窟艺术长廊。武山水帘洞石窟群作为古代秦州地区石窟寺的一部分，在很大程度上保存和反映了当地的历史、民族、宗教状况，丰富了秦州地区佛教文化的内容，具有较高的研究价值，值得进一步重视与关注。

北周时期是中国历史上佛教最为兴盛的时期，也是我国佛教艺术发展的一个崭新阶段。渭水流域是古代“丝绸之路”从长安向西一条十分重要的通道，武山水帘洞石窟群位于古代秦州地区，在陇右石窟群中又是保存北周遗存十分集中的一处石窟群，这对于研究北周时期这一地带的佛教状况、佛教文化、艺术、经济、对外交流等方面具有重要意义。

武山水帘洞石窟群中的拉梢寺、千佛洞和水帘洞等的大面积壁画，多为宋、元时期重绘或补绘，如拉梢寺大佛右侧崖壁编号 B16 残留的一幅“净土变”，特别是水帘洞石窟中的主题绘画“佛说法图”有一半以上为

---

① 吴作人：《麦积山勘察团工作报告》，《文物参考资料》1954 年第 2 期。

宋代在原画面的基础上进行的精心而又不失原作风貌的补绘。元代时，拉梢寺进行过重大修缮，比较突出的是对拉梢寺大佛像顶部遮檐的重新修缮和新凿造了一些舍利塔龛。同时，对拉梢寺大佛两侧壁面上又大面积地进行彩绘等，这些元代重绘壁画中佛与菩萨的形象与服饰，都具有明显的藏传佛教造像与壁画的艺术风格。这些形象资料对于研究元代这一地区的藏传佛教情况以及绘画等具有很重要的参考价值。

另外，武山水帘洞石窟在后来的研究过程中，发现了一些值得重视和具有研究价值的造像墨书题记。如尉迟迥造像题铭、莫折氏供养题记、梁、焦、权、姚等榜题等，说明水帘洞石窟的开凿与发展无不与当时当地的最高统治阶层的人物联系在一起，有学者结合相关历史文献记载对这些题名中的焦、梁、权、莫折等姓氏和当时的历史背景作了较为详尽的考证，认为焦、权、梁、姚等姓氏为当地的大姓，这些姓氏多出自当时活跃于秦州一带的羌、氐等少数民族。他们的广泛参与，是武山水帘洞石窟开凿的民间性与多民族性一个很好的证明。

三　对于研究陇右宗教壁画艺术风格技巧的发展与演变具有特殊的意义

武山水帘洞石窟群无论是造像还是壁画，大多采用了中华民族传统的雕塑手段与绘画技法。同时，也反映了外来文化的影响，如西域风格与藏传佛教等因素的影响。

近年来，对水帘洞石窟的研究在不断深入，现有的研究成果，如：美国学者罗杰伟撰写的《北周拉梢寺艺术中的中亚主题》① 和麦积山石窟艺术研究所魏文斌、甘肃省文物考古研究所吴荭合作撰写的《甘肃武山水帘洞石窟北周供养题记反映的历史与民族问题》② 以及《武山水帘洞石窟群》③ 等。罗文根据中亚及我国新疆出土的一些有关动物形象的文物与拉

① ［美］罗杰伟：《北周拉梢寺艺术中的中亚主题》，载巫鸿主编《汉唐之间文化艺术的互动与交流》，文物出版社 2001 年版。

② 魏文斌、吴荭：《甘肃武山水帘洞石窟北周供养题记反映的历史与民族问题》，载《2006 年云冈石窟国际学术研讨会论文集》，文物出版社 2006 年版。

③ 甘肃省文物考古研究所、麦积山石窟艺术研究所、水帘洞石窟保护研究所编著：《水帘洞石窟群》，科学出版社 2009 年版。

梢寺大佛座上浮雕的狮、鹿、象等动物形象进行了比较研究，并提出“动物形象的多样和变化，使人联想到中亚或西亚的原型，对拼成这些动物形象的某些因素的分析，显露出它们与中亚金属制品、木雕、纺织品以及其他艺术手段上那些艺术因素的亲缘关系”①。他认为主持创建拉梢寺大佛的尉迟迥等本来就是北方少数民族，这一姓氏来自于中亚胡族，所以尉迟迥所创建的大佛受到中亚影响是很自然的。

也有研究认为，当时武山属古代秦州，地处甘肃东南，不仅是古代陆路“丝绸之路”的必经之地，也是通往巴蜀与中原的交通要隘与重镇。随着对外经济文化交流的频繁，中原、南方和西域的佛教绘画样式与技巧也不断地流传和影响到这里，加之其地与中原和巴蜀毗邻，中国传统的绘画技法对这里影响更深。

另外，水帘洞石窟群还与渭河上游的天水麦积山、仙人崖、甘谷大象山、武山木梯寺等构成了甘肃东南部百里石窟线，它们之间由于地域和风俗等方面的相近和相似，其造像壁画内容与艺术风格相互交融，有着密不可分的渊源关系。②

总体来看，武山水帘洞壁画的造型绘制技巧，摆脱了自北魏孝文帝改制以来，那种长期风行于中国北方的“秀骨清像”模式，逐渐地形成了一种健康敦厚、丰满优雅的形象，这种造像与壁画形象的变化，也是为了适应当时社会的变革与宗教美术的风格演变是相一致的。其绘画技巧也是在本民族固有的传统绘画技艺基础上，不断地吸收和融合外来绘画艺术的技巧，并进行改造和创新，从而使其更加适应当时社会的审美情趣和需要。

武山水帘洞石窟群中宋、元补绘壁画，多在前代原绘的壁画上重新抹上一层薄如蛋壳的细泥，为了更加接近前代壁画的艺术效果，有些宋代壁画在重新抹上的细泥表面不施白粉而用黄土素面，如水帘洞石窟中宋代重新补绘的一些壁画，大多如此。在进行补绘时，宋代人为了使新画与原作达到比较和谐的视觉效果，在人物的形象、服饰和绘画风格上尽可能地仿

---

① ［美］罗杰伟：《北周拉梢寺艺术中的中亚主题》，载巫鸿主编《汉唐之间文化艺术的互动与交流》，文物出版社2001年版。

② 甘肃省文物考古研究所、麦积山石窟艺术研究所、水帘洞石窟保护研究所编著：《水帘洞石窟群》，科学出版社2009年版，第129页。

效原作的特点。水帘洞石窟 2 号壁画的胁侍菩萨、弟子及力士等，为宋代重新补绘，其线条劲健连绵，流畅自如，与北周原作佛说法图中的佛像在风格上基本保持一致，这是宋代的画师们在充分尊重前代绘画原作的基础上，精心策划和设计后进行的一项小心谨慎而又富有创造精神的补绘，值得我们借鉴。

武山水帘洞石窟壁画艺术，运用各种具有韵律和富有节奏感的线条作为其造型的基本手段，以达到视觉的美感和营造宗教气氛的需要，并在结构与赋色、气韵与传神等诸多方面充分发挥出画工们丰富的想象和创造力。壁画造型简练，线描奔放，赋色艳而不俗，具有一种“迹简意淡而雅正”的强烈时代气息。

四　在中国佛教壁画艺术史上具有不可替代的作用

在中国众多的佛教石窟寺中，由于开凿时间、地域、材质、流派、信众和文化背景的不同，各地石窟寺无不具有各自不同的风格，它们共同构成我国绚丽多彩的佛教艺术文化宝库，各有其不可替代作用和价值，水帘洞石窟群也不例外。

在中国四大石窟中，敦煌莫高窟以壁画著称，龙门、云冈石窟以石雕造像为主，麦积山石窟则以雕塑独领风骚。以此类比，武山水帘洞石窟群无疑是以浮雕式壁画为其最大艺术特征，其典型代表就是拉梢寺 1 号摩崖大佛。如前所论，如此巨幅作品，融石刻、浮塑、壁画、雕像、窟龛于一体，汇中原、西域和少数民族艺术手法与风格于一炉，在天然崖面上将角度、光线、色彩、图像、浮雕、宗教因素等完美结合，构思精巧、匠心独运、纵情挥洒，创作出一幅巨大而浑然天成的复合型艺术杰作，这在国内外佛教壁画中绝无仅有，也使水帘洞石窟群艺术在中外佛教艺术史上占有了自己的一席之地。

至于其他如水帘洞、千佛洞、显圣池各处历代壁画，特别是早期壁画，亦不乏精品佳作，它们与拉梢寺摩崖大佛共同构成内容丰富、技艺精美、特色鲜明的佛教艺术精品，大大丰富了陇右佛教石窟艺术的内涵和素材，也使其成为佛教东传与中国化、东西文化汇聚交融、多元文化碰撞融合的又一重要见证。因此，武山水帘洞石窟壁画艺术在中国众多的石窟中就具有无可替代的地位和作用。首先，较之敦煌莫高窟壁画，武山水帘洞石窟群壁画虽不具有莫高窟那样完备的、延续性鲜明的历史流变过程，但是站在历史的某一个断层上，武山水帘洞石窟群壁画不乏能够代表如西魏、北周、隋代、晚唐五代、元代等，这些时代、这个区域的杰出作品。

其次，武山水帘洞石窟群早期壁画多已不存，现存较多的是后世重绘的作品，比如拉梢寺石窟单元现存壁画以唐五代至宋元为主体。前世的作品除了自然因素的破坏之外，大多被后世的佛教徒、供养人在绘制新的壁画时所铲除或覆盖。“宗教美术的审美价值首先是作为宗教价值的宣传而具有意义，而宗教价值则是作为精神行为的调节器而具有意义，因此宗教美术的创作和使用就在某种程度上具有类似原始美术的那种‘一次有效性’，僧侣信徒们为了积修功德就必须不断地以新作替换旧画，即使旧画的艺术水平比新作高出多多也在所不惜。”① 武山水帘洞石窟群后世基本没有开凿新的石窟与崖面，后代壁画直接覆盖在前代壁画上，或者对前代壁画进行修整，一些后世窟龛、雕塑是直接将前代壁画雕塑铲除之后开龛或者造像的，拉梢寺摩崖石刻大佛像的佛座正中有一个宋代开凿的浅龛，龛内塑造一佛二菩萨像，即是破坏了北周摩崖石刻大像的佛座部分之后开窟造像的。诸种“破坏”行为的动机正是源自佛教信徒修行积德的“一次有效性”。虽然莫高窟等石窟因“一次有效性”毁掉了前代的杰作而留下了相对拙劣的作品，但让我们稍稍安慰的是，在武山水帘洞石窟群的后世作品中也不乏精品力作，比如上文提及的宋代开龛造像的一佛二菩萨像，其中一位菩萨面容丰圆，嘴角上翘，展示出一种微微的笑意，有“东方维纳斯”的美誉，也有人拿她与蒙娜丽莎作比较。

再次，在技法、形式演变方面，基本保持着和敦煌莫高窟、麦积山等石窟壁画相对一致的步调，但是在题材内容方面，几个世纪以来，始终没有太大的变化，除了零星的经变画等题材，基本上是尊像绘画和说法图，还有数量众多的佛塔。

最后，壁画绘制的环境以及环境赋予了水帘洞石窟独特的意境。水帘洞石窟群东临的麦积山石窟，西接的莫高窟、炳灵寺石窟，都是在封闭空间里绘制壁画的，而武山水帘洞石窟群除了明代天书洞壁画之外，其他大都绘制在悬崖峭壁上，几个世纪里基本没有封闭石窟的开凿，也许由于崖

① 徐建融：《美术人类学》，黑龙江美术出版社 1994 年版，第 200 页。

面本身的地理地质结构，也许是开凿者、供养人的经济实力等因素，留下了这样特殊的石窟形制，这种形制在全国仅有此例，丰富了我国古代石窟的形制与类型。露天存在的状态完全摆脱了封闭空间里逼仄的压抑的感觉，显得境界明朗，开阔自在，这是其他石窟壁画所不具备的环境条件，以及这样的环境所赋予的独特意境，是开阔的，也是开放的。壁画和自然存在的山峦树石、阳光雨露、花香鸟语、云气氤氲等环境糅合为一体，佛与菩萨于灵山秀水中讲经说法，普度众生，飞天翱翔于山间云中，尊像画自身带着自然中的景观背景，不需要再添加绘画性的山水、祥云、楼阁，便已经是一幅意境优美的佛陀说法图卷。

五　是多元文化相交融的结晶，在中西文化、佛教文化艺术交流史上具有重要地位

如前所述，水帘洞石窟群东邻麦积山石窟，西望炳灵寺、敦煌莫高窟，是佛教沿“丝绸之路”传入中国后，东西方思想文化大交流、大融合、大碰撞的产物，也是东西方各国人民长期交往，互相学习、共同创造的一种文化现象和实物见证。因此，无论从佛教壁画艺术由“西域画风”向“中原画风”的纵向风格演变，还是水帘洞壁画在年代、内容、形式等诸方面与毗邻石窟壁画艺术之间的异同关系，都体现了水帘洞石窟群壁画艺术本土化与多元文化渗透交融的显著特点。就此而言，它在佛教文化艺术东传与中原画风西渐，经“丝绸之路”与中西文化交流中，藏传佛教在毗邻汉地的扩散发展，多民族交融与地域民俗文化的嬗变，都具有不可或缺的传递功能、化合作用和再造与辐射扩散势能，其纽带作用不可替代。

总之，武山水帘洞石窟群中的造像与壁画是古代陇右的艺术师们根据当地岩石结构特点，因地制宜采用多种雕塑与壁画的技术手段创造出来的佛教艺术珍品，既具有其鲜明的时代共性，又具有强烈的地域特性，无论在佛像的制作或壁画的绘制方面都有不少独特之处，极大地丰富了古代秦州一带佛教艺术的形式和内容，这些艺术作品是我们伟大民族艺术宝库中的重要组成部分，值得我们重视和爱护。

第十一章

武山水帘洞石窟文化艺术资源保护与开发研究

武山水帘洞石窟群为陇右地区重要的佛教石窟之一，其始建于十六国后秦，经历了隋唐、五代、宋、元、明、清，所留下的近200尊塑像和2430平方米壁画，是陇右地区宗教美术的重要组成部分，也是古“丝绸之路”上中外文化交流的重要见证。其独特的造像（特别是拉梢寺）在国内的石窟艺术中独树一帜，是不可多得的历史文化遗产，“是研究北周佛教及佛教艺术十分珍贵的材料”①，对其进行综合的全方位的保护是人们的共同责任。

第一节　保护与开发现状分析

武山水帘洞石窟群自1957年甘肃省文物普查后，国内有部分学者发表了多篇关于水帘洞石窟群研究的论文，其艺术特点与艺术价值、文物价值逐渐被发现，成为渭水流域一个仅次于麦积山石窟的石窟艺术中心。

一　武山水帘洞石窟群的历史遗存

石窟艺术是佛教文化与中国传统文化相结合的产物，佛教传入中国，经历了一个与中国文化相融合的过程，经过发展成为我国传统文化的一个重要组成部分。而遍布全国各地的石窟艺术极大地影响了广大群众的审美心理，成为中国传统审美文化的重要一环。水帘洞石窟群地处渭水上游北岸，是“丝绸之路”和唐蕃古道上一处十分重要的佛教艺术圣地，与国

① 甘肃省文物考古研究所、麦积山石窟研究所、水帘洞石窟保护研究所编：《水帘洞石窟群》，科学出版社2009年版，第142页。

内其他石窟相比，它有着独特的艺术特点。从其壁画来看，水帘洞各单元壁画以其技法的多样性，布局的统一性，内容的丰富性而著名。从造像来看，拉梢寺造像及佛座，其表现形式在中国佛教造像中是独一无二的，并且是世界上最高最大的摩崖造像，摩崖造像具有浓郁的曼陀罗造像的特征，是一处研究与展示中国与北印度、中亚等地区在历史上艺术交流的现实例证。千佛洞北周塑像既具有北周雕塑的时代共性，又具有地域文化特点。另外，从武山水帘洞建筑来看，其选址在天然崖面上造像，创造性地发展出浅佛龛及石胎泥塑、摩崖浮塑塔，是将浮雕、浅龛、悬塑、壁画以十分协调的方式绘制在同一崖面上，融历代造型艺术和佛教思想与一体的露天石窟寺，在全国艺术宝藏中极为珍贵，是记载天水地区宗教历史的重要见证，既具有丰富的造型艺术的特征，同时又有重要的历史文物价值，从文化角度来看，既是传统文化中儒、释、道三教相结合的产物，同时亦是农耕文化与游牧文化相结合的产物。

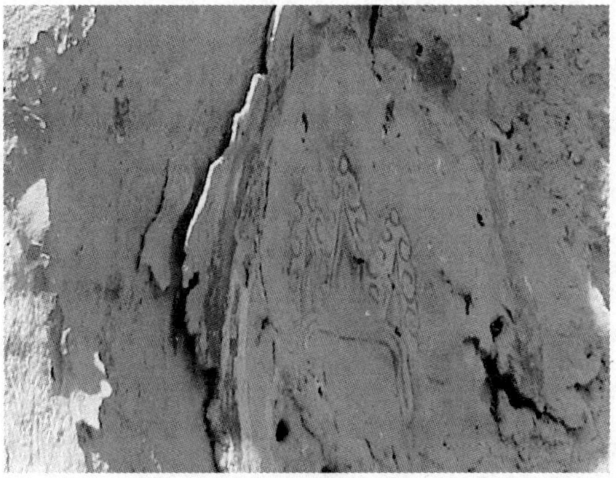

图 11.1　壁画局部泥皮脱落

但在历史的发展中，武山水帘洞石窟群经过一千六百多年的风雨侵蚀和人为的破坏，武山水帘洞石窟损坏严重，五台、七寺的完整格局现已成为传说。现存的四个单元，显圣池的雕塑一佛二弟子仅存残迹，表部塑痕全无，壁画现存面积约为 100 平方米，剥落现象严重（图 11.1）。水帘洞石窟仅存壁画，北侧崖面上有面积约 88 平方米的壁画和摩崖浮塑。拉梢寺保留有大面积的摩崖造像和壁画，主体佛像除局部泥皮脱落外，保存相对完好，但宋代精美造像仅有头部，身躯仅存木骨架。千佛洞以泥塑和壁画为主，壁画有些褪色，泥皮掉落，空臌等现象较为普遍。现主要问题是崖面风化侵蚀和崖面渗水，塑像和壁画空臌裂隙，壁画起甲酥碱，塑像内部木骨架糟朽，塑像脱离壁面等现象。

二 水帘洞石窟群保护现状分析

历经一千多年的风雨沧桑，武山水帘洞石窟群已是残破不堪、损毁严重；自新中国成立后被重新发现以来，在很长时期都没有得到有效的保护，以致整个石窟群中的塑像、壁画自然风化严重，有的残缺不全，有的已经消失无踪。造成佛像损坏的原因是多方面的，由于石窟群壁画大部分绘于天然崖壁，面积又大，风吹、日晒、雨淋不可避免。除自然风化外，鸟在佛像上筑巢，老鼠打洞，河水浸泡和侵蚀，雨季反潮，崖体裂缝渗水，壁画空臌等原因，特别是木骨泥胎的塑像，木头因虫蛀，腐朽等原因，佛像极易毁坏。

在1957年的《文物》第10期上刊登了《武山县发现古代石窟》的文章，这种简单的记录并没有引起文化界的重视，在1958年的反封建运动中，和全国其他地方一样，水帘洞石窟群中的佛寺遭到毁坏。对于水帘洞石窟群的保护，自1959年重新发现后，直到1963年2月，水帘洞石窟才被列为县级文物保护单位。1981年，甘肃文物工作队在文物普查中再次到水帘洞石窟进行了核查与初步的研究，并于当年由甘肃省人民政府公布为省级文物保护单位。1983年，甘肃文物工作队在各栈道修通的情况下对其进行了整理研究，对各单元佛龛和塑像进行了编号，并将研究成果发表于1985年第5期《文物》上（文为《武山水帘洞石窟群》）。1984年，武山县成立了“水帘洞石窟文物保护所”，结束了由道士和僧尼托管的历史。

此后，一直到1995年甘肃省文物考古所与水帘洞文物管理所合作，对水帘洞石窟群重新进行了一次完整细致的考察编号、摄影和测绘工作。2001年，水帘洞被国务院公布为国家重点文物保护单位。2005年，由甘肃省文物考古所、麦积山石窟艺术研究所和水帘洞石窟保护研究所联合编写了水帘洞石窟调查报告，并于2009年由科学出版社出版了《水帘洞石窟群》一书。该书对石窟的发现、考察、研究及历史背景，现存的内容及现状，学术价值等方面作了系统、全面的论述，是研究水帘洞石窟的主要学术成果。2006 年，武山水帘洞石窟群拉梢寺被列为“丝绸之路”整体申报世界文化遗产甘肃段申遗点。2008 年 6 月，天水市政府第 13 次会议审议通过了《天水市人民政府关于印发天水市武山水帘洞石窟拉梢寺保护管理办法的通知》。这些工作为社会各界和学术界关注水帘洞石窟，推动对武山水帘洞石窟群的保护和研究开发产生了积极作用。

为了配合申遗工作，2009 年国家和地方政府启动了对武山水帘洞石窟群大规模的保护维修。这项名为“武山水帘洞壁画、浮雕保护修复工程”具体由敦煌研究院文物保护技术服务中心承担，于当年 5 月 20 日动工。维修工程的重点是对石窟壁画、彩塑、浮雕的保护，通过综合的、全方位的抢救性维修后，壁画、塑像的病虫害、起甲、空臌酥碱等难题等得到一定的解决，一些濒危塑像、壁画得到有效加固，石窟群整体保护环境趋于优化，该工程于 2010 年 6 月竣工，是水帘洞历史上规模最大的维修工程，也为今后石窟进一步保护维修奠定了基础、积累了经验。

目前，水帘洞石窟群的保护从立法、机构的设立、划保护的范围、制作保护标志、建立保护档案、石窟技术维修等方面均做了较大的工作，也取得了一定的保护效果。水帘洞石窟于 1984 年正式对外开放，并以门票收入为办公经费和日常维护费用，多次维修了通往石窟的道路（该路曾在 1999 年、2003 年、2006 年分别被大水冲毁），在水帘洞山沟口修建了水帘洞牌坊和保护所招待室。制作了六处游览招示牌，10 处洞窟说明牌，建有招待室、停车场、卫生间等基础设施。在旅游开发方面做了一定工作，有一定的旅游接待能力。

虽然水帘洞石窟群现在已得到有效的保护和维修，但是，水帘洞石窟群壁画现有的保护措施和技术手段，并不能从根本上解决壁画的保护问题。由于石窟群壁画、雕像大部分分布于天然崖壁之上，且面积巨大，长期的风吹、日晒、雨淋、虫蚀，雕塑、壁画的损毁、褪色、剥落、风化不可避免。所以，制定科学的保护维修方案，改进和采用先进的保护维修技术，强化和扩大崖壁遮雨檐的防护功能，对于保护至关重要。而对石窟现存壁画、雕像、窟龛、建筑进行全方位的登记、建档、摄影、摄像并进行数字化处理、存储等资料性工作，也同样非常重要。这两方面的工作都为水帘洞石窟群保护维修所必须。同时，大力进行水帘洞石窟艺术与文化的宣传和介绍，积极开展水帘洞石窟艺术、石窟文化的研究，揭示其艺术特质和丰富内涵，营造保护开发的良好社会氛围，也是加强保护维修不可缺少的一环。

第二节 武山水帘洞石窟文化艺术资源的保护与开发

武山水帘洞石窟群无疑是一座艺术文化资源的宝库，是一笔丰厚的历史文化遗产，如何在保护的基础上继承并开发这一资源，既是一个现实问题，也是一份历史责任。而保护与开发往往又是一个矛盾的统一体，在文化遗产保护中，我们要坚决避免国内普遍存在的保护性破坏，否则，就会造成无法弥补的损失。

一 水帘洞石窟文化艺术资源保护的基本对策

从武山水帘洞石窟群保护与开发的现状出发，今后对于武山水帘洞石窟群艺术资源的保护，可以从多方面综合保护入手。

1. 要纳入法治轨道，依法保护

石窟艺术是不可再生的艺术资源，对其保护要依靠法律武器，根据《中华人民共和国文物保护法》、《中华人民共和国文物保护法实施细则》、《甘肃省文物保护法》等相关法律，坚持“保护为主，抢救第一，合理利用，加强维护”的原则，在正确处理各种关系的基础上，制定长远的、切实可行的地方文物法规和实施细则。因为《文物保护法》中仍然存在一些不明确的具体问题，如保护范围内基本建设对石窟文物造成的威胁，周边环境的整治，保护人员的编制，专业人才的匮乏，保护经费的短缺，项目的难以实施等问题，都应该在地方性的文物保护法规中体现出来。目前武山县于2006年制订的《武山县水帘洞石窟文物保护总体规划》对水帘洞的文物概况、价值、保存、保护现状，保护区划、文物本体保护、地质灾害治理、环境保护、文物管理、文物研究等作出了详细说明，这就使对水帘洞石窟保护科学化、法制化有了基本保证。只有以《文物保护法》为依据，严格按照《武山县水帘洞石窟文物保护总体规划》的实施方案，按计划、有步骤地一一付诸实施，才能使石窟艺术文化资源得到有效保护，使石窟这一历史瑰宝更好地为传承民族优秀文化和艺术遗产发挥应有作用。

2. 多方位筹集资金，加大保护力度

资金不足是目前各地困扰石窟艺术保护的首要问题。武山水帘洞石窟地处偏远，天水市和武山县地方经济尚欠发达，对石窟维护资金的投入十分有限，武山水帘洞目前旅游门票收入也十分微薄，故资金紧张成为武山水帘洞保护中最突出的问题。所以，多方筹集资金也就成为解决保护的首要问题。2006 年，国家财政部、民政部对武山水帘洞进行了考察调研，省内多家媒体也对石窟保护现状进行了报道，石窟满目疮痍的现状才引起多方的注意，国务委员陈至立批示要对武山水帘洞石窟加强保护。武山水帘洞石窟被确定为国家文物保护单位，接着又被列为“丝绸之路”整体申报世界文化遗产甘肃段的申遗点，这都促使水帘洞石窟群艺术资源的整体维修保护提上了议事日程，于是才有“武山水帘洞壁画、浮雕保护修复工程”的启动。但是，这一工程只是石窟群保护的第一步，石窟艺术资源长期以来遗留的各种问题，由于技术、资金等因素限制，并没有全部得到解决，尚需进一步加大保护维修的力度。因此，多渠道筹措资金，有效地解决维修保护中资金的缺口仍是一大瓶颈。

3. 引进专业人才，提高保护工作质量

在当今文物保护技术落后造成的文物损坏速度加快的情况下，要做好石窟文物保护工作，研究工作也必须跟上。要做好研究资料的整理与收集工作，则必须引进专业人才以及先进的技术手段，从而促进石窟文物保护的科学性。但石窟的艰苦生活环境和地方经济的落后，专业技术人才不愿意在这里工作，自己培养的人才也有流失现象，连许多最基础的项目都没人做，从而导致研究工作滞后，保护工作被动。故水帘洞石窟要有科学合理的长期的保护，必须要制定相应的措施，引进一批专业人才，地方政府也要为留住人才提供一些必要的保障。

4. 加强与国内其他石窟艺术院所、文博单位的联合与交流

在现代信息社会，武山水帘洞石窟群艺术的保护，坚持开放研究、开放交流十分必要。因此，必须不断加强与其他艺术机构、科研单位加强学术研究、维修保护技术、管理经验、保护方法等方面的合作，相互交流学习。同时，多方位开展石窟艺术保护管理、修复技术与手段的信息交流与合作，并且在可能的情况下，开展国际间的合作与交流，也同样不可缺

少。通过交流可以扩大视野，取长补短，相互了解在石窟艺术资源保护中的优点与不足，从而引导在保护中避开保护的误区和盲目性。另外，在专业人员等方面不足的情况下，开展交流联合是强化保护的有效手段。如水帘洞石窟文物保护所和麦积山艺术研究所，甘肃省文物考古研究所联合调查，并于2009年出版《水帘洞石窟群》一书，首次全面地、系统地介绍该石窟的概况。这为加强水帘洞石窟艺术保护的交流与合作，提供了基本资料。目前，应该充分借助水帘洞石窟被列入“丝绸之路”整体申报世界文化遗产甘肃段申遗点的有利时机，首先加强与列入申遗点的各石窟文物单位的交流合作，共同做好石窟艺术的保护工作。由于水帘洞石窟拉梢寺造像与中亚有一定的联系，故也应创造条件，利用共同为“丝绸之路”申遗点的便利，开拓与中亚地区学术机构开展合作交流的有效渠道，以挖掘水帘洞石窟在考古与文化交流方面的历史价值。因为石窟文化遗产是全人类共同的财富，寻求国际间的交流与合作，也是十分必要的。

5. 开展石窟数字化保护工程

该工程是近几年石窟保护工作的一个新的方向，麦积山石窟于2007年开展该项工作，其主要内容是利用数字技术对现存的佛像、壁画、建筑等对象进行全方位的信息采集和加工，从而使其成为计算机所能识别和处理的信息，进而用虚拟技术进行对文物保护、修复、研究提供科学依据。同时，数字化亦可开发出身临其境的石窟模拟化展览。石窟数字化保护工程已成为目前大型石窟都采用的一项先进技术，水帘洞石窟在财力允许的情况下，有必要开启石窟数字化保护工程，这将会对保护石窟艺术信息、保护现状调查、保护措施的跟踪等，提供完整可靠的数字保证。

二 武山水帘洞石窟艺术资源开发研究

石窟艺术资源作为人类共同的文化遗产，在今天的历史文化语境中，如何能在保护其遗产资源，传承人类文明的同时，对其蕴藏的艺术资源进行开发，也是科学利用石窟艺术资源的一个重要问题。目前，对水帘洞石窟艺术资源的开发应从两方面入手。

1. 学术研究与石窟艺术资源开发

水帘洞石窟为世人所知时间并不长，引起社会与学术界关注则时间更短。因此，可以说对水帘洞石窟群壁画艺术的研究才刚刚起步，这也是水帘洞石窟群知名度至今不高，社会关注度不足的一个主要原因，甚至可以说水帘洞石窟群还是一座尚待开发的处女地。所以，学术研究对于水帘洞石窟群艺术而言，就具有揭示其内涵与价值，发挥其普及与宣传的双重意义。加强对水帘洞石窟群艺术的学术研究是推进对其进行保护与开发的关键。

首先，要大力加强水帘洞石窟群艺术的基础学术研究。如前所述，迄今为止，对于水帘洞石窟群艺术基础研究的论著数量相当少，研究基础相当薄弱。虽然有《水帘洞石窟群》一书的出版，也有一些论文对水帘洞石窟的雕塑、壁画等作了一些统计和论述，也有将其作为硕士学位论文标题的，但总体来讲，在学术方面对水帘洞石窟的研究还相对滞后。要改变这种现状，就必须多角度、多侧面、多学科联合开展对水帘洞石窟群艺术的研究，邀请著名的石窟研究方面的专家学者，从佛教文化、佛教美术、民俗文化、民族艺术与文化、建筑艺术与文化等方面对其文化艺术的基本内容、艺术特点、演变源流、作用地位、价值意义等进行探讨和深度阐发论述，以揭示其文化价值和艺术魅力，从学术上提高水帘洞的影响力。

其次，要确立武山水帘洞石窟艺术的历史地位。在我国现有的石窟艺术研究及其论著中，或是“丝绸之路”与中西文化交流的探讨中，鲜有有关武山水帘洞石窟艺术的论述和评价，武山水帘洞石窟群艺术基本还没有进入我国石窟艺术史的视野，其价值地位自然无从谈起。这种现状意味着目前我国的美术史、石窟艺术史在内容上至少是不全面的。而武山水帘洞石窟其多元的文化、宏大的作品、独特的风格、鲜明的特色等，是其他同类石窟文化艺术所不可替代的，因而为中国美术史、石窟艺术史所不可或缺。因此，加强对武山水帘洞石窟艺术及其文化的研究，揭示其丰富内涵、独特艺术风格和价值，确立其在中国美术史、石窟艺术史的应有地位，既是完整展示中国美术史、石窟艺术史的需要，也是补充和丰富陇右地域文化、“丝绸之路”文化交流史的重要素材。只有在深入开展研究，不断发掘其文化价值和艺术魅力的基础上，确立其应有地位，武山水帘洞石窟艺术研究滞后的局面才可能根本改观。

再次，要注重武山水帘洞石窟艺术“再生”的研究与开发。所谓再生，即以其原生艺术为模本，以现代艺术思维创造出新的艺术品或艺术样式。这种以原有文化艺术资源为母本，在“传播中繁衍出新的文化意义，我们又称这种现象叫文化增殖”①。如享誉海内外由甘肃省歌舞团创作的《千手观音》、《丝路花雨》、《大漠敦煌》，甘肃省杂技团创作的《敦煌神女》，都是由敦煌艺术再生的现代艺术。同样，天水市也很重视麦积山石窟艺术资源的再生，2009 年由天水市秦剧团和天水市歌舞团编排的大型历史剧《麦积悲歌》就是以麦积山石窟第 44 号窟乙弗氏塑像的传说为素材创作的（图 11.2）。

图 11.2　《麦积悲歌》剧照

另外，还有电影作品《白方礼》、《麦积山的呼唤》都是围绕麦积山石窟而创作的艺术作品（图 11.3）。这充分说明石窟艺术所蕴含的艺术资源在新的艺术观念的指引下，完全可以再生出新的艺术形式来。

水帘洞石窟风景优美，壁画、雕塑遗存丰富，是在多元共生的文化状态中产生、存在和发展起来的精神符号，是不同民族性格和文化形象的体现，具有特定的艺术价值和文化内涵。全方位、多层次发掘水帘洞石窟艺术的价值，是今天开发水帘洞石窟艺术资源的重要组成部分。将水帘洞石窟艺术有代表性的作为表现元素，将其融合于当下多种样式的艺术表达中，赋予全新的艺术观念，最大限度地去表达和发扬水帘洞的艺术，具有重要的文化价值和时代意义。

---

① 汪小洋、姚义斌：《美术考古与宗教美术》，上海大学出版社 2008 年版，第 187 页。

图 11.3　《麦积山的呼唤》

2. 发展旅游与石窟艺术资源开发

石窟艺术作为人类的文化遗产资源，让其走向大众是社会发展的必然。武山水帘洞石窟艺术开发走“研究—保护—开发利用—发展—保护”的良性发展道路，将是今后文化遗产保护发展的必由之路。在当下，石窟宗教文化旅游是展示一个地方文化遗产的重要途径，也是文化旅游的主要资源，开发石窟艺术资源不仅可以增加文化旅游的魅力，丰富文化旅游的内涵，也可以增强人们对遗产的保护意识。

水帘洞石窟群作为渭水流域仅次于麦积山的石窟群，是天水五大旅游文化中石窟文化的重要组成部分。水帘洞石窟群分布空间广，奇山、秀水、绿树与摩崖、壁画、建筑水乳交融、完美结合，自然与人文风光兼具，具有极高的观赏价值和很大的开发潜力。

作为藏在深山人未识的一大景观，开发武山水帘洞艺术文化资源，既可以通过文化旅游，有效解决遗产保护经费不足的问题，也由此加深大众对艺术文化遗产的认识。故走石窟艺术保护与文化旅游相结合的开发之路不仅是可行的，而且也非常必要。对水帘洞石窟旅游开发应处理好几个关系，从综合保护和开发利用入手，切忌开发性破坏的发生。为此，一是在正确处理开发利用与合理保护关系的基础上，制定科学的旅游开发战略。水帘洞石窟艺术资源首先是“文化遗产”，其次是“旅游资源”。目前，在中国确实存在对石窟艺术资源的过度开发，有的导致石窟及石窟周边现代化和商业化，追求“经济利益第一”，将石窟作为赚钱树，成为商业机器，使石窟的环境质量和自然度、美感度下降，破坏了原本的自然性和完整性，这也成为石窟艺术资源开发中的重大问题。故对水帘洞石窟旅游资源的开发应在地方政府的引导下，依据世界文化遗产保护的要求，在集思广益的基础上，制订科学的旅游开发规划，保护为主，开发为辅，统筹安排，分步实施。只有这样，才有利于水帘洞石窟的开发和利用。

二是加大宣传力度，提升水帘洞石窟的知名度。在当下的文化语境中，要充分利用广播、电视、互联网、报纸、杂志、宣传画册等有效的手段，宣传水帘洞石窟群的文化内涵、艺术特色和所处地区的自然风光，积极参加国内大型的旅游推介会、交易会，邀请国内强势媒体对其进行考察，拍专题片等形式，提高其旅游的知名度。

三是突出特色，加大开发力度。文化旅游的本质在于其文化吸引力，充分挖掘水帘洞石窟群的文化内涵和精神底蕴，突出体现其在天水地区石窟艺术中的独特性来吸引旅游者。同时和甘谷大象山、华盖寺等佛教圣地相结合，打造文化遗产旅游专线。充分利用水帘洞保护区外的自然环境，挖掘当地风土人情，使文化遗产游与自然风光游、民俗文化游相结合。洛门镇是陇东南商埠重镇，距武山县城 14 公里，镇域地势平坦、土壤肥沃、水源丰富、光照充足、物产丰富，素有“旱码头”之称。要以洛门镇为依托，北有水帘洞石窟，东南有西北第一的温泉山庄，人文环境优越，是休闲、旅游之佳处。民间柳编工艺、渭北旋鼓、曲里唢啦等一系列悠久的历史文化传统和丰富的文化资源，通过整合使诸多文化相融合。整治周边环境，把观光为主的单向旅游开发成观光、度假、修养、娱乐等多种功能并举的旅游开发，延伸旅游产业链条，使旅游资源真正转化为旅游经济，以提升整体的旅游吸引力。

四是加强基础性设施建设和旅游人才的培养。当前，武山水帘洞石窟旅游基础设施较为薄弱，旅游接待能力差，同时，对于大多数游客来讲，他们对石窟艺术的价值并不是很清楚。因此，多方筹措保护开发资金，培养为旅游服务的人才十分重要。对于武山水帘洞石窟旅游方面来讲，要引进专业导游人员，合理设计旅游线路，精心设计讲解词，既要通俗易懂，同时也要有一定的专业性。这都是目前开发保护所面临的现实问题，亟待改善和解决。

五是加强区域合作，共同开发旅游资源。在我国旅游业迅猛发展，旅游经济已跃升为支柱产业的今天，发展旅游、开发旅游已不是单纯一个景点、一个小区的问题，而是要将其放在国内旅游发展趋向、区域旅游开发、旅游市场构建、旅游线路设计等大环境中加以考虑和定位。因此，就武山水帘洞旅游开发自身而言，必须在地方政府和旅游部门的指导下，以麦积山石窟为中心，整合周边中小石窟，形成以麦积山、仙人崖、大象山、水帘洞、木梯寺石窟为主的旅游线路。

同时，也要充分借助关中—天水经济区的区位优势，发挥西安作为西北旅游核心城市的作用，主动融入经济区，积极开展与区域内各地旅游开发和线路组合、客源市场的密切合作，依托各旅游中心城市的辐射带动功能，加快武山水帘洞石窟旅游开发的步伐。只有这样，武山水帘洞石窟旅游才会迎来光明的未来。

参考书目

（唐）房玄龄等：《晋书》，中华书局1982年版。
（唐）张彦远：《历代名画记》，人民美术出版社1963年版。
（唐）令狐德棻：《周书》，中华书局1971年版。
（后晋）刘昫：《旧唐书》，中华书局1975年版。
（五代）王仁裕：《玉堂闲话》，万有文库本。
（宋）欧阳修、宋祁：《新唐书》，中华书局1997年版。
（北齐）魏收：《魏书》，中华书局1974年版。
（宋）李昉等：《太平广记》，中华书局1981年版。
（宋）司马光等：《资治通鉴》，中华书局2009年版。
（元）脱脱：《宋史》，中华书局1977年版。
（清）徐松：《宋会要辑稿》，中华书局1997年版。
（明）宋濂等：《元史》，中华书局1976年版。
（梁）释慧皎著，汤用彤校注：《高僧传》，中华书局1992年版。
《大正藏》，台湾新文丰出版公司1987年版。
（北魏）崔鸿：《十六国春秋》（四部备要本），中华书局1936年版。
张维：《甘肃人物志》，《西北师范大学学报》增刊，1987年内部印刷。
甘肃省古籍文献整理编译中心编：《西北稀见方志文献》，兰州古籍书店1990影印版。
范文澜：《中国通史》第二册，人民出版社1978年版。
郑炳林、魏文斌主编：《天水麦积山石窟研究文集》，甘肃文化出版社2008年版。
陈炳应：《古代民族》，敦煌文艺出版社2004年版。
胡同庆、安忠义：《佛教艺术》，敦煌文艺出版社2004年版。

李泽厚：《美的历程》，安徽文艺出版社 1999 年版。
张俊宗主编：《陇右文化论丛》第一辑，甘肃人民出版社 2004 年版。
甘肃省文物考古研究所、麦积山石窟艺术研究所、水帘洞石窟保护研究所编：《水帘洞石窟群》，科学出版社 2009 年版。
彭岚嘉、陈占彪：《中国西部文化战略研究》，中国社会科学出版社 2002 年版。
巫鸿主编：《汉唐之间文化艺术的互动与交流》，文物出版社 2001 年版。
武山县地方志编纂委员会：《武山县志》，陕西人民出版社 2002 年版。
宗白华：《美学散步》，上海人民出版社 1981 年版。
天水市政协文史资料委员会编：《文化天水》，甘肃文化出版社 2006 年版。
白寿彝主编：《中国通史纲要》，上海人民出版社 1980 年版。
麦积山石窟艺术研究所编：《麦积山石窟研究》，文物出版社 2010 年版。
天津师范学院历史系《中国简史》编写组编：《中国简史》，人民教育出版社 1979 年版。
姚卫群：《佛教入门》，中国人民大学出版社 2006 年版。
王镛：《印度美术史》，人民美术出版社 2004 年版。
王伯敏：《中国绘画史》，上海人民美术出版社 1982 年版。
姜澄清：《中国色彩论》，甘肃人民美术出版社 2008 年版。
张朋川：《黄土上下——美术考古文萃》，山东画报出版社 2006 年版。
雍际春主编：《陇右文化概论》，甘肃人民出版社 2005 年版。
雍际春：《陇右历史文化与地理研究》，中国社会科学出版社 2009 年版。
蒲向明：《玉堂闲话评注》，中国社会出版社 2007 年版。
段文杰：《敦煌石窟艺术论集》，甘肃人民出版社 1988 年版。
徐建融：《美术人类学》，黑龙江美术出版社 1994 年版。
黄惇主编：《艺术学研究》第一卷，南京大学出版社 2007 年版。
马世长编：《敦煌图案》，新疆美术摄影出版社、新西兰·霍兰德出版有限公司 1992 年版。
上海市戏曲学校中国服装史研究组编著：《中国历代服饰》，学林出版社 1984 年版。
沈从文：《中国古代服饰研究》，上海书店出版社 2002 年版。

易存国:《敦煌艺术美学——以壁画艺术为中心》，上海人民出版社 2005 年版。
回顾:《中国图案史》，人民美术出版社 2007 年版。
常莎娜编著:《中国敦煌历代装饰图案》，清华大学出版社 2004 年版。
张宝玺主编:《甘肃石窟艺术壁画编》，甘肃人民美术出版社 1997 年版。
中国美术全集编辑委员会编:《中国美术全集·绘画编》，文物出版社 1988 年版。
易存国:《敦煌艺术美学》，上海人民出版社 2005 年版。
巫鸿主编:《汉唐之间文化的互动与交流》，文物出版社 2001 年版。
天水麦积山文物保管所、麦积山艺术研究会:《麦积山石窟资料汇编》（初集）1980 年内部编印。
李明伟主编:《丝绸之路贸易史》，甘肃人民出版社 1994 年版。
阮荣春、仲星明、白小泽主编:《佛教艺术》，辽宁美术出版社 2009 年版。
麦积山石窟艺术研究所:《麦积山石窟内容总录》，《中国石窟·天水麦积山》，文物出版社 1998 年版。
赖永海:《中国佛教百科全书·建筑卷·名山名寺卷》，上海古籍出版社 2001 年版。
汪小泽、姚义斌:《美术考古与宗教美术》，上海大学出版社 2008 年版。
（唐）宗密:《禅源诸诠集都序》卷上。
马世长、丁明夷:《中国佛教石窟考古概要》，艺术家出版社 2008 年版。
葛兆光:《中国思想史》第 1 卷，复旦大学出版社 2004 年版。
（德）黑格尔:《美学》第 1 卷，朱光潜译，商务印书馆 1981 年版。
马德邻、吾淳、汪晓鲁:《宗教：一种文化现象》，上海人民出版社 1987 年版。
（日）铃木大拙:《禅和日本文化》，李英译，《铃木大拙全集》第 11 卷，波岩书店 1970 年版。
高尔泰:《寻找家园》，花城出版社 2004 年版。
汤用彤:《汉魏两晋南北朝佛教史》，北京大学出版社 1997 年版。
薛长年:《西塞雄风·陇右长城文化》，甘肃教育出版社 1999 年版。
（美）谢赫（Edward H. Schafer）:《唐代的外来文明》，吴玉贵译，中国社会科学出版社 1995 年版。
王仲荦：《北周六典》，中华书局 1979 年版。
陈琳国：《魏晋南朝时期都督制》，《北京师范大学学报》1986 年第 4 期。
姚薇元：《北朝胡姓考》，科学出版社 1958 年版。
马长寿：《氐与羌》，上海人民出版社 1984 年版。
唐晓军：《甘肃古代石刻艺术》，民族出版社 2007 年版。
唐长孺：《魏晋南北朝史论丛》，河北教育出版社 2000 年版。
马长寿：《碑铭所见前秦至隋初的关中部族》，中华书局 1985 年版。
汤用彤：《汉魏两晋南北朝佛教史》，北京大学出版社 1997 年版。

后　　记

武山水帘洞石窟群是国家重点文物保护单位，在我国乃至世界众多石窟中，它既以其巧用天然山崖和洞穴大量开窟造像和塑绘而别开生面，又以世界上最大的巨幅摩崖浅浮雕大佛壁画而独领风骚。这是一座集壁画、雕塑、石刻、建筑与环境艺术于一体，熔中外汉藏文化于一炉的佛教艺术宝库，而且是一座尚不被大多数人所知又亟待开掘的文化宝藏。有鉴于此，我们出于对地域文化艺术的热爱和责任，申报了2005年国家社科基金艺术学项目“武山水帘洞石窟壁画艺术研究”项目并获准立项。《武山水帘洞石窟艺术研究》一书即是这一项目的最终成果。

该项目最初的设想只是对武山水帘洞石窟的壁画艺术进行专题研究，后来在实际研究过程中，我们深深体会到虽然壁画艺术在武山水帘洞石窟艺术中占有重要地位，但只探究其壁画艺术而不涉及其他艺术，不足以揭示石窟艺术的整体特征。所以，我们不仅对水帘洞石窟壁画艺术进行了探讨，也对其雕塑艺术、建筑艺术进行了初步研究，而且从陇右石窟及武山水帘洞石窟形成背景、石窟的创建与演变、石窟碑铭题记、石窟艺术的历史地位与保护开发等多方面进行了论述，力求比较全面系统地揭示该石窟艺术的艺术特点和文化价值。由于武山水帘洞石窟群基础资料缺乏，研究相对滞后，我们的研究既要搜集石窟的基本信息，又要进行各方面的专题探究，因而进程比较缓慢。2009年根据课题研究的需要，又增加了几位成员以加强研究力量，并加快了研究进度，于2011年完成了项目初稿。后又经近一年的修改补充，才最终定稿。

作为一份集体完成的研究成果，书稿的具体撰写与分工是：张玉璧负责项目设计和篇目安排，并完成第一、二、三、六、十、十一章；雍际春负责统稿、定稿并完成第四章；康小花完成第五章；张玉平完成第七章，杨皓完成第八章，张应生完成第九章。课题组在资料收集和实地考察拍照过程中，得到水帘洞石窟保护研究所陈建平所长的大力协助并提供了有关资料；书稿在撰写过程中，得到清华大学美术学院李静杰教授的指导，又得到麦积山石窟艺术研究所副所长魏文斌博士的指导，这对我们顺利完成书稿，发挥了重要作用，在此一并向他们表示衷心感谢！

由于对武山水帘洞石窟壁画及其他艺术资料的收集整理量大面宽，虽然有甘肃省文物考古研究所、麦积山石窟艺术研究所和水帘洞石窟保护研究所编著的《水帘洞石窟群》一书为本项目研究奠定了良好的基础，但是，对水帘洞石窟群壁画及其他艺术内容的分类和梳理，对其宗教、艺术、文化价值和历史地位的探讨，既专业性很强，又涉及多学科的专门知识，尽管课题组成员由多学科的专家组成，我们在研究中还是深感到力不从心。所以，现在呈现在读者面前的这部作品，仅仅是我们对武山水帘洞石窟群艺术与文化内涵的初步认识和框架性分析，有许多问题本书没有涉及，有些问题我们也仅仅是提出了自己不成熟的看法，还有更多的问题只是粗略涉及而浅尝辄止，因而它还非常稚嫩，也必然有不少粗疏和错误之处存在，希望读者和学界同仁提出宝贵的批评意见。如果它能发挥抛砖引玉的作用，引起大家对武山水帘洞石窟群艺术与文化的关注和进一步的研究，我们的目的也就达到了。

作者

2013. 12. 28